Rüdiger Götte

Optionsscheine

Rüdiger Götte

Optionsscheine

Das Kompendium

Tectum Verlag

Rüdiger Götte

Optionsscheine.
Das Kompendium

2., überarbeitete und ergänzte Auflage (Erstauflage 2001)

ISBN: 978-3-8288-9321-4

Coverfotografie - sushi100 : www.photocase.com

Besuchen Sie uns im Internet
www.tectum-verlag.de

Bibliografische Informationen der Deutschen Nationalbibliothek
Die Deutsche Nationalbibliothek verzeichnet diese Publikation in der Deutschen Nationalbibliografie; detaillierte bibliografische Angaben sind im Internet über http://dnb.ddb.de abrufbar.

Vorwort

Dieses Buch versucht dem Anleger einen Leitfaden zu geben, um sich im Dschungel der Optionsscheine zurecht zu finden.

Hierbei geht das Buch zum einen auf die Risiken und die Chancen der Optionsscheine ein, zum anderen werden Strategien mit Optionsscheinen erläutert.

Für die freundliche Unterstützung bei dieser Arbeit möchte ich Hans-Jürgen Götte danken.

INHALTSVERZEICHNIS

ABBILDUNGSVERZEICHNIS

TABELLENVERZEICHNIS

BEISPIELVERZEICHNIS

1. EINLEITUNG

In der Finanzwelt verbreitet sich Nichts schneller als eine gute Idee. Deswegen ist verständlich, dass die Finanzinnovationen in den letzten Jahren ein dynamisches Wachstum erfuhren, und hier insbesondere die Optionsscheine.

Falls Optionsscheine als Instrument der Vermögensverwaltung eingesetzt werden sollen, benötigt der Anleger genaue Kenntnisse über deren Funktionsweise und die Risiken. Dies ist notwendig, um einen möglichen Totalverlust zu vermeiden.

Optionsscheine haben seit Mitte der 80er-Jahre in Deutschland einen exorbitanten Aufschwung erlebt. Hierbei verbreiterte sich das Optionsscheinespektrum kontinuierlich. Zur Zeit werden in Deutschland weit über 7.000 Optionsscheine gehandelt. Diese Entwicklung reflektiert zugleich das steigende Bedürfnis der Anleger nach Spekulations- und Absicherungsinstrumenten.

Die Geschichte der Optionsscheine lässt sich bis in das Jahr 1728 zurückverfolgen. Dort wurde nämlich von der Kaiserlich Indischen Compagnie der erste Aktienoptionsschein herausgegeben. Von einem deutschen Unternehmen wurde der erste Aktienoptionsschein im Jahr 1925 von Karstadt ausgegeben, allerdings noch auf dem US-Kapitalmarkt. Nach dem Börsen-Crash von 1929 und der damit verbundenen Einstellung des Terminhandels an den deutschen Börsen im Jahre 1931 kam die Emissionstätigkeit lange Zeit zum Erliegen. Erst im Jahr 1967 wagte die Lufthansa AG mit einer 6%-Optionsanleihe über 150 Mio. DM einen Neubeginn in diesem Marktsegment. Aber eine stärkere Bedeutung erlangten die Optionsanleihen und damit auch die Optionsscheine erst Mitte der 80er-Jahre. Bis 1988 traten hauptsächlich nur Aktienoptionsscheine in Erscheinung. Im Jahre 1989 wurde dann von der Bank Trinkhaus & Burkhardt der erste gedeckte Optionsschein emittiert.

Zum heutigen Zeitpunkt haben die gedeckten Optionsscheine die traditionellen Optionsscheine weit in den Hintergrund gedrängt. Zusätzlich entwickelte sich mit den gedeckten Optionsscheinen ein Markt für Index-, Devisen-, Zins- und Rohstoff-Optionsscheine.

Einen weiteren Wachstumsschub erhielt der Markt für Optionsscheine bzw. derivative Finanzprodukte durch die Gründung der Deutschen Terminbörse im Januar 1990. Im Zuge der Internationalisierung des Geschäftes mit derivativen Finanzprodukten wurde die Deutsche Terminbörse im Juni 1998 umbenannt in EUREX.

Aus den Portfolios institutioneller Anleger und vermehrt von Privatinvestoren sind mittlerweile die Optionsscheine nicht mehr wegzudenken.

Diese Entwicklung führte letztlich dazu, dass eine Vielzahl von Emittenten mit einer breiten Palette von Produkten am Markt auftreten. Hierdurch wird es für den Anleger immer schwieriger, den Überblick zu behalten.

Deswegen wird versucht, dem Anleger mit diesem Buch einen Leitfaden zur Beurteilung von Optionsscheinen zu geben. Ziel der vorliegenden Arbeit ist es, dem Anleger eine objektive und transparente Analyse der Chancen und Risiken von Optionsscheinen zu geben.

2. Grundlagen der Optionsscheine

In diesem Abschnitt werden die Grundlagen der Optionsscheine näher erläutert. Dies sind unter anderem die Ausstattungsmerkmale, Optionstypen und Formen der Optionsscheine.

2.1. Was sind Optionsscheine?

Im Allgemeinen verbriefen Optionsscheine[1] das Recht, nicht aber die Verpflichtung, eine bestimmte Menge eines Basiswertes zu kaufen[2] oder zu verkaufen[3]. Des Weiteren handelt es sich bei Optionsscheinen um sehr komplizierte Finanzinstrumente, da deren Preise durch eine Vielzahl von Faktoren beeinflusst werden.

Ferner sind Optionsscheine als sehr spekulativ einzustufen, da sie unter anderem auch wertlos verfallen können. Folglich sind die Risiken der Optionsscheine um ein vielfaches größer als bei Aktien und Anleihen.

Als Basiswerte für die Optionsscheine kommen vor allem in Frage:

- Aktien
- Anleihen
- Indizes
- Währungen bzw. Wechselkursrelationen
- Zinsen
- und Rohstoffe

Obendrein unterscheidet man zwischen den Call- und Put-Optionsscheinen. Dabei setzt der Verkäufer eines Calls auf sinkende Kurse des Basiswertes, der Käufer dagegen auf steigende Kurse. Umgekehrt verhält es sich dagegen bei den Put-Optionsscheinen.

Außerdem können die Emissionsbedingungen der Optionsscheine anstelle des Bezugs oder der Lieferung des Basiswertes bei Ausübung des Optionsrechts einen Barausgleich in Geld vorsehen. Dies geschieht in der Regel dort, wo eine Übertragung des Basiswertes gar nicht möglich ist, wie zum Beispiel bei einem Index.

Bei dem Barausgleich[4] findet kein Erwerb bzw. keine Veräußerung des Basiswertes statt, sondern vielmehr wird der Differenzbetrag zwischen vereinbartem

---

[1] Optionsscheine werden auch als Warrants oder Derivate bezeichnet.

[2] Diese Optionsscheine werden als Call-Optionsscheine bezeichnet.

[3] Diese Optionsscheine werden als Put-Optionsscheine bezeichnet.

[4] Dies wird auch als Cash-Settlement bezeichnet.

Preis und aktuellem Marktwert des Basiswertes ermittelt und an den Optionsscheininhaber ausgezahlt.

In den Emissionsbedingungen der Optionsscheine befinden sich meistens noch weitere Einzelheiten, die die Möglichkeit des Kaufes oder Verkaufes des Basiswertes regeln.

Die wichtigsten sind:

- Laufzeit
- Ausübungsmöglichkeit
- Optionsverhältnis[5]
- Basispreis

Unter Laufzeit eines Optionsscheines ist der Zeitraum vom Tag seiner Begebung bis zu dem Tag, an dem das Optionsrecht erlischt, zu verstehen. Dabei muss der Investor beachten, dass der Handel der Optionsscheine und die Möglichkeit, das Optionsrecht auszuüben, üblicherweise einige Tage vorher endet.

Bei der Ausübungsmöglichkeit wird zwischen Optionsscheinen amerikanischen Typs und europäischen Typs unterschieden.

Optionsscheine nach amerikanischem Typ sind dadurch gekennzeichnet, dass der Investor sein Optionsrecht an jedem Bankarbeitstag während der Laufzeit des Optionsscheines ausüben kann. Dagegen können bei Optionsscheinen europäischen Typs die Investoren nur am Ende der Laufzeit ihr Optionsrecht wahrnehmen. Ferner können die Emissionsbedingungen vorsehen, dass die Ausübung des Optionsrechts nur innerhalb ganz bestimmter Zeiträume während der Laufzeit möglich ist.

Das Optionsverhältnis drückt aus, wie viele Einheiten des Basiswertes der Inhaber eines Optionsscheines durch Ausübung der Option kaufen bzw. verkaufen kann. Ist dagegen ein Barausgleich vorgesehen, so gibt das Optionsverhältnis an, wie viele Einheiten des Basiswertes bei der Berechnung des Barausgleichs zugrunde zulegen sind.

Beispielsweise besagt ein Optionsverhältnis von 1:10, dass der Investor 10 Optionsscheine benötigt, um eine Einheit des Basiswertes zum festgelegten Basispreis zu kaufen bzw. zu verkaufen. Dabei beeinflusst entscheidend das Optionsverhältnis den Preis des Optionsscheines. In der Regel gilt, je höher das Optionsverhältnis ist, desto teurer ist der Optionsschein.

Der Basispreis ist der im Voraus festgelegte Preis, zu welchen der Investor das Recht hat sein Optionsrechts auszuführen, d.h. den Basiswert zu kaufen bzw. zu verkaufen. Falls ein Barausgleich vorgesehen ist, so dient der Basispreis zur Be-

---

[5] Das Optionsverhältnis wird auch Bezugsrechtsverhältnis genannt.

rechnung des Differenzbetrages, der gegebenenfalls an den Inhaber des Optionsscheines auszubezahlen ist.

2.2. Optionstypen

Ein Optionsschein verbrieft unterschiedliche Rechte, nämlich das Recht einen Gegenstand zu kaufen bzw. zu verkaufen. Seit kurzem treten aber auch immer verstärkter die exotischen Optionsscheine auf, die mit einer komplexen Struktur auf die individuellen Bedürfnisse der Anleger zugeschnitten sind.

2.2.1. Kaufoptionsschein

Der Kaufoptionsschein wird auch als Call bezeichnet. Dieser Optionsschein gewährt dem Anleger folgende Rechte:

- Den zugrunde liegenden Basiswert zu einem im Voraus festgelegten Basispreis zu kaufen oder
- vom Emittenten die Auszahlung der positiven Differenz zwischen dem aktuellen Kurs und dem vereinbarten Basispreis zu verlangen.

Für diese Rechte zahlt der Käufer des Kaufoptionsscheines dem Verkäufer[6] des Optionsscheines eine Prämie. Abbildung 1 zeigt das Gewinn- bzw. Verlustpotential eines Kaufoptionsscheines. Aus dieser Abbildung entnimmt man, dass der Gewinn eines Calls bei steigenden Kursen theoretisch unbegrenzt ist, aber bei fallenden Kursen der Verlust auf die gezahlte Optionsprämie beschränkt ist. Dies bedeutet, dass der Käufer eines Calls im schlimmsten Fall die Optionsprämie verliert, d.h. also einen Totalverlust des gesetzten Kapitals.

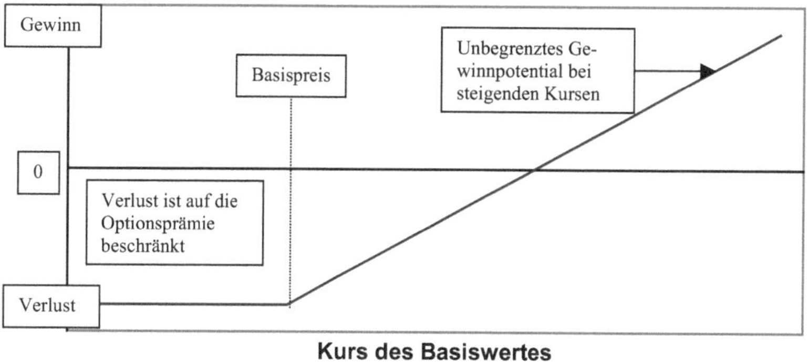

Abbildung 1: Gewinn/Verlustpotential eines Kaufoptionsscheines

---

[6] Der Verkäufer einer Option wird auch als Stillhalter bezeichnet.

2.2.2. Verkaufsoptionsschein

Der Verkaufsoptionsschein verbrieft dem Inhaber folgende Rechte:

- dem Emittenten den in den Optionsscheinbedingungen festgelegten Basiswert zu dem im Voraus festgelegten Basispreis zu verkaufen oder
- die Differenz zwischen dem Basispreis und aktuellen Kurs ausbezahlt zu bekommen.

Bei einer Verkaufsoption ist der Gewinn, im Gegensatz zu einem Call, begrenzt, und zwar maximal auf einen Betrag in Höhe des Basispreises abzüglich der Optionsprämie. Diese Gewinnbegrenzung resultiert daraus, dass der Preis des Basiswertes nicht unter null sinken kann. Dagegen ist der maximale Verlust, ähnlich wie beim Call, auf die gezahlte Optionsprämie beschränkt.

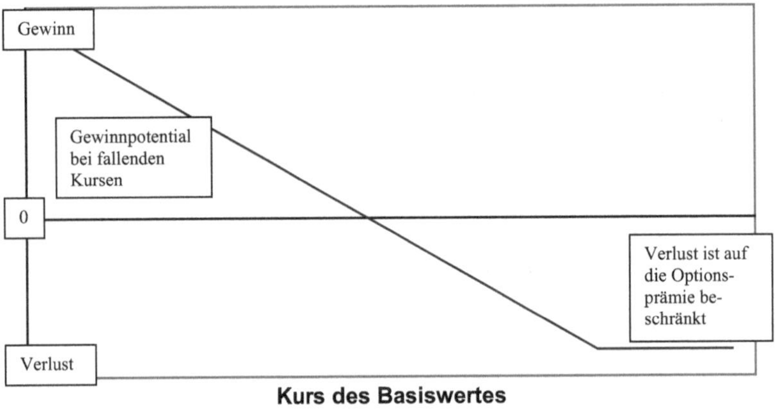

Abbildung 2: Gewinn- bzw. Verlustpotential einer Verkaufsoption

2.2.3. Zusammenfassung

In der folgenden Tabelle sind die mit dem Kauf- bzw. Verkaufsoptionsscheinen verbundenen Rechte gegenübergestellt.

Tabelle 1: Überblick über die Rechte und Pflichten aus Optionsscheinen

Optionsscheine			
Kaufoptionsschein = Call		Verkaufsoptionsschein = Put	
Kauf eines Call	Verkauf eines Call	Kauf eines Put	Verkauf eines Put
Der Käufer hat das Recht, nicht aber die Verpflichtung zum Kauf	Der Emittent hat die Verpflichtung zur Lieferung, falls die Option ausgeübt wird	Der Käufer hat das Recht, nicht aber die Verpflichtung zum Verkauf	Der Emittent hat die Verpflichtung zur Abnahme, falls die Option ausgeübt wird
Von			
Basiswert oder Underlying	Einer bestimmten Menge des zugrunde liegenden Instruments		
Basispreis oder Strike Price	Zu einem im Voraus festgelegten Preis		
Laufzeit	Während der Laufzeit (amerikanischen Typ) oder zu einem bestimmten Verfallsdatum (europäischer Typ) ausüben		

Optionsscheine werden von Banken bzw. anderen Emissionshäusern, wie z.B. Broker, ausgegeben. Außerdem haben Optionsscheine individuelle Laufzeiten, die von den Emittenten festgelegt werden.

Ferner können Optionsscheine grundsätzlich nicht geshortet werden. Unter „Shorten“ [7] versteht man den Verkauf eines Call- bzw. eines Put-Optionsscheines durch einen Investor an einen anderen. In diesem Fall würde der verkaufende Investor selbst zum Stillhalter werden und geht gegenüber dem Käufer bestimmte Lieferverpflichtungen ein. Dies bedeutet bei Optionsscheinen sind nur Long[8]-Positionen möglich. Deswegen ist bei Optionsscheinen im Extremfall nur ein Totalverlust des eingesetzten Kapitals möglich.

Die Preisfeststellung bei Optionsscheinen hängt vom ausführenden Makler ab, wobei viele Emittenten eine Marktpflege betreiben und als Market Maker agieren, indem sie die Kurse stellen. Im Zuge des Market Making[9] stellt dabei der Market Marker verbindliche Brief[10]- und Geldkurse[11] für seine Optionsscheine und gewährleistet so jederzeit einen liquiden Markt. Allerdings hat dieses Market

[7] Eine Verkaufsposition wird als Short-Position bezeichnet.

[8] Eine Kaufposition wird als Long-Position bezeichnet.

[9] siehe auch Kapitel 2.4.6.

[10] Zum Briefkurs ist der Market Maker bereit, Optionsscheine zu verkaufen.

[11] Der Geldkurs ist der Kurs, zu dem der Investor den Optionsschein an den Market Maker wieder verkaufen kann.

Making seinen Preis, denn zwischen den Geld- und Briefkursen besteht eine Differenz.

2.3. Formen von Optionsscheinen

Der Markt der Optionsscheine ist durch eine große Vielfalt der Formen von Optionsscheinen kennzeichnet. Diese Formen sind in Abbildung 3 dargestellt. Allerdings lassen sich grundsätzlich die Optionsscheine in zwei wichtige Arten unterteilen:

- Optionsscheine aus Optionsanleihen und
- Naked Warrants

Diese beiden Arten werden in den folgenden Abschnitten näher erläutert.

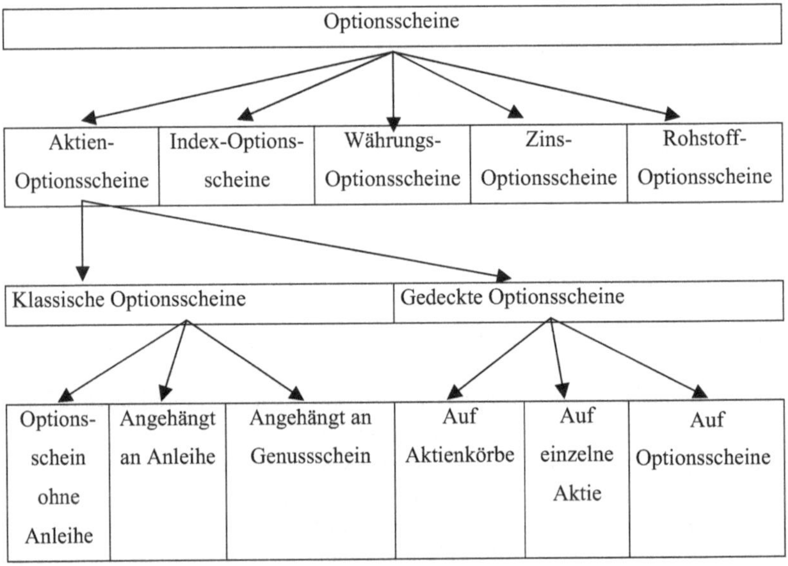

Abbildung 3: Spektrum der Optionsscheine

2.3.1. Optionsscheine aus Optionsanleihen

Die Optionsscheine aus Optionsanleihen[12] werden in Verbindung mit der Emission einer Optionsanleihe ausgegeben. Dabei werden die Optionsscheine separat gehandelt und verbriefen im Regelfall das selbständige Recht auf Lieferung des Basiswertes.

Falls der Käufer eines traditionellen Optionsscheines sein Optionsrecht ausüben möchte, erfolgt die Gegenleistung in der Regel „physisch", d.h. der Emittent liefert den zugrunde liegenden Basiswert, wie z.B. die Aktie. Üblicherweise handelt es sich bei den traditionellen Optionsscheinen um Call-Optionsscheine.

2.3.2. Naked Warrants

Als Naked Warrants bezeichnet man Optionsscheine, die ohne gleichzeitige Emission einer Optionsanleihe ausgegeben werden.

Deshalb dienen die Naked Warrants nicht einem Finanzierungsvorhaben von Unternehmen wie die traditionellen Optionsscheine. Die Naked Warrants werden vor allem von Banken und Wertpapierhandelshäusern emittiert. Obendrein wird häufig anstelle der Abnahme bzw. Lieferung des Basiswertes ein Barausgleich vorgesehen. Von den Naked Warrants gibt es sowohl Call-Optionsscheine und Put-Optionsscheine.

Weiterhin gibt es eine Untergruppe der Naked Warrants, die sogenannten Covered Warrants. Unter Covered Warrants versteht man „gedeckte Optionsscheine", in der Regel Aktienoptionsscheine, die das Recht zum physischen Bezug von Aktien verbriefen, die sich während der Laufzeit des Optionsscheines in einem gesondert gehaltenen Deckungsbestand befinden. Allerdings beobachtete man in der letzten Zeit, dass immer mehr auf das Instrumentarium des Deckungsbestandes verzichtet wird. Stattdessen wird durch den Abschluss von weiteren Finanztransaktionen sichergestellt, dass die Lieferansprüche des Optionsscheinkäufers bei Ausübung des Optionsrechts erfüllt werden. Zudem werden heute auch zunehmend Optionsscheine, bei denen statt der physischen Lieferung ein Barausgleich möglich ist, als Covered Warrants bezeichnet.

Bei den Naked Warrants ist die Vielfalt der angebotenen Produkte sehr groß, da der Emittent der Naked Warrants nicht mit dem Emittenten des Basiswertes identisch sein muss sowie meistens eine physische Lieferung bei Ausübung des Optionsrechts oft gar nicht vorgesehen wird. Deshalb kommen unterschiedliche Basiswerte in Frage, sofern man für sie einen Marktpreis feststellen kann.

---

[12] Diese Optionsscheine werden auch als traditionelle bzw. klassische Optionsscheine bezeichnet.

Der Basiswert eines Optionsscheines gehört zu den wichtigsten Anlagekriterien. Deshalb werden in den nächsten Abschnitten die Einzelformen der Naked Warrants anhand der unterschiedlichen Basiswerte erläutert.

2.3.2.1. Arten von Naked Warrants

2.3.2.1.1. Aktien-Optionsschein

Aktien-Optionsscheine geben dem Käufer das Recht zum Kauf (Call-Optionsschein) bzw. Verkauf (Put-Optionsschein) von Aktien bzw. zum Erhalt einer Ausgleichszahlung in bar bei Überschreiten bzw. Unterschreiten eines bestimmten Aktienkurses.

Deswegen ist für die Aktien-Optionsscheine die Kursentwicklung der zugrunde liegenden Aktien besonders wichtig. Dabei profitiert der Käufer eines Call-Aktienoptionsscheines von steigenden Aktienkursen der betreffenden Aktie. Im Gegensatz dazu profitiert der Käufer eines Put-Aktienoptionsscheines, wenn der Aktienkurs fällt.

2.3.2.1.2. Index-Optionsschein

Die Index-Optionsscheine verbriefen das Recht, eine Ausgleichszahlung bei Überschreiten (Call-Optionsschein) bzw. Unterschreiten (Put-Optionsschein) eines bestimmten Indexstandes zu erhalten. Im Vergleich zu den Aktien-Optionsscheinen ist hier keine Lieferung des Basiswertes möglich, da es sich um einen Index handelt, deswegen findet immer ein Barausgleich statt.

Als Basiswert von Index-Optionsscheinen verwendet man häufig einen Aktien- oder Rentenindizes. In der heutigen Zeit werden aber auch Optionsscheine auf andere Indexe angeboten, wie z.B. auf Rohstoffindexe.

Der Preis des Optionsscheines hängt von der zugrunde liegenden Indexentwicklung ab. Der Kurs von Call-Indexoptionsscheinen steigt bei steigendem Indexverlauf und sinkt bei fallendem Indexverlauf. Demgegenüber steigt der Preis des Put-Indexoptionsscheines bei fallendem Indexverlauf und sinkt bei steigendem Indexverlauf.

2.3.2.1.3. Zins-Optionsscheine

Die Zins-Optionsscheine verbriefen das Recht zum Kauf (Call-Optionsschein) oder Verkauf (Put-Optionsschein) von Anleihen[13] bzw. zum Erhalt einer Ausgleichszahlung in bar bei Überschreiten (Call-Optionsschein) oder Unterschreiten (Put-Optionsschein) eines bestimmten Anleihekurses.

---

[13] In Deutschland ist dies meistens eine Bundesanleihe.

Deswegen ist für einen Käufer von Zins-Optionsscheinen die Kursentwicklung der Anleihe entscheidend. Da aber der Anleihekurs wiederum maßgeblich von der Entwicklung des Marktzinsniveaus abhängig ist, spekuliert der Anleger also indirekt auf fallende oder steigende Zinsen.

Aus diesem Grund profitiert der Inhaber eines Call-Zinsoptionsscheines grundsätzlich von fallenden Kapitalmarktzinsen, da sinkende Zinsen steigende Anleihekurse nachsichziehen. Andererseits profitieren Inhaber von Put-Zinsoptionsscheinen von steigenden Kapitalmarktzinsen, da steigende Zinsen bedeuten, dass der Anleihekurs fällt.

Bei den Call- bzw. Put-Zinsoptionsscheinen ist mit Anleihekurs der Kurs der Anleihe gemeint, die dem Zinsoptionsschein zugrundeliegt.

2.3.2.1.4. Währungsoptionsscheine

Währungsoptionsscheine verbriefen das Recht zum Kauf (Call-Optionsschein) oder Verkauf (Put-Optionsschein) eines bestimmten Betrages einer definierten Währung bzw. zum Erhalt einer Ausgleichszahlung bei Überschreiten (Call-Optionsschein) oder Unterschreiten (Put-Optionsschein) eines Währungskurses.

Hierbei werden Währungsoptionsscheine auf verschiedene Währungskombinationen ausgegeben. Dies sind z.B. US-Dollar/Deutsche Mark oder US-Dollar/Yen oder US-Dollar/EURO etc..

Der Inhaber eines Call-Währungsoptionsscheines profitiert von steigenden Wechselkursen. Im Vergleich dazu profitiert ein Inhaber eines Put-Währungsoptionsscheines von fallenden Wechselkursen der Basiswährung.

2.3.2.1.5. Rohstoffoptionsscheine

Rohstoffoptionsscheine geben dem Käufer das Recht auf Erhalt einer Ausgleichszahlung bei Überschreiten (Call-Optionsschein) oder Unterschreiten (Put-Optionsschein) eines bestimmten Preises eines Rohstoffes.

Dabei bestimmt die Preisentwicklung des zugrunde liegenden Rohstoffes entscheidend den Preis des Optionsscheines. Hierbei steigt der Preis von Call-Rohstoffoptionsscheinen bei einem Preisanstieg des Rohstoffes, und die Put-Rohstoffoptionsscheine fallen, d.h. die Put-Rohstoffoptionsscheine steigen im Preis bei einem Preisrückgang des Rohstoffes.

Häufig werden Rohstoffoptionsscheine auf Gold, Silber, Öl, Weizen und Mais ausgegeben.

2.3.2.1.6. Sonderformen von Naked Warrants

Es gibt auch Sonderformen der Naked Warrants. Zu diesen zählen vor allem Basket-Optionsscheine, Power- und Turbo Warrants, Capped Warrants sowie Range Warrants.

Basket-Optionsscheine berechtigen den Inhaber in der Regel zum Kauf (Call-Optionsschein) eines genau definierten Korbes von Basiswerten. Diese orientieren sich meisten an Sektoren von Indexen, wie z.B. Telekommunikation. Der Vorteil der Basket-Optionsscheine ist, dass hier der Investor nicht eine Aktie erwirbt, sondern mehrere Aktien. Deshalb ist hier das Risiko auch nicht so groß wie bei Optionsscheinen, die auf einen Basiswert lauten.

Die Power Warrants[14] unterscheiden sich von klassischen Optionsscheinen dadurch, dass der Optionsscheininhaber bei Fälligkeit den quadrierten inneren Wert erhält. Allerdings ist die Auszahlungshöhe oft durch einen Cap begrenzt.

Die Turbo Warrants berechtigen den Inhaber zum Bezug von anderen Optionsscheinen. Deswegen zeichnen sich solche Scheine durch einen vergleichsweise hohen Hebel aus.

Bei den Capped Warrants[15] ist die maximale Gewinnhöhe begrenzt. Überschreitet (Call-Optionsschein) bzw. unterschreitet (Put-Optionsschein) der zugrunde liegende Kurs einen bestimmten Wert, nimmt der Optionsscheininhaber an einer weiteren positiven bzw. negativen Entwicklung des Kurses des Basiswertes nicht mehr teil. Dies bedeutet, dass der Optionsscheininhaber nicht mehr von einer günstigen Kursentwicklung des Basiswertes profitiert.

Die Range Warrants[16] eröffnen ihrem Inhaber eine Gewinnchance, wenn sich zu einem bestimmten Zeitpunkt der Kurs des Basiswertes im Rahmen einer exakt fixierten Bandbreite bzw. Korridors befindet. Im Gegensatz zum klassischen Optionsschein erhält hierbei der Inhaber des Range Warrants[17] in jedem Fall das ursprünglich investierte Kapital zurück.

2.4. Ausstattungsmerkmale

Die Einflussfaktoren auf die Preisbildung von Optionsscheinen können sehr vielfältig sein. Dabei haben sie einen unmittelbaren Einfluss auf den Kurs des Optionsscheines und damit auf den Erfolg der Anlage. In den Optionsscheinbedingungen werden die Ausstattungsmerkmale festgelegt. Folglich ist ihre genaue Kenntnis für jede Anlageentscheidung unverzichtbar.

---

[14] siehe Kapitel 7.4.

[15] siehe Kapitel 7.2.

[16] Die Range-Warrants werden auch als Bandbreiten- oder Korridoroptionsscheine bezeichnet.

[17] siehe Kapitel 7.8.

2.4.1. Basiswert

In der Regel hängt primär die Wertentwicklung eines Optionsscheines von der Wertentwicklung des zugrunde liegenden Basiswertes ab. Insofern ist es für jeden Investor unabdingbar, zunächst eine klare Marktentscheidung über den Basiswert zu treffen, d.h. ob in der näheren Zukunft der Basiswert steigen oder fallen wird.

Als Basiswerte von Optionsscheinen dienen häufig Aktien, Aktienkörbe usw.. Falls Basispreis und Basiswert nicht in derselben Währung notiert sind, dann spielt neben der Kursentwicklung des Basiswertes selbstverständlich auch noch die Kursentwicklung der zugrunde liegenden Währung eine Rolle.

2.4.2. Optionsverhältnis

Das Optionsverhältnis ist der festgelegte Betrag bzw. die Anzahl der Basiswerte, die pro Optionsschein bezogen bzw. veräußert werden können.

$$\text{Optionsverhältnis} = \frac{\text{Optionsschein}}{\text{Anzahl der optierbaren Basiswerte}} \qquad \text{(Gleichung: 1)}$$

2.4.3. Basispreis

Die Höhe des Basispreises legt der Verkäufer des Optionsscheines fest. Weiterhin gibt der Basispreis an, zu welchem festgelegten Preis der Optionsscheininhaber den Basiswert erwerben oder veräußern kann. Ferner bleibt der Basispreis des Optionsscheines während der Laufzeit konstant. Eine Ausnahme von der Regel bilden wiederum die Aktienoptionsscheine, deren Basispreis angepasst werden kann, wenn die Aktiengesellschaft Kapitalmaßnahmen durchgeführt hat. Obendrein haben sich für Optionsscheine in Abhängigkeit des Basiswertes zum Basispreis unterschiedliche Bezeichnungen eingebürgert.

Tabelle 2: Begriffe für Optionsscheine in Abhängigkeit des Kurses vom Basiswert zum Basispreis

Kurs des Basiswertes	Call	Put
Über dem Basispreis	In the money	Out of the money
Unter dem Basispreis	Out of the money	In the money
Gleich dem Basispreis	At the money	At the money

Des Weiteren hängt der Preis einer Option damit zusammen, ob der Basiskurs der Option aus dem Geld, am Geld oder im Geld liegt. Normalerweise gilt, dass eine Option aus dem Geld wesentlich billiger ist als eine Option im Geld.

Beispiel 1: Preis einer Option aus dem Geld und im Geld

Call- Option am Geld		Call-Option aus dem Geld	
Basiswert der Option	50,00 Euro	Basiswert der Option	60,00 Euro
Kurs des Basiswertes beim Kauf der Option	50,00 Euro	Kurs des Basiswertes beim Kauf der Option	50,00 Euro
Wert des Calls am Kauftag	5,00 Euro	Wert des Calls am Kauftag	1,59 Euro
Performance bei einem Kursanstieg des Basiswertes bis zum Fälligkeitstag:		Performance bei einem Kursanstieg des Basiswertes bis zum Fälligkeitstag:	
Kurs Basiswert	Performance der Option	Kurs Basiswert	Performance der Option
60,00 Euro	+ 100,00%	60,00 Euro	- 100,00%
63,00 Euro	+ 160,00%	63,00 Euro	+ 88,70%
66,00 Euro	+ 220,00%	66,00 Euro	+ 277,40%

Aus Beispiel 1 erkennt man, dass die Option aus dem Geld bei einem Anstieg des Basiswertes von 32% einen Gewinn von 277,40% ermöglicht. Im Gegensatz dazu ist mit einer Option im Geld „nur“ ein Gewinn von 220,00% möglich. Allerdings zeigt dieses Beispiel auch, dass die Option aus dem Geld wesentlich riskanter ist als eine Option im Geld, da der Investor mit der Option im Geld schon bei einer Kurssteigung von 10% Geld verdient. Außerdem kann der Investor mit einer Option aus dem Geld nur dann mehr Geld verdienen als mit der Option im Geld, wenn der Kursanstieg des Basiswertes extrem ist.

Aber Optionen aus dem Geld haben in der Regel auch eine hohe Hebelwirkung. Diese ist wesentlich größer als bei Optionen am Geld oder Optionen im Geld. Weiterhin besteht eine große Gefahr für Optionen aus dem Geld, wenn die Volatilität[18] sinkt, weil sie dann überproportional an Wert verlieren.

[18] siehe auch Kapital 3.3.3.

Beispiel 2: Einfluss der Volatilität auf den Wert einer Option aus dem Geld

Es wird eine Call-Option auf die Muster AG bei einem Basiswert von 120,00 Euro betrachtet.

Call-Option bei einer Volatilität von 25%		Call-Option bei einer Volatilität von 35%	
Wert des Basiswertes am Kauftag der Option	100,00 Euro	Wert des Basiswertes am Kauftag der Option	100,00 Euro
Wert der Option am Kauftag	4,57 Euro	Wert der Option am Kauftag	8,32 Euro

In Abbildung 4 ist der Einfluss der Zeit auf die Option im Geld, am Geld und aus dem Geld dargestellt. Dieser wird durch die Kennzahl Theta[19] beschrieben. Sie gibt an, um welchen Wert der Optionsschein sinkt, wenn die Restlaufzeit um eine Einheit, z.B. eine Woche zurückgeht.

Beispiel 3: Kennzahl Theta

Muster Index Call (Amerikanischen Typs) mit einer Restlaufzeit von 92 Tagen		Muster Index Call (Amerikanischen Typs) mit einer Restlaufzeit von 85 Tagen	
Basiswert	5000	Basiswert	5000
Bezugsverhältnis	100 : 1	Bezugsverhältnis	100 : 1
Wert des Calls	3,18 Euro	Wert des Calls	3,05 Euro

Hieraus ergibt sich ein Theta für eine Woche von 0,13

Aus Beispiel 3 erkennt man, dass selbst wenn sich kein einziger Parameter ändert, sich der Wert einer Option reduziert. Das Ausmaß dieser Reduktion hängt von dem Zeitwert und dem Inneren Wert der Option ab, oder davon, ob die Option im Geld, am Geld oder aus dem Geld ist.

[19] siehe auch Kapitel 3.3.2.

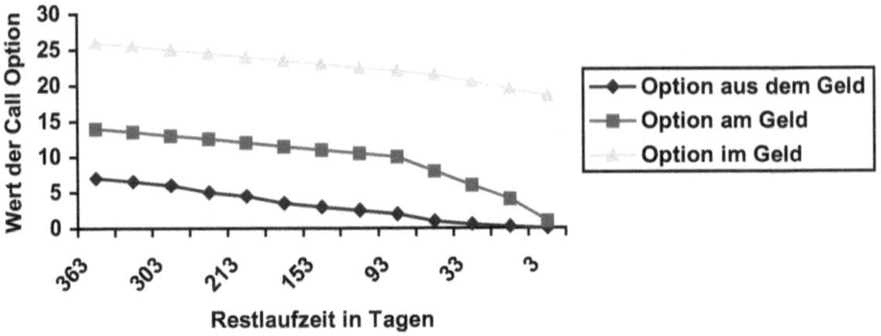

Abbildung 4: Einfluss der Zeit auf die Optionen im Geld, am Geld und aus dem Geld

Aus Abbildung 4 entnimmt man, dass die Optionen am Geld und aus dem Geld mit Abnahme der Restlaufzeit extrem an Wert verlieren, und zwar, um am Fälligkeitstag gegen Null zu streben, weil der Zeitwert am Fälligkeitstag Null ist und die Optionen keinen inneren Wert haben. Deswegen sollte der Investor solche Optionen nur maximal bis 3 Monate vor Fälligkeit der Option halten, weil ab diesen Zeitpunkt sich der Wertverlust der Option beschleunigt.

Dagegen zeigt Abbildung 4 auch, dass die Option im Geld nur geringfügig mit Abnahme der Restlaufzeit an Wert verliert. Dies liegt daran, dass bei solchen Optionen der Preis hauptsächlich durch den inneren Wert bestimmt wird und nicht, wie bei den Optionen am Geld bzw. aus dem Geld, durch den Zeitwert.

In der Regel lassen sich durch Optionen aus dem Geld bei großen Kursänderungen des Basiswertes sehr hohe Renditen erzielen, dafür reagieren solche Optionen wesentlich stärker auf einen Rückgang der Volatilität. Daher ist bei hohen Volatilitäten vom Kauf solcher Optionen abzuraten. Umgekehrt eignen sich diese Optionen zum spekulieren darauf, dass die Volatilität größer wird.

Dagegen sind Optionen am Geld zu empfehlen, wenn mit moderaten Kursveränderungen gerechnet wird. Optionen am Geld reagieren auch relativ stark auf Änderungen der Volatilität, aber nicht so extrem wie Optionen aus dem Geld. Deswegen sollte der Anleger bei hohen Volatilitäten immer kritisch prüfen, ob ein Einstieg in solche Optionen sinnvoll ist, oder es nicht besser wäre, in Optionen im Geld zu investieren.

Für weniger risikobereite Anleger stellen die Optionen im Geld eine sinnvolle Alternative dar. Solche Optionen partizipieren im Normalfall 1:1 von den Änderungen des Basiswertes. Ferner wirkt sich eine Änderung der Volatilität wesentlich geringer aus als bei Optionen aus dem Geld und am Geld.

2.4.4. Laufzeit und Optionsfrist

Die Laufzeit eines Optionsscheines umfasst den verbleibenden Zeitraum bis zum Verfallstag, an dem das Optionsrecht letztmalig ausgeübt werden kann. Danach erlischt das Optionsrecht, und der Optionsschein wird wertlos. Hieraus erkennt man, dass der Optionsschein nur eine begrenzte Laufzeit hat.

Aber von der eigentlichen Laufzeit ist die Optionsfrist zu unterscheiden. Dabei gibt die Optionsfrist den Zeitraum bzw. Termin an, in dem das Optionsrecht ausgeübt werden kann. In diesem Zusammenhang unterscheidet man zwischen europäischen Optionsscheinen (Optionsrecht kann nur zu einem bestimmten Zeitpunkt ausgeübt werden) und amerikanischen Optionsscheinen (Optionsrecht kann jederzeit während der Laufzeit an einem Bankarbeitstag ausgeübt werden).

2.4.5. Art der Ausübung

Der Inhaber eines Optionsscheines bekommt von den Emittenten entweder einen Barausgleich oder die physikalische Lieferung des zugrunde liegenden Basiswertes gegen Zahlung des Basispreises. Allerdings kommt immer mehr in Mode, dass nur noch ein Barausgleich stattfindet. Außerdem muss der Inhaber eines Optionsscheines darauf achten, ob in den Optionsscheinbedingungen eine automatische Ausübung des Optionsrechtes vorgesehen ist, oder ob es zur Ausübung des Optionsrechtes einer schriftlichen Erklärung bedarf.

2.4.6. Market Making

Damit jederzeit ein liquider Handel auch bei geringer Marktaktivität möglich ist, fungieren die meisten Emissionshäuser als Market Maker ihrer Optionsscheine. In Zuge des Market Making stellt dabei das Emissionshaus verbindliche Brief[20]- und Geldkurse[21] für seine Optionsscheine und gewährleistet so jederzeit einen liquiden Markt.

Durch das Market Making wird garantiert, dass Abschlüsse auch dann zustande kommen, wenn kein Gegenpart am Markt vorhanden ist. In einem solchen Fall übernimmt dann der Market Maker die Stücke auf eigene Rechnung.

Weiterhin bezeichnet man die Differenz zwischen Geld- und Briefkursen als Spread. Dieser Spread sollte bei der Auswahl des Optionsscheines berücksichtigt werden, da diese Spanne für den Investor Transaktionskosten darstellen, die den Anlageerfolg schmälern. Gute Market Maker haben eine geringe Spanne zwischen Geld- und Briefkurs.

---

[20] Zum Briefkurs ist der Market Maker bereit, Optionsscheine zu verkaufen.

[21] Der Geldkurs ist der Kurs, zu dem der Investor den Optionsschein an den Market Maker wieder verkaufen kann.

3. OPTIONSSCHEINANALYSE

Um eine qualitative bzw. objektive Beurteilung von Optionsscheinen möglich zu machen, bedient man sich statischer Kennzahlen. Allerdings erlauben diese Kennzahlen eine Bewertung von unterschiedlichen Optionsscheinen immer zum gleichen Zeitpunkt. Die statischen Kennzahlen sind:

- Innerer Wert
- Zeitwert
- Aufgeld bzw. Agio
- Break-even bzw. Gewinnschwelle
- Hebel und Preissensitivität

Jeder Investor, der beabsichtigt, Optionsscheine zu kaufen, sollte Kenntnis über diese Kennzahlen haben. Denn mit Hilfe diese Kennzahlen kann der Investor objektiv zwischen verschiedenen Optionsscheinen auswählen und so eine Kauf- bzw. Verkaufsentscheidung treffen.

Ein Vergleich von Optionsscheinen mit Hilfe der Kennzahlen ist nur sinnvoll, wenn die Optionsscheine weitgehend gleich ausgestattet sind. Bereits geringe Veränderungen in der Ausstattung, wie z.B. Basiswert, Laufzeit oder Basispreis, können die Kennzahlen stark beeinträchtigen und somit deren Aussagekraft im Rahmen von Vergleichen ad absurdum führen.

3.1. Zusammensetzung des Optionsscheinpreises

Der Preis eines Optionsscheines setzt sich aus zwei Komponenten zusammen, dem inneren Wert sowie dem Zeitwert.

Optionsscheinpreis = innerer Wert + Zeitwert (Gleichung: 2)

Hierbei entspricht der innere Wert dem Betrag, den der Optionsscheininhaber bei sofortiger Ausübung des Optionsscheines realisieren kann. Insofern reflektiert der innere Wert die Differenz zwischen dem aktuellen Kurs des Basiswertes und dem Basispreis unter Berücksichtigung des Optionsscheinverhältnisses.

Dagegen hängt der Zeitwert maßgeblich von der Volatilität des zugrunde liegenden Basiswertes und der Cost of Carry[22] ab. In welchem Maße die Volatilität und Zinsniveau auf den Zeitwert einwirken, hängt wiederum vom Verhältnis des ak-

[22] Unter Cost of Carry versteht man die Finanzierungskosten des Verkäufers des Optionsscheines für seinen Deckungsbestand. Dabei ergeben sich die Finanzierungskosten aus dem Zinsaufwand für die Refinanzierung des Deckungsbestandes abzüglich der daraus resultierenden Erträge.

tuellen Kurses des Basiswertes zum Basispreis und der Restlaufzeit ab. Dieses Abhängigkeitsverhältnis ist in Abbildung 5 dargestellt.

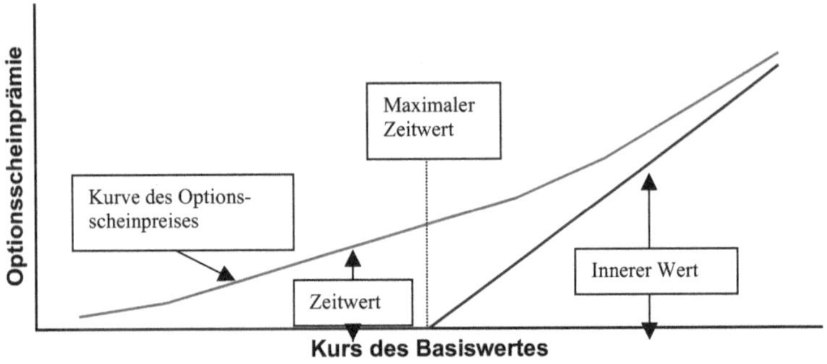

Abbildung 5: Optionsscheinpreis Kurve eines Kaufoptionsscheines

Außerdem entnimmt man Abbildung 5, dass der Zeitwert eines Optionsscheines der Differenz zwischen dem Optionsscheinpreis und seinem inneren Wert entspricht.

3.2. Innerer Wert

Der innere Wert eines Optionsscheines ergibt sich aus der Differenz zwischen dem Basispreis und dem Kurs des Basiswertes, wobei das Optionsverhältnis als Faktor zu berücksichtigen ist.

Bei einem Kaufoptionsschein entspricht der innere Wert der Differenz zwischen dem aktuellen Kurs des Basiswertes und dem Basispreis. Dagegen ergibt sich der innere Wert eines Verkaufsoptionsscheines durch die Differenz zwischen dem Basispreis und dem aktuellen Kurs des Basiswertes. Eigentlich ist der innere Wert nur für Optionsscheine relevant, die jederzeit ausgeübt werden können, d.h. Optionsscheine nach amerikanischem Typ. Ferner kann der innere Wert niemals negativ werden, da der Inhaber nicht zur Ausübung des Optionsrechtes verpflichtet ist. Wenn der innere Wert des Optionsscheines null ist, so ergibt sich der Preis des Optionsscheines nur durch den Zeitwert.

Der innere Wert für einen Kaufoptionsschein wird nach folgender Formel berechnet:

$$\text{Innerer Wert (Call)} = \frac{1}{\text{Optionsverhältnis}} \cdot \max(\text{Kurs des Basiswertes - Basispreis};0)$$

(Gleichung: 3)

Im Gegensatz dazu wird der innere Wert eines Verkaufsoptionsscheines nach folgender Formel berechnet:

$$\text{Innerer Wert (Put)} = \frac{1}{\text{Optionsverhältnis}} \cdot \max(\text{Basispreis - Kurs des Basiswertes};0)$$

(Gleichung: 4)

Ein Optionsschein weist einen inneren Wert auf, wenn beim Call-Optionsschein der aktuelle Kurs des Basiswertes über dem Basispreis liegt und bei einem Put-Optionsschein der aktuelle Kurs des Basiswertes unter dem des Basispreises liegt. In einem solchen Fall spricht man von einem Optionsschein „im Geld“ oder „in the money“.

Im Gegensatz dazu bezeichnet man Optionsscheine deren Basispreis und aktueller Kurs des Basiswertes identisch sind, als Optionsscheine „am Geld“ oder „at the money“. Ferner haben diese Optionsscheine keinen inneren Wert.

Desgleichen haben Optionsscheine keinen inneren Wert, wenn der aktuelle Kurs des Basiswertes unter dem Basispreis des Call-Optionsscheines bzw. über dem Basispreis des Put-Optionsscheines liegt. In diesem Fall ist der Optionsschein „aus dem Geld“ oder „out of the money“.

Der obige Sachverhalt ist zur Verdeutlichung nochmals in Abbildung 6 dargestellt.

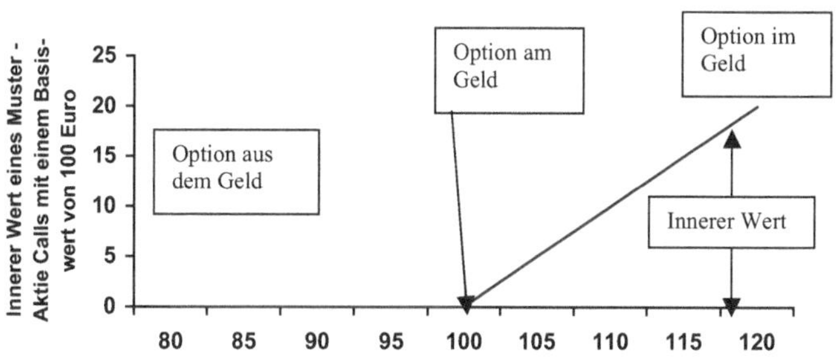

Abbildung 6: Innerer Wert einer Call-Option der Muster-Aktie mit einem Basiswert von 100 Euro

Beispiel 4: Berechnung des Inneren Wertes für einem Call-Optionsschein

Aktienkurs der Muster AG	=	72 Euro
Basispreis des Calls	=	70 Euro
Optionsscheinkurs	=	107 Euro
Optionsverhältnis	=	1 : 10

Innerer Wert = 10 · (72 Euro - 70 Euro) = 20 Euro

Beispiel 5: Berechnung des Inneren Wertes für einem Put-Optionsschein

Aktienkurs der Muster AG	=	72 Euro
Basispreis des Puts	=	74 Euro
Optionsscheinkurs	=	107 Euro
Optionsverhältnis	=	1 : 10

Innerer Wert = 10 · (74 Euro - 72 Euro) = 20 Euro

3.3. Zeitwert

Der Zeitwert eines Optionsscheines spiegelt die Differenz zwischen Optionsscheinkurs und dem inneren Wert wider. Besitzt dagegen der Optionsschein keinen inneren Wert, so ergibt sich der Optionsscheinkurs vollständig aus dem Zeitwert des Optionsscheines. Dies beobachtet man immer dann, wenn der Optionsschein aus dem Geld bzw. am Geld ist.

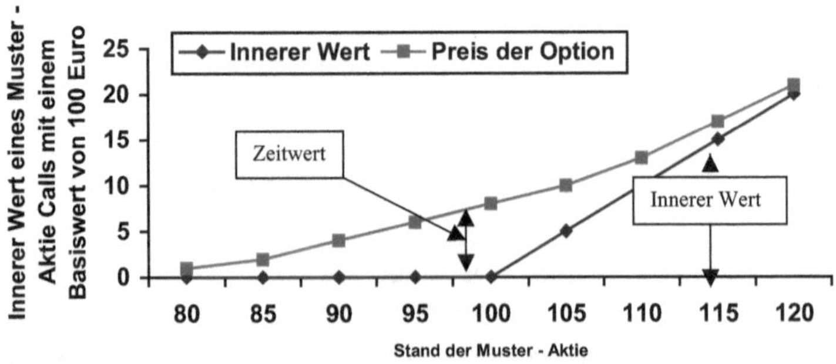

Abbildung 7: Zusammenhang zwischen Zeitwert und Inneren Wert einer Call-Option der Muster-Aktie mit einem Basiswert von 100 Euro

Der Zeitwert eines Optionsscheines kann sowohl für einem Call- als auch für einen Put-Optionsschein nach folgender Gleichung berechnet werden.

Zeitwert = Kurs des Optionsscheins - innerer Wert (Gleichung: 5)

Der Zeitwert ist der Unsicherheitsfaktor, der die Wahrscheinlichkeit von Kursschwankungen des Basiswertes bis zur Fälligkeit des Optionsscheines widerspiegelt.

Die Höhe des Zeitwerts wird im Wesentlichen von der Restlaufzeit des Optionsscheines sowie der Volatilität[23] des Basiswertes bestimmt. Im Allgemeinen beobachtet man folgenden Trend:

- Je kürzer die verbleibende Zeit bis zum Verfallstag ist und je niedriger die Volatilität des Basiswertes, desto niedriger ist der Zeitwert.

Dies ist dadurch begründet, dass mit abnehmender Restlaufzeit die Wahrscheinlichkeit einer Preisänderung beim Basiswert sinkt. Dies führt natürlich zu einer abnehmenden Gewinnchance für den Käufer eines Optionsscheines mit kürzeren Restlaufzeiten.

Ein weiter Grundsatz ist, dass jeder Optionsschein unweigerlich an Zeitwert verliert, bis der Zeitwert am Ende der Laufzeit gleich Null ist. Dies geschieht umso schneller, je näher der Verfallstag rückt. Deswegen haben Optionsscheine am Verfallstag keinen Zeitwert, sondern ihr Wert wird nur noch durch den inneren Wert bestimmt. Dies ist in Abbildung 8 dargestellt.

Zusätzlich erkennt man nun, warum sich in Abbildung 7 der Zeitwert mehr und mehr dem Verlauf des Inneren Wertes annähert.

[23] Unter Volatilität versteht man, die Häufigkeit und Intensität von Kursschwankungen während eines bestimmten Zeitraumes.

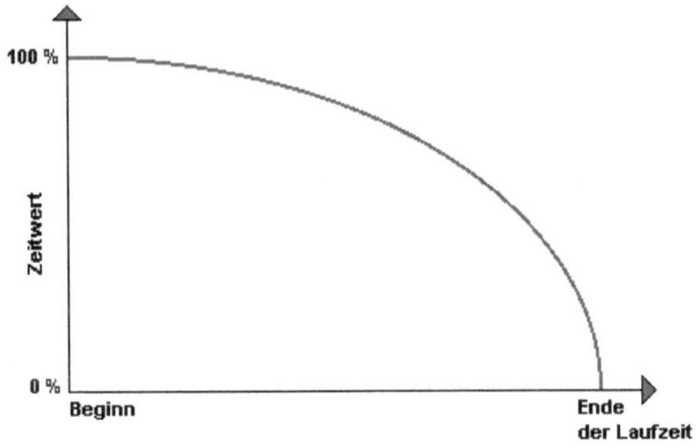

Abbildung 8: Verlauf des Zeitwertes

Dieses Phänomen sollte für jeden Inhaber von Optionsscheinen eine wichtige Rolle spielen. Denn normalerweise realisieren Investoren einen eventuellen Gewinn dadurch, dass sie den Optionsschein nicht ausüben, sondern vorher verkaufen. Dies hat den Vorteil, dass bei dem vorzeitigen Verkauf des Optionsscheines der Investor neben dem inneren Wert auch dem Zeitwert vereinnahmen kann. Dagegen geht der Zeitwert des Optionsscheines bei der Ausübung des Optionsscheines verloren.

Bei der Beurteilung des Zeitwertes von Optionsscheinen muss man sich von der Idee lösen, es handele sich dabei um eine rein spekulative Prämie, die willkürlich erhoben wird.

Vielmehr handelt es sich bei dem Zeitwert um ein komplexes Zusammenspiel aus den folgenden Faktoren[24]:

- Moneyness
- Zinsfaktoren
- Volatilität
- Laufzeit

Dieser Zusammenhang wird in den folgenden Abschnitten näher dargestellt.

[24] In den folgenden Abschnitten wird dies auch als Determinante des Zeitwertes bezeichnet.

3.3.1. Moneyness

Unter Moneyness versteht man den Quotienten zwischen dem aktuellen Kurs des Basiswertes und dem Basispreis.

$$\text{Moneyness eines Calls} = \frac{\text{aktueller Kurs des Basiswertes}}{\text{Basispreis}} \qquad \text{(Gleichung: 6)}$$

Die Moneyness eines Calls ist größer als Eins, falls der aktuelle Kurs des Basiswertes über dem Basiswert liegt, d.h. der Optionsschein ist im Geld. Dagegen ist die Moneyness eines Puts größer als Eins, wenn der aktuelle Kurs des Basiswertes unter dem Basiswert liegt.

Ferner ist die Moneyness sowohl bei Calls und Puts gleich Eins, wenn der Kurs des Basiswertes mit dem Basispreis übereinstimmt.

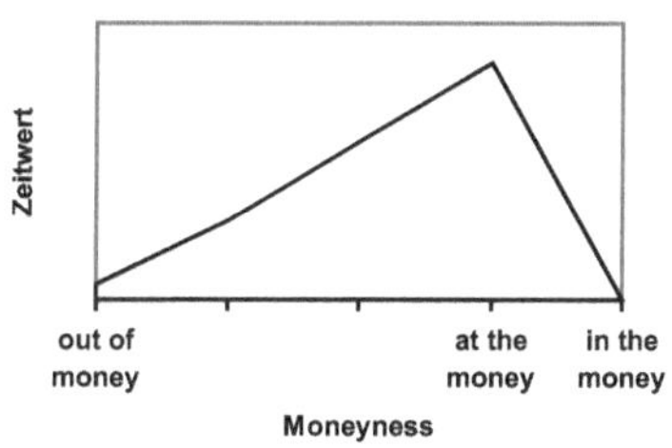

Abbildung 9: Zusammenhang zwischen Moneyness und Zeitwert

Aus Abbildung 9 wird ersichtlich, dass der Zeitwert eines Optionsscheines am Geld sein Maximum hat. Deswegen hängt der Zeitwert davon ab, ob sich der Optionsschein im Geld, am Geld oder aus dem Geld befindet. Dies wiederum führt zu einem unterschiedlichen Verlauf des Zeitwertverfalles[25].

3.3.2. Restlaufzeit

Unter Restlaufzeit versteht man die verbleibende Zeit bis zur Fälligkeit des Optionsscheines. Dabei gilt allgemein:

- Je größer die Restlaufzeit eines Optionsscheines ist, desto höher ist sein Zeitwert und damit natürlich auch sein Preis.

[25] siehe Abbildung 4

Aus diesem Grund muss der potentielle Käufer eines Optionsscheines immer den Zeithorizont festlegen, indem die von ihm erwartete Kursentwicklung eintreten soll.

In der Regel verringert sich mit abnehmender Restlaufzeit der Zeitwert eines Optionsscheines. Weiterhin nimmt gegen Ende der Laufzeit des Optionsscheines der Zeitwertverfall progressiv zu. Insofern sind Optionsscheine mit kurzen Restlaufzeiten besonders riskant, weil am Ende der Laufzeit der Zeitwert gleich Null ist. Daher entspricht am Ende der Laufzeit der Wert des Optionsscheines nur noch dem innerer Wert, und dieser kann auch Null sein, was letztlich zu einem Totalverlust des eingesetzten Kapitals führt.

Um dem Investor eine Auskunft darüber zu geben, um wie viel ein Optionsschein bei ansonsten unveränderten Einflussgrößen im Zeitverlauf infolge des Zeitwertverlustes an Wert verliert, wurde die Kennzahl Theta eingeführt.

Die Kennzahl Theta kann monatlich oder wöchentlich ermittelt werden und gibt dementsprechend an, um wie viel Prozent der Optionsschein pro Monat bzw. Woche aufgrund des Zeitwertverlustes an Wert verliert.

$$\text{Theta} = \frac{\text{Veränderung des Optionsscheinpreises}}{\text{Veränderung der Laufzeit}} \qquad \text{(Gleichung: 7)}$$

Hierbei bedeutet ein kleiner Wert von Theta[26], dass der Preis des Optionsscheines relativ unempfindlich gegenüber Laufzeitveränderungen ist. Ansonsten ist das Theta umso größer, je kürzer die Restlaufzeit ist, und umso weiter der Optionsschein aus dem Geld liegt. Infolgedessen ist die Kennzahl Theta bei Optionsscheinen mit kurzer Restlaufzeit eine kritische Kenngröße.

Tabelle 3 zeigt, wie eine Veränderung der Determinante des Zeitwertes sich auf die Kennzahl Theta auswirkt.

[26] siehe auch Beispiel 3

Tabelle 3: Einfluss der Determinante des Zeitwertes auf die Kennzahl Theta

Determinante des Zeitwertes		Einfluss auf die Kennzahl Theta	
Volatilität ↑		Theta ↓	
Restlaufzeit ↑		Theta ↓	
Cost of Carry ↑		Theta ↑	
Moneyness ↑		Theta ↓	

3.3.3. Volatilität

Der Anteil der Volatilität an dem Zeitwert ist jener Teil des Optionspreises, den der Anleger für die Chance zahlt, die sich aus der Volatilität des Basiswertes ergibt. Dabei nimmt der volatilitätsinduzierte Zeitwert proportional zur Wurzel der Restlaufzeit zu.

Zunächst misst die Volatilität das Risiko einer Investition. Dabei wird dieses Risiko über Stärke und Anzahl der Schwankungen im Preis des Gutes bzw. des Basiswertes ermittelt. Ferner sagt die Volatilität für sich genommen nichts aus, sondern nur im Vergleich mit Volatilitäten anderer Güter bzw. Basiswerten. In der Regel gilt, dass je größer die Volatilität ist, umso höher ist das Risiko des betreffenden Basiswertes. Dies wiederum führt dazu, dass je größer das Risiko bzw. Volatilität ist, umso teurer ist der Optionsschein. Die folgenden Abbildungen geben die theoretische Schwankungsbreite der Muster-Aktie bei einer Volatilität von 10% und 30% an.

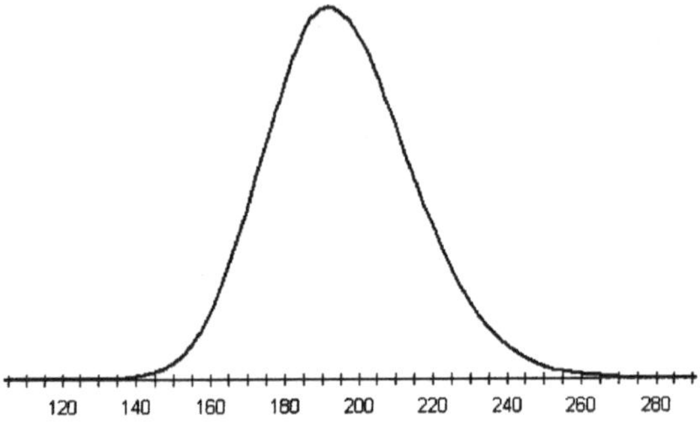

Abbildung 10: Volatilität der Muster-Aktie bei 10%

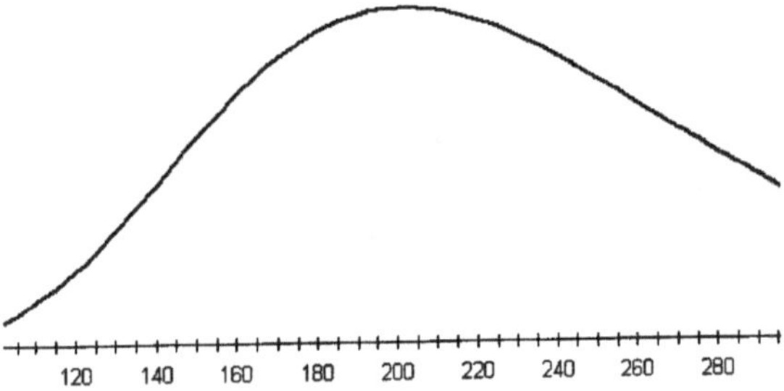

Abbildung 11: Volatilität der Muster-Aktie bei 30%

Aus den Abbildungen 10 und 11 entnimmt man, dass je größer die Volatilität ist, umso größer ist natürlich auch die Schwankungsbreite des Basiswertes. Zudem gilt, dass mit zunehmender Schwankungsbreite des Basiswertes auch die Preise für die Optionsscheine ansteigen.

Weiterhin muss man in diesem Zusammenhang beachten, dass die historische Volatilität aus der Kursentwicklung des Basiswertes der Vergangenheit berechnet wird, und somit keine Aussage über die zukünftig zu erwartende Volatilität zulässt. Naturgemäß ist deshalb die historische Volatilität keine konstante Größe, sondern sie verändert sich im Zeitablauf, d.h. sie hängt von dem zugrunde gelegten Zeitraum ab.

Deswegen wurde die implizierte Volatilität eingeführt. Sie entspricht dabei dem Marktpreis für den Optionsschein, da alle anderen Parameter bekannt sind, und nur das Ansetzen unterschiedlicher Volatilitäten zu verschiedenen Optionsscheinpreisen führen kann. Aus diesem Grund bildet sich die implizierte Volatilität durch das freie Spiel von Angebot und Nachfrage, d.h. die implizierte

Volatilität spiegelt die zukünftige Erwartung des Marktes an die Schwankungsbreite des Basiswertes wider.

Wie oben schon angesprochen hat die Volatilität auf die Preisbildung von Optionsscheinen einen entscheidenden Einfluss. Bei hoher Volatilität ist der Zeitwert größer, da die Wahrscheinlichkeit zunimmt, dass sich der Kurs des Basiswertes in die prognostizierte Richtung bewegt, und somit der Optionsschein Gewinn bringend verkauft werden kann. Umgekehrtes ist bei niedrigen Volatilitäten der Fall.

Um die Veränderung des Optionsscheinpreises in Abhängigkeit von der Änderung der Volatilität des Basiswertes beschreiben zu können, wurde die Kennzahl Vega eingeführt. Dabei gibt das Vega an, um wie viel Prozent der Preis des Optionsscheines, unter ansonsten gleich bleibenden Bedingungen, theoretisch steigen bzw. fallen sollte, falls die unterstellte Volatilität um einen Prozentpunkt steigt bzw. fällt.

$$\text{Vega} = \frac{\text{Veränderung des Optionsscheinpreises}}{\text{Veränderung der Volatilität}} \qquad \text{(Gleichung: 8)}$$

Hierbei drückt ein kleiner Wert von Vega eine relative Unempfindlichkeit des Optionsscheinpreises gegenüber Volatilitätsänderungen aus. Umgekehrt drückt ein hohes Vega aus, dass schon kleine Änderungen der Volatilität des Basiswertes den Optionsscheinpreis stark beeinflussen.

Das Vega ist in der Regel umso höher, je weiter der Optionsschein am Geld ist. Ferner nimmt das Vega mit der Restlaufzeit ab. Weiterhin ist das Vega für Puts und Calls gleich und immer positiv.

Tabelle 4 zeigt, wie das Vega auf eine Veränderung der Determinante des Zeitwertes reagiert.

Tabelle 4: Einfluss der Determinante des Zeitwertes auf die Kennzahl Vega

Determinante des Zeitwertes		Einfluss auf die Kennzahl Vega	
Volatilität ↑		Vega ↑	
Restlaufzeit ↑		Vega ↓	
Cost of Carry ↑		Vega ↓	
Moneyness ↑		Vega ↓	

3.3.3.1. Einschub tieferer Einblick in die Volatilität

Die Volatilität ist bei Optionsscheinen einer der wichtigsten Preisparameter. Deswegen lohnt sich ein tieferer Einblick in die Volatilität. Hierbei interessiert besonders das Verhalten der Volatilität. Also, was drückt genau die Volatilität aus?

Die Volatilität[27] ist, wie oben angedeutet, ein Maß für die Schwankungsintensität eines Kurses. Sie wird häufig als die annualisierte Standardabweichung der Tagesrenditen dargestellt. Mit Renditen bzw. Tagesrenditen ist die prozentuale Veränderung des Kurses von einem Tag zum nächsten gemeint. Wobei die Standardabweichung wiederum die mittlere Abweichung der Tagesrendite von der durchschnittlichen Tagesrendite beschreibt.

In der Mathematik wird die Standardabweichung häufig mit dem griechischen Buchstaben Sigma (σ) beschrieben.

$$\sigma = \sqrt{\frac{1}{n} \cdot \sum_{i=1}^{n} (x_i - \bar{x})^2}$$

Zudem entspricht die Standardabweichung die der in der Finanzpresse häufig auftauchenden historischen (oder auch realisierten) Volatilität.

[27] Vgl. Götte, Rüdiger: Richtig Investieren mit Zertifikaten und Hebelprodukten (voraussichtliche Veröffentlichung 2008)

Aus der Formel für die Volatilität erkennt man, dass je höher die Abweichung der Tagesrendite von der mittleren Tagesrendite ist, um so höher ist die realisierte Volatilität.

Ab und zu kommt in diesem Zusammenhang auch die Rede auf die Varianz. Dabei entspricht die Varianz einfach nur der quadrierten Standardabweichung, sodass kein fundamentaler Unterschied zwischen den beiden Konzepten besteht. Die Standardabweichung bzw. Varianz wird auf Jahresbasis übertragen mittels folgender Formel.

$\sigma^2_{Jahr} = \sigma^2_{Tag} \cdot 252$ (Angenommen: Das Jahr hat 252 Handelstage)

Beispiel 6: Berechnung der Volatilität für die Allianz-Aktie			
Kurse der Allianz	Datum	Kurse	Tagesrendite
	02.06.2006	121,52 €	
	09.06.2006	115,70 €	-5,03%
	16.06.2006	115,75 €	0,04%
	23.06.2006	119,64 €	3,25%
	30.06.2006	124,00 €	3,52%

Durchschnittliche Tagesrendite: $\frac{(-5{,}03\,\%) + 0{,}04\,\% + 3{,}25\,\% + 3{,}52\,\%}{4} = 0{,}45\,\%$

Volatilität pro Tag:

$$\sigma = \frac{1}{4} \cdot \left[(-5{,}03\,\% - 0{,}45\,\%)^2 + (0{,}04\,\% - 0{,}45\,\%)^2 + (3{,}25\,\% - 0{,}45\,\%)^2 + (3{,}52\,\% - 0{,}45\,\%)^2 \right]^{\frac{1}{2}} = 1{,}72\,\%$$

Volatilität p.a.:

$$\sigma^2_{Jahr} = (1{,}72\,\%)^2 \cdot 252 = 745{,}52\,\%^2$$

$$\sigma_{Jahr} = \sqrt{745{,}52\,\%^2} = 27{,}30$$

Mit dem Wissen über den Wert der annualisierten Standardabweichung kann man auch mehrere Aktien miteinander vergleichen. So kann man die Volatilität der Allianz-Aktie* mit der von der AXA-Aktie vergleichen, um festzustellen, welche der beiden Aktien stärker schwankt. Allerdings erlaubt die Volatilität keinerlei Aussage in der Hinsicht, mit welcher der beiden Aktien sich mehr Geld verdienen lässt, da die Volatilität nichts über die Richtung der Kursschwankung aussagt. Wir wissen also nicht, wohin die Reise uns führt.

Aber der absolute Wert der Volatilität ist nicht nutzlos. Also, was sagt uns die Volatilität der Allianz-Aktie von ± 27,3%? Dies bedeutet, dass bei einem mittleren Kursanstieg von 10%, die Performance am Ende des Jahres mit einer 68%igen Wahrscheinlichkeit zwischen ± 1 Volatilität liegt, d. h. zwischen -7,3%

und 37,3%. Überdies liegt die Wahrscheinlichkeit, dass die Performance am Ende in dem Band von ± 2 Volatilitäten liegt, immerhin bei 95%.

Zeigt die Volatilität in ihren Kursverlauf irgendwelche Besonderheiten auf? Ja. So zeigt sich bsp. am Deutschen Aktienindex (DAX), dass die Volatilität zum einem nicht konstant ist und zum anderen deutliche Unterschiede zu den Kursänderungen des DAX'es zeigt. Die Änderungen in der Volatilität scheinen nach oben und unten begrenzt zu sein. So lag die Volatilität des DAX'es nie unter 9% p.a. und nie über 70% p.a. Weiterhin zeigt die Volatilität keinen langfristigen Trend, wie bei den Kursbewegungen des DAX'es. Vielmehr scheint die Volatilität immer wieder zu einem Mittelwert (ca. 9%) zurückzukehren. Dies ist natürlich auch logisch, würde zum Beispiel die Volatilität auf unter 5% fallen, bedeutet dies, dass der DAX sich nur minimal bewegen würde. Auf der anderen Seite sind Volatilitäten von über 100% extrem selten. Bei Einzelaktien hingegen nicht auszuschließen, wie Aktien des Neuen Marktes in den Jahren 1999-2001 gezeigt haben.

Dummerweise ändert sich der exakte Wert des Mittelwertes der Volatilität über den Zeitablauf. Für den DAX hat sich aus einer Beobachtung der letzten 20 Jahre ergeben, dass wenn sich die aktuelle Volatilität bei 9% p. a. befindet, die Wahrscheinlichkeit hoch ist, dass sich in den nächsten Jahren höhere Volatilitätsniveaus einstellen.

Zu all diesen gibt es noch Volatilitätscluster. Dies bedeutet, auf starke bzw. schwache Kursaufschläge heute folgen starke bzw. schwache Kursaufschläge morgen. Dies liegt daran, dass zum Beispiel bei einem Unternehmen infolge schlechter Unternehmenszahlen es zu einer Phase erhöhter Unsicherheit kommt, die mehrere Tage bzw. sogar Monate anhalten kann. Es dauert dann meistens einige Zeit, bis der Markt dann einem korrekten Preis für das Unternehmen gebildet hat und die Volatilitäten rückläufig sind.

Weiterhin muss man in diesem Zusammenhang beachten, dass die historische Volatilität aus der Kursentwicklung des Basiswertes der Vergangenheit berechnet wird, und somit keine Aussage über die zukünftig zu erwartende Volatilität zulässt. Darum betrat die implizierte Volatilität das Spielfeld.

Die implizierte Volatilität gibt die vom Markt für einem bestimmten Zeitraum erwartete Volatilität an. Sie wird aus den Preisen der an der Terminbörse Eurex gehandelten Optionen, z. B. für den DAX berechnet. Denn bei den an der Eurex gehandelten Optionen sind alle Parameter bekannt, so lässt sich die Optionsscheingleichung (Black-Scholes-Formel) einfach nach der Volatilität auflösen und man erhält die implizierte Volatilität. Ferner variiert die implizierte Volatilität je nach Laufzeit und Strikepreis der betrachteten Option. So haben in der Regel Optionen mit einem niedrigeren Strike eine höhere implizierte Volatilität als Optionen mit einem höheren Strike. Dies liegt an der so genannten volatility skew. Ein Erklärungsansatz für diesem Effekt ist, sinkt der Aktienkurs eines Unternehmens, so verringert sich das Eigenkapital in Relation zu den Schulden des Unternehmens. Da das Unternehmen z.B. mehr Aktien bei einer Kapitalerhöhung aus gegeben muss, also vorher. Dies bedeutet, dass das Unternehmen seine Schulden höher hebelt. Dabei gilt: Je niedriger der Aktienkurs ist, desto höher ist der Hebel (Risiko) des Unternehmens und damit die implizierte Volatilität. Vereinfacht ausgedrückt: Je niedriger der Kurs einer Aktie oder Index ist, umso so höher ist die implizierte Volatilität. Hieraus hat sich auch eine Börsenweisheit abgeleitet: »*Steigt die implizierte Volatilität ist Gefahr im Verzug.*« Denn meistens ist ein Ansteigen der implizierten Volatilität von Kursrückgängen gekennzeichnet. Unterscheiden sich nun aber die implizierte und historische Volatilität von einander?

Ja. Sie können sogar einen gegensätzlichen Verlauf nehmen. Betrachten wir dazu folgende Situation. Wegen der Bekanntgabe eines Prozessurteils ist die implizierte Volatilität eines Biotechnologie-Unternehmens sehr hoch, während die historische Volatilität auf einem niedrigen Niveau verharrt. Denn es herrscht am Aktienmarkt über die künftige Entwicklung des Unternehmens große Unsicherheit. Verliert das Unternehmen seine lukrativen Patente, so sind die zukünftigen Gewinne des Unternehmens arg gefährdet. Behält das Unternehmen seine Patente, hat es mit keinen Einbußen zu rechnen und steht vor einer rosigen Zukunft. Nehmen wir nun an das Urteil, lautet, das Biotech-Unternehmen darf seine Patente behalten, so kommt es zu einem Kurssprung. Dies führt dazu, dass die historische Volatilität zu nimmt, aber gleichzeitig wird die implizierte Volatilität zurückgehen, weil die Unsicherheit aus dem Markt ist. Anleger, die auf einem positiven Ausgang des Urteils gewettet hatten und Call-Optionsscheine gekauft hatten, können sich somit über steigende Kurse der Aktie freuen. Dämpfend wirkt allerdings, der Rückgang der implizierten Volatilität auf den Optionsscheinpreis (fällt) aus. Sodass in Abhängigkeit der Laufzeit, Strikepreis und dem Ausmaß der Kursbewegungen das Gesamtresultat für den Call-Optionsschein sogar negativ sein kann.

Im Allgemeinen liegt die implizierte Volatilität höher als die in dem jeweiligen Zeitraum gemessene historische Volatilität. Dies Verhältnis kehrte sich in der Vergangenheit nur dann um, wenn die Volatilitätskurven hoch waren und der Beobachtungszeitraum lang war.

Aus den genannten Gründen, ist die Volatilität für viele Anleger sehr interessant geworden. Deshalb wurden die Volatilitätsindices, wie VDAX-NEW entwickelt.

Der VDAX-NEW misst die aktuell vom Markt erwartete Volatilität für den DAX. Der VDAX-NEW berechnet sich aus den implizierten Volatilitäten (mathematisch genauer aus der Wurzel der implizierten Varianzen) von tatsächlich an der Eurex gehandelten Optionen. Der Index gibt somit die vom Markt erwartete Volatilität für die nächsten 30 Tage an. Die Berechnung des Indices erfolgt in zwei Stufen. Zunächst wird eine Reihe von Subindices für die einzelnen Fälligkeitstermine von Optionen auf den DAX-Index berechnet. Diese Subindices messen die jeweilige Volatilität bis zu den Optionsverfalltagen der kommenden Monate. Hierzu wird eine ganze Reihe von Subindices berechnet. Dazu gehören immer die drei nächsten monatlichen Fälligkeitstermine, während für die weiteren Fälligkeitstermine die Subindices nur noch Quartals- oder sogar in Halbjahresschritten ermittelt werden. Zurzeit werden für die Monate August 2005, September 2005, Dezember 2005, März 2006, Juni 2006, Dezember 2006 sowie Juni 2007 Subindices berechnet.

Wie errechnet sich nun aus den einzelnen Subindices der VDAX-NEW Indexstand? Zur Berechnung eines VDAX-NEW-30-Indexstandes werden immer die beiden Subindices herangezogen, die die Optionskörbe abbilden, die gerade eine kürzere bzw. eine längere Restlaufzeit als 30 Tage aufweisen. Hierbei werden dann die Varianzen interpoliert. Aufgrund dieses monatlichen Übergangs bezieht sich der VDAX-New im Monatsrhytmus stets auf andere VDAX-New-Subindices. Häufig werden sie in so genannte Forward-Volatilitätskurven dargestellt. Sie beschreiben die grafische Darstellung der verschiedenen Laufzeiten der VDAX-New-Subindices auf der x-Achse und die dazugehörigen Indexstände auf der y-Achse. Daher gibt die Forward-Volatilitätskurve an, welche Erwartung der Markt für die weitere Entwicklung der implizierten Volatilität hat. Man interpretiert die Forward-Volatilitätskurve so, notiert der VDAX-Subindex Dezember 2006 z.B. bei 18 Punkten und der aktuelle VDAX-New-Indexstand sei 15 Punkte, so deutet dies daraufhin, dass der Markt mit einem ansteigen der implizierten Volatilität rechnet.

Jetzt wissen wir, was die Volatilität ist, darum wenden wir unser Augenmerk nun der Berechnung von Optionsscheinpreisen zu.

Zur Bestimmung von Optionsscheinpreisen gibt es verschiedene Berechnungsmodelle, die darauf abzielen, unter Einbeziehung der Preisbildungsfaktoren, wie Volatilität, den theoretisch fairen Optionsscheinpreis zu berechnen. Eines der bekanntesten Modelle, ist das Black & Scholes-Modell[28].

Deswegen möchte ich ihnen dieses Modell näher erläutern. Zunächst möchte ich Ihnen die Black und Scholes Formel darstellen.

[28] Vgl. Götte, Rüdiger: Der Weg zum erfolgreichen Investmet mit Optionsscheinen Eine Einführung in die Optionsscheintheorie, Tectum Verlag Marburg 2003, S. 201 ff.

$$d_1 = \frac{\ln\left(\frac{S_0}{B}\right) + \left(r_s + 0{,}5 \cdot \sigma^2\right) \cdot t}{\sigma \cdot \sqrt{t}}$$

$$d_2 = d_1 - \sigma \cdot \sqrt{t}$$

$$C_{oE} = \frac{S_0 \cdot N(d_1) - \frac{B}{e^{r_s \cdot t}} \cdot N(d_2)}{Bezugsverhältnis}$$

C_{0E}: Wert des europäischen Call-Optionsscheines zum aktuellen Zeitpunkt t_0; B: Basispreis; S_0: Kurs des Basisobjekts zum aktuellen Zeitpunkt t_0; r_S: stetiger Zinssatz für risikolose Kapitalanlagen (meistens Anleihen) berechnet als ln(1+r); s: Volatilität; t: Restlaufzeit des Optionsscheines; N: Dichtefunktion der Standard-Normalverteilung; $d_{1,2}$: Argument der Dichtefunktion; generell werden die beiden Argumente als Platzhalter in der Optionspreisformel verwendet. Hierbei gilt aber zu beachten, dass sie das Argument der jeweiligen Optionspreisformel sind; e: Eulersche Zahl

Tabelle 5: Stammdaten für die Berechnung des theoretischen Wertes eines DAX Calls

	Abkürzung in Black & Scholes Formel	
Bezugsverhältnis	Bezugsverhältnis	100 : 1
Basispreis	B	5.000 Punkte
DAX-Stand	S_o	4.900 Punkte
Zinssatz	r	3,6%
	r_s = ln (1+r)	0,0354
Volatilität	σ	40%
Restlaufzeit	t	1 Jahr

Nun setzen wir diese Stammdaten in die Black & Scholes Formel ein und berechnen anschließend den theoretischen Wert des DAX Calls.

$$d_1 = \frac{\ln\left(\frac{S_0}{B}\right) + \left(r_s + 0{,}5 \cdot \sigma^2\right) \cdot t}{\sigma \cdot \sqrt{t}} = \frac{\ln\left(\frac{4900}{5000}\right) + \left(0{,}0354 + 0{,}5 * 0{,}4^2\right) \cdot 1}{0{,}4 \cdot \sqrt{1}} = \frac{-0{,}0202 + 0{,}1154}{0{,}4} 0{,}2340$$

$$d_2 = d_1 - \sigma \cdot \sqrt{t} = 0{,}2380 - 0{,}4 = -0{,}1620$$

$$N(0{,}24) = 0{,}5948; N(0{,}23) = 0{,}5910 \Rightarrow N(0{,}2380) = 0{,}5941$$

$$N(-0{,}1620) = 1 - N(0{,}1620)$$

$$N(0{,}17) = 0{,}5675; N(0{,}16) = 0{,}5636 \Rightarrow N(0{,}1620) = 0{,}5644 \Rightarrow N(-0{,}1620) = 1 - 0{,}5644 = 0{,}4336$$

$$C_{oE} = \frac{S_0 \cdot N(d_1) - \frac{B}{e^{r_s \cdot t}} \cdot N(d_2)}{Bezugsverhältnis} = \frac{4900 \cdot 0{,}5941 - \frac{5000}{e^{0{,}0354 \cdot 1}} \cdot 0{,}4356}{100} = \frac{808{,}84}{100} = 8{,}09 \text{ Euro}$$

Nach der Black & Scholes Formel beträgt der theoretische Wert des DAX Calls 8,09 Euro bei einer Volatilität von 40%. Was passiert nun aber, wenn die Volatilität auf 20% sinkt? Um diese Frage zu beantworten, berechnen wir nun nach der Black & Scholes Formel den theoretischen Wert des DAX Calls bei einer Volatilität von 20% aus.

$$d_1 = \frac{\ln\left(\frac{S_0}{B}\right) + \left(r_s + 0{,}5 \cdot \sigma^2\right) \cdot t}{\sigma \cdot \sqrt{t}} = \frac{\ln\left(\frac{4900}{5000}\right) + \left(0{,}0354 + 0{,}5 * 0{,}2^2\right) \cdot 1}{0{,}2 \cdot \sqrt{1}} = \frac{-0{,}0202 + 0{,}0554}{0{,}2} = 0{,}176$$

$$d_2 = d_1 - \sigma \cdot \sqrt{t} = 0{,}176 - 0{,}2 = -0{,}024$$

$$N(0{,}18) = 0{,}5714; N(0{,}19) = 0{,}5753 \Rightarrow N(0{,}176) = 0{,}5737$$

$$N(-0{,}024) = 1 - N(0{,}024)$$

$$N(0{,}02) = 0{,}5080; N(0{,}03) = 0{,}5120 \Rightarrow N(0{,}024) = 0{,}5096 \Rightarrow N(-0{,}024) = 1 - 0{,}5096 = 0{,}4904$$

$$C_{oE} = \frac{S_0 \cdot N(d_1) - \frac{B}{e^{r_s \cdot t}} \cdot N(d_2)}{Bezugsverhältnis} = \frac{4900 \cdot 0{,}5737 - \frac{5000}{e^{0{,}0354 \cdot 1}} \cdot 0{,}4904}{100} = \frac{444{,}41}{100} = 4{,}44 \text{ Euro}$$

Durch die Verringerung der Volatilität des DAX'es von 40 auf 20 Prozent, bricht der Kurs des Call-Optionsscheines um ca. 50 Prozent ein, obwohl der Kurs des DAX'es unverändert ist. Ich hoffe das Ihnen dieses Beispiel drastisch vor Augen geführt hat, welchen Einfluss die Volatilität auf den Optionsscheinkurs hat. Vergessen Sie deshalb niemals bei der Auswahl des Optionsscheines die Volatilität zu berücksichtigen.

Am Besten kann man Phasen hoher Volatilitäten mit Optionsscheinen tief im Geld aussitzen. Dabei gilt, sie sollten mindestens bei einem Call-Optionsschein einen Basispreis auswählen, der den halben Prozentsatz der Volatilität unterhalb des aktuellen Kursniveaus hat. Beispielsweise beträgt das Volatilitätsniveau 40%, dann sollte der Basispreis des Calls mindestes 20% unter dem aktuellen Kurs des Basiswertes liegen. Dagegen sollten Sie bei einem Put-Optionsschein einen Basispreis auswählen, der den halben Prozentsatz der Volatilität oberhalb des aktuellen Kursniveaus hat. Beispielsweise beträgt das Volatilitätsniveau 40%, dann sollte der Basispreis des Puts mindestens 20% über dem aktuellen Kurs des Basiswertes liegen.

Also beachten Sie bei jeder Kauf- oder Verkaufsentscheidung bei Optionsscheinen das aktuelle Volatilitätsniveau. Alleine schon die Änderung des Volatilitätsniveaus kann ihre Spekulation schon ad absurdum führen. Auch, wenn sie recht mit ihrer Einschätzung z.B. steigende Kurse des Basiswertes haben, kann durch eine starke Änderung des Volatilitätsniveaus's dafür sorgen, dass ihr Optionsscheine überhaupt nicht auf die steigenden Kurse des Basiswertes reagiert. Im schlimmsten Fall kann es sogar vorkommen, dass der Optionsschein an wert verliert.

3.3.4. Cost of Carry

Unter Cost of Carry versteht man die Finanzierungskosten des Verkäufers eines Optionsscheines für seinen Deckungsbestand. Dabei ergeben sich die Finanzierungskosten aus dem Zinsaufwand für die Refinanzierung des Deckungsbestandes abzüglich der daraus resultierenden Erträge.

Die Cost of Carry wird im Terminkurs des Basistitels berücksichtigt. Dieser Terminkurs f (T) wird, wie folgt berechnet:

$$\text{Ter min kurs} = f(T) = S \cdot (1 + r)^{T} \cdot (1 + d)^{T}$$

S = Kurs des Basiswertes; r = risikoloser Zinssatz; d = Rendite des Basiswertes;

T = Laufzeit

(Gleichung: 9)

Falls der Ertrag eines Basiswertes unterhalb des risikolosen Zinssatzes liegt, so wird der Terminkurs über dem aktuellen Kurs des Basiswertes festgelegt. Im umgekehrten Fall wird der Terminkurs unter dem aktuellen Kurs des Basiswertes festgelegt. Hieraus erkennt man, dass der Terminkurs demnach eine mit der Höhe des risikolosen Zinssatzes zunehmende und mit Höhe der Rendite des Basiswertes abnehmende Funktion ist. Deswegen geht die Terminprämie f (T) über die Finanzierungskosten in die Optionsprämie mit ein.

Der zinsinduzierte Anteil des Zeitwertes des Optionsscheines ist das Äquivalent für den Finanzierungskostenvorteil, den der Optionsscheinkäufer durch den Kauf des Optionsscheines im Vergleich zum Kauf des Basiswertes hat.

Infolgedessen hat der Zinssatz einem besonderen Einfluss auf den Preis von Optionsscheinen. Naturgemäß ist der Einfluss bei Zins- und Währungsoptionsscheinen am bedeutendsten, aber auch Aktien-, Index- und Rohstoffoptionsscheine werden durch den Zinssatz beeinflusst. Der Einfluss der Zinsen auf die Aktien-, Index- und Rohstoffoptionsscheine soll am Beispiel von Aktienoptionsscheinen verdeutlicht werden.

Der Emittent muss den Verkauf einer Call-Aktienoption durch den Kauf der entsprechenden Aktien absichern. Hierfür muss er das benötigte Kapital am Geldmarkt aufnehmen. Deswegen führen höhere Zinsen zu steigenden Refinanzierungskosten, sodass der Emittent nur noch bereit ist, gegen eine höhere Prämie Calls zu verkaufen. Hierdurch steigt dann der Wert der Calls an.

Demgegenüber tritt der umgekehrte Effekt bei Put-Aktienoptionen auf. Denn hier muss der Emittent ständig Kapital bereithalten, um die Aktien zum Basiskurs der Option zurückkaufen zu können. Durch steigende Zinsen erhöhen sich dabei die Zinserträge auf das Kapital. Daher kann der Emittent die Put-Optionsscheine günstiger verkaufen, d.h. der Wert des Put-Optionsscheines sinkt.

Obendrein fallen bei den verschiedenen Basiswerten während der Laufzeit der Optionsscheine unterschiedliche Erträge an, die über die Finanzierungskosten direkt in die Optionsprämie eingehen.

3.3.4.1. Erträge von Aktienoptionsscheinen

Bei diesen Optionsscheinen vermindern Dividendenerträge während der Laufzeit die Cost of Carry. Deshalb werden mit zunehmenden Dividende Calls billiger und Puts teurer.

Eine Bekanntgabe einer Dividendenerhöhung wirkt sich negativ auf den Kurs eines Call-Optionsscheines amerikanischen Typs aus, weil sich dadurch aus dem Kauf des Call-Optionsscheines ein Nachteil im Vergleich zur Aktiendirektanlage ergibt. Denn der Optionsscheinkäufer erhält keine Dividende. Dagegen wirkt sich die Bekanntgabe einer Dividendenerhöhung auf den Kurs eines Put-Optionsscheines amerikanischen Typs positiv aus, da der Optionsscheinkäufer durch die jederzeit mögliche Ausübung von einem höheren Kursabschlag einen Tag nach der Dividendenausschüttung direkt profitieren kann, d.h. der innere Wert des Put-Optionsscheines steigt.

3.3.4.2. Erträge von Index-Optionsscheinen

Index-Optionsscheine sind nur im geringen Maß von Dividenden betroffen, da bei einem Performance-Index die anfallenden Dividenden reinvestiert werden. Nur die Körperschaftsteuergutschrift verbleibt bei den Cost of Carry als Ertrag. Im Gegensatz dazu spielen Dividenden bei einem Kursindex eine untergeordnete Rolle, weil diese Indizes nur den reinen Kursverlauf widerspiegeln.

3.3.4.3. Erträge von Zinsoptionsscheinen

Bei diesen Optionsscheinen fallen Erträge des Basiswertes in Form von Zinszahlungen an. Wegen der festen Zinszahlungstermine pro Jahr fallen die Zinserträge gleichmäßig auf die Laufzeit des Wertpapiers in Form von Stückzinsen an, sodass der Zinstermin keinen Einfluss auf den Kurs des Basiswertes hat. Daher bestimmt die Differenz zwischen dem risikolosen Zins und dem Kupon die Nettofinanzierungskosten des Basiswertes. Hieraus ergibt sich je nach Verlauf der Zinsstruktur ein Finanzierungsaufwand[29] oder ein Finanzierungsertrag[30].

---

[29] Dies wird als inverse Zinsstruktur bezeichnet.

[30] Dies wird als normale Zinsstruktur bezeichnet.

3.3.4.4. Erträge von Devisenoptionsscheine

Der Ertrag von Devisen liegt in dem ausländischen Zinssatz. Insofern geht die Differenz zwischen ausländischem und inländischem Zinsniveau in die Cost of Carry ein. Dabei führt eine Erhöhung des ausländischen Zinssatzes zu einer Reduktion des Terminkurses und erniedrigt somit den Zeitwert von Call-Optionsscheinen und erhöht den Zeitwert von Put-Optionsscheinen.

3.3.4.5. Rho

Das Rho wurde eingeführt, um anzuzeigen, um wie viel Prozent sich der Wert eines Optionsscheines verändert, falls sich die Cost of Carry um einen Prozentpunkt verändert.

$$\text{Rho} = \frac{\text{Veränderung des Optionsscheinpreises}}{\text{Änderung der Cost of Carry}} \qquad \text{(Gleichung: 10)}$$

Bei einem Call ist das Rho stets positiv. Dagegen ist das Rho bei einem Put stets negativ. Ferner nimmt die Bedeutung von den Cost of Carry für den Optionsscheinpreis mit abnehmender Restlaufzeit ab.

Tabelle 6 zeigt, wie das Rho auf eine Veränderung der Determinante des Zeitwertes reagiert.

Tabelle 6: Einfluss der Determinante des Zeitwertes auf die Kennzahl Rho

Determinante des Zeitwertes		Einfluss auf die Kennzahl Rho	
Volatilität ↑		Rho →	
Restlaufzeit ↑		Rho ↑	
Cost of Carry ↑		Rho ↑	
Moneyness ↑		Rho ↓	

3.4. Delta und Gamma

Das Delta[31] gibt die Veränderung des Optionsscheinpreises im Verhältnis zur Veränderung des Kurses des Basiswertpreises an. Daneben drückt das Delta aus, um wie viel Euro sich der Preis eines Optionsscheines ändern müsste, wenn sich der Preis des Basiswertes um ein Euro ändert.

$$\text{Delta} = \frac{\text{absolute Veränderung des Optionsscheinpreises}}{\text{absolute Veränderung des Kurses des Basiswertes}} \qquad \text{(Gleichung: 11)}$$

In der Regel ändert sich der Optionsscheinpreis absolut gesehen immer weniger stark als der Preis des Basiswertes. Das Delta eines Optionsscheines kann bei Call-Optionsscheinen einen Wert zwischen 0 und 1 und bei Put-Optionsscheinen einen Wert zwischen 0 und -1 annehmen. Im Allgemeinen ist das Delta umso niedriger, je weiter der Optionsschein aus dem Geld ist und umso größer, je weiter der Optionsschein ins Geld kommt.

Falls Optionsscheine weit aus dem Geld sind, werden sie von Veränderungen des Basiswertpreises verhältnismäßig gering berührt und haben daher ein Delta in der Nähe von 0. Der Optionsschein, der tief im Geld ist, bewegt sich fast im Gleichschritt mit dem Preis des Basiswertes, und somit hat der Call-Optionsschein eine Preissensitivität in der Nähe von 1 und ein Put-Optionsschein eine Preissensitivität in der Nähe von -1.

Hieraus erkennt man, dass es möglich ist, dass sich der Kurs des Basiswertes stark verändert, aber der Preis des Optionsscheines jedoch nur unterproportional oder sogar überhaupt nicht darauf reagiert. In letzterem Fall führt die Veränderung des Basispreises nur dazu, dass sich das Aufgeld[32] des Optionsscheines ändert.

Das Delta zeigt nämlich an, wie sich der Optionsscheinwert in Abhängigkeit von Kursänderungen des Basiswertes verändert. Hierbei bedeutet beispielsweise ein Delta von 0,5, dass der Wert des Optionsscheines bei einem Kurssteigerung des Basiswertes von einem Euro nur um 0,5 Euro ansteigt. Dieser Zusammenhang wird in Abbildung 12 sehr deutlich.

---

[31] Das Delta wird auch als Preissensibilität bezeichnet.

[32] siehe Kapitel 3.7.

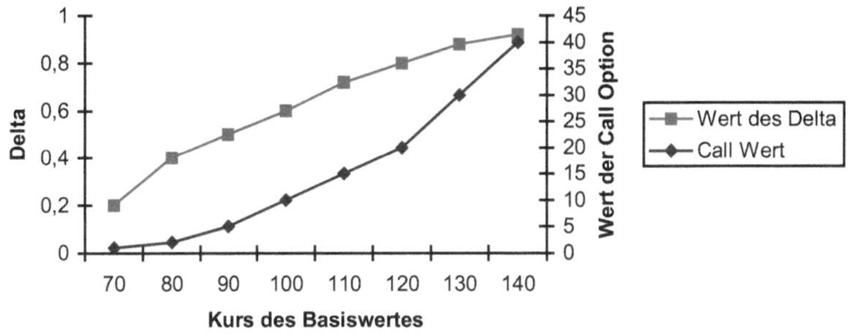

Abbildung 12: Zusammenhang zwischen Delta, Kurs des Basiswertes und Wert der Call-Option. Bei der Annahme einer Call-Aktienoption auf die Muster AG mit einem Basispreis von 100 Euro.

Demzufolge ist das Delta eine wichtige Kennzahl zur Charakterisierung des Risikos eines Optionsscheines. Ferner sind besonders folgende Fälle zu unterscheiden:

Delta nahe Null	=	Optionsschein befindet sich weit aus dem Geld. Er reagiert deswegen kaum auf Veränderungen des Basiswertes
$0{,}4 \leq \text{Delta} \leq 0{,}6$	=	Der Optionsschein ist am Geld. Aufgrund dessen reagiert er sofort auf Schwankungen des Basiswertes und baut je nach Richtung der Veränderung den inneren Wert auf oder ab.
Delta nahe 1	=	Der Optionsschein ist im Geld und bewegt sich nahezu im Gleichschritt mit dem Basiswert.

Zudem findet das Delta bei Absicherungsgeschäften[33] Eingang in die Absicherungsquote. Hierbei gibt das Delta an, wie viel Aktien nötigt sind, um die Preisveränderung des Optionsscheines zu neutralisieren.

Außerdem ist das Delta eines Optionsscheines nicht konstant, sondern ändert sich kontinuierlich sowohl im Zeitverlauf als auch mit jeder Änderung des Basiswertes. Um dieses Phänomen beschreiben zu können, wurde das Gamma eingeführt. Das Gamma beschreibt die Veränderung des Deltas bei jeder Veränderung des Basiswertes um eine Geldeinheit.

$$\text{Gamma} = \frac{\text{absolute Veränderung des Deltas}}{\text{absolute Veränderung des Kurses des Basiswertes}} \qquad \text{(Gleichung: 12)}$$

[33] siehe Kapitel 3.7.

Im Normalfall ist das Gamma umso höher, desto geringer der lineare Zusammenhang zwischen dem Kurs des Basiswertes und dem Kurs des Optionsscheines ist. Demzufolge ist das Gamma der eigentliche Kern eines jeden Optionsscheines. Das Gamma ist bei einem Call und Put immer positiv.

Beispielsweise[34] würde bei einem Anstieg des Basiswertes um einem Euro bei einem Delta von 0,7 und einem Gamma von 0,02 das Delta auf 0,72 steigen.

3.5. Optionsscheinpreistheorie

Die Optionsscheinpreistheorie versucht den fairen Preis für einen Optionsschein zu ermitteln. Ferner steht hinter diesem Konzept die Vorstellung eines ausgewogenen Verhältnisses von Chancen und Risiken für den Investor.

In den vorherigen Abschnitten wurden verschiedene Einflussgrößen und ihre Wirkung auf den Optionsscheinpreis isoliert dargestellt. Diese Einflussgrößen verknüpfen das Optionspreismodell von Black & Scholes zur Ermittlung eines theoretisch fairen Optionsscheinpreises[35]. Dieses Modell geht von dem Gedanken eines risikolosen Arbitrageportfolios aus, mit dem es möglich ist, einen Optionsschein zu duplizieren. Der Fair Value entspricht dann den mit einem Arbitrageportfolio verbundenen Produktionskosten für einen Optionsschein.

Bei diesem Modell gehen folgende Faktoren ein:

1. aktueller Kurs des Basiswertes
2. Basispreis
3. Restlaufzeit
4. Volatilität des Basiswertes
5. und risikoloser Zinssatz

Ferner ist die zukünftige Volatilität die einzige Schätzgröße, die in die Optionspreisformel eingeht, weil sie zum Zeitpunkt der Preisermittlung unbekannt ist. In diesem Fall kann die historische Volatilität nur Anhaltspunkte liefern.

Der Investor kann mit Hilfe des „Fair Value" sofort erkennen, ob ein Optionsschein nach dieser Theorie überbewertet, d.h. zu teuer ist, fair bewertet ist oder unterbewertet ist. Hierfür gilt folgende Regel:

Optionsscheinpreis > Fair Value, d.h. überbewertet

Optionsscheinpreis = Fair Value, d.h. fair bewertet

Optionsscheinpreis < Fair Value, d.h. unterbewertet

---

[34] Dies Beispiel gilt für einem Call-Optionsschein.

[35] Dieser wird auch als Fair Value bezeichnet.

Allerdings sollte dieses Konzept immer nur als Richtschnur beim Treffen von Anlageentscheidungen sein. Der Investor sollte vielmehr auch die einzelnen in Kapitel 3 vorgestellten Kennzahlen der Optionsscheine mit berücksichtigen. Tabelle 7 zeigt wie diese Faktoren den Fair Value beeinflussen.

Tabelle 7: Einflussfaktoren auf den Optionsscheinpreis

Einflussfaktoren	Kennzahl	Call-Optionsschein	Put-Optionsschein
Kurs des Basiswertes **steigt**	Delta	Preis **steigt**	Preis **sinkt**
Restlaufzeit **steigt**	Theta	Preis **steigt**	Preis **steigt**
Volatilität **steigt**	Vega	Preis **steigt**	Preis **steigt**
Zins **steigt**	Rho	Preis **steigt**	Preis **sinkt**
Dividende **steigt**	Rho	Preis **sinkt**	Preis **steigt**

Allerdings kann sich für europäische Calls und Puts eine Verlängerung der Laufzeit negativ auswirken. Diese Erscheinung ist umso ausgeprägter, je weiter der Optionsschein im Geld ist.

3.6. Hebelwirkung

Für das im Optionsschein verbriefte Recht, einen bestimmten Basiswert zum festgelegten Preis beziehen zu dürfen, müssen die Käufer eines Optionsscheines einen Preis zahlen. Dieser Preis kommt durch Angebot und Nachfrage zustande. Dabei steht der Preis des Optionsscheines aber immer in enger Beziehung zu dem Preis des Basiswertes[36]. Zudem ist der Preis des Optionsscheines im Verhältnis zu dem des Basiswertes im Allgemeinen sehr gering. Infolgedessen löst jede Preisveränderung beim Basiswert oft eine prozentual stärkere Veränderung im Preis des Optionsscheines aus. Dieser Effekt wird als Hebelwirkung[37] oder Leverage-Effekt bezeichnet. Aus diesem Grund partizipiert der Inhaber eines Optionsscheines überdurchschnittlich an Kursgewinnen wie auch Kursverlusten des Basiswertes.

Die Auswirkungen des Hebels können nur durch eine dynamische Betrachtung genauer quantifiziert werden. Bei einer Preisbewegung des zugrunde liegenden Wertes verändert sich auch der Preis des Optionsscheines und zwar meistens überproportional bezüglich des eingesetzten Kapitals, jedoch in einem dynamischen Verhältnis. Abhängig ist dies insbesondere von dem inneren Wert des

[36] Der Basiswert wird häufig auch als Underlying bezeichnet

[37] Die Hebelwirkung wird auch als Gearing bezeichnet.

Optionsscheines. Analysiert man dies genauer, so ist damit gemeint die Wahrscheinlichkeit einer Ausübung des Optionsrechts. Deshalb wurde folgende Regel aufgestellt:

- Je weiter sich der Optionsschein „ins Geld“ bewegt, desto stärker ist seine Wertveränderung im Vergleich zum Basiswert. Dagegen verliert der Optionsschein langsamer an Wert, wenn er sich „aus dem Geld“ bewegt.

Um dieses beschreiben zu können, wurde die Kennzahl Gearing eingeführt.

$$\text{Gearing} = \frac{\text{Kurs des Basiswertes}}{\text{Optionsscheinpreis} \cdot \text{Optionsvehältnis}} \qquad \text{(Gleichung: 13)}$$

Aus der Berechnungsformel des Gearings erkennt man, dass das Gearing angibt wie viele Optionsscheine der Investor für den Preis des Basiswertes erwerben kann, natürlich bereinigt um das Optionsverhältnis.

Allerdings ist der Hebel bzw. das Gearing als Kennzahl zum Vergleich verschiedener Optionsscheine ungeeignet, da der Hebel das Risiko nicht berücksichtigt, dass der Optionsschein wertlos verfallen kann. Im Allgemeinen gilt, dass je höher der Hebel, umso kleiner die Chance ist, dass der Optionsschein am Ende der Laufzeit tatsächlich etwas abwirft.

Zusätzlich unterstellt die Kennzahl Gearing, dass auch bei einem Call-Optionsschein der Wert um einem Euro zunimmt, wenn der Basiswert um 1 Euro steigt. Eine solche Annahme ist nur bei Optionsscheinen die tief im Geld[38] sind annährend richtig.

Aus diesem Grund wurde das Leverage eingeführt.

$$\text{Leverage} = \text{Delta} \cdot \text{Gearing} \qquad \text{(Gleichung: 14)}$$

Das Leverage zeigt an, um wie viel Prozent der Preis eines Optionsscheines theoretisch, bei einem Call steigen bzw. bei einem Put fallen sollte, wenn der Kurs des Basiswertes um ein Prozent steigt. Dabei trägt das Leverage dem Umstand Rechnung, dass der Optionsschein bei steigenden bzw. fallenden Kursen des Basiswertes zunächst Aufgeld abbaut bzw. aufbaut.

Weiterhin ist das Leverage immer kleiner als das Gearing. Dieser Größenunterschied ist umso ausgeprägter, je weiter die Option aus dem Geld ist. Aufgrund des Deltas bei der Berechnung von den Leverage ist die absolute Veränderung des Optionsscheinpreises immer kleiner als die Veränderung des Kurses des Basiswertes, aber wegen des Gearing ist die prozentuale Veränderung des Options-

[38] siehe zur Bedeutung von tief im Geld Abbildung 6

scheinpreises größer als die entsprechende prozentuale Veränderung des Basiswertes.

Beispiel 7: Berechnung von dem Gearing und dem Leverage

Aktienkurs der Muster AG	=	72 Euro
Basispreis des Calls	=	70 Euro
Optionsscheinkurs	=	107 Euro
Optionsverhältnis	=	1 : 10
Delta	=	0,70

$$\text{Gearing} = \frac{72 \cdot 10}{107} = 6{,}73 \qquad \text{Leverage} = 0{,}70 \cdot 6{,}73 = 4{,}71$$

Der Beispielsoptionsschein der Muster AG steigt bei einer Zunahme des Aktienkurses der Muster AG um ein Prozent, um 4,71%.

3.7. Aufgeld bzw. Agio

Beim Aufgeld muss man zwei Fälle unterscheiden:

- Das Aufgeld bei einem Call-Optionsschein gibt an, um wie viel teurer der Erwerb des Basiswertes durch Kauf und sofortige Ausübung des Optionsrechts zum Betrachtungszeitpunkt gegenüber dem direkten Erwerb des Basiswertes ist.
- Im Gegensatz dazu gibt das Aufgeld bei Put-Optionsscheinen an, um wie viel teurer der Verkauf des Basiswertes durch Kauf und sofortige Ausübung des Optionsrechts zum Betrachtungszeitpunkt gegenüber dem direkten Verkauf des Basiswertes ist.

Nach dieser Definition besagt das Aufgeld, um wie viel Prozent der Basiswert bis zur Fälligkeit des Optionsscheines steigen muss, damit das Investment in dem Optionsschein dem Investor keinem Verlust bringt. Überdies sind das Aufgeld und der Zeitwert bei einem Optionsschein im oder am Geld identisch. Aber bei Optionsscheinen, die aus dem Geld sind, weichen Zeitwert und Aufgeld drastisch voneinander ab.

Das Aufgeld für einem Call-Optionsschein wird nach folgender Formel berechnet:

$$\text{Aufgeld} = \frac{\text{Basispreis} + \frac{\text{Kurs des Optionsscheines}}{\text{Optionsverhältnis}} - \text{aktuellen Basiskurs}}{\text{aktuellen Basiskurs}} \cdot 100$$

(Gleichung: 15)

Demgegenüber wird das Aufgeld für einem Put-Optionsschein nach folgender Formel berechnet:

$$\text{Aufgeld} = \frac{(\text{Putprämie} \cdot \text{Bezugsverhältnis}) + (\text{aktueller Basiskurs} - \text{Basiswert})}{\text{aktuellen Basiskurs}} \cdot 100$$

(Gleichung: 16)

Beispiel 8: Berechnung des Aufgeldes für eine Call-Option

Als Beispiels-Call-Option wird eine Aktienoption der Muster AG verwendet. Deren Basiswert ist 100 und das Bezugsverhältnis ist 1 : 1. Der Optionspreis betrugt 10 Euro und der aktuelle Optionskurs ist 30 Euro. Des Weiteren ist der aktuelle Kurs der Aktie 115 Euro.

$$\text{Aufgeld} = \frac{\text{Basispreis} + \frac{\text{Kurs des Optionsscheines}}{\text{Optionsverhältnis}} - \text{aktuellen Basiskurs}}{\text{aktuellen Basiskurs}} \cdot 100$$

$$\text{Aufgeld} = \frac{100\ \text{Euro} + \frac{30\ \text{Euro}}{1} - 115\ \text{Euro}}{120\ \text{Euro}} \cdot 100 = 12{,}5\ \%$$

Beispiel 9: Berechnung des Aufgeldes für eine Put-Option

Als Beispiels-Put-Option wird eine Aktienoption der Muster AG verwendet. Deren Basiswert ist 100 und das Bezugsverhältnis ist 1 : 1. Die Putprämie beträgt 30 Euro. Des Weiteren ist der aktuelle Kurs der Aktie 80 Euro.

$$\text{Aufgeld} = \frac{(\text{Putprämie} \cdot \text{Bezugsverhältnis}) + (\text{aktueller Basiskurs} - \text{Basiswert})}{\text{aktuellen Basiskurs}} \cdot 100$$

$$\text{Aufgeld} = \frac{(30\ \text{Euro} \cdot 1) + (80\ \text{Euro} - 100\ \text{Euro})}{80\ \text{Euro}} \cdot 100 = 12{,}5\ \%$$

Das Aufgeld ist umso höher, je länger die Restlaufzeit des Scheines ist, je größer die Volatilität ist, je höher das Zinsniveau ist sowie je weiter der Optionsschein aus dem Geld ist.

Es gibt aber auch Fälle eines negativen Aufgeldes[39], d.h. der Optionsschein notiert unterhalb seines inneren Wertes. Dies kann folgende Gründe haben:

- bevorstehende Dividendenzahlung bei Aktienoptionsschein
- europäisches Optionsrecht
- die zugrunde liegende Aktie ist nur schwer oder gar nicht mehr handelbar
- das Abgeld ist so niedrig, dass sich eine sofortige Ausübung nicht lohnt, weil die Kosten der Ausübung nicht gedeckt sind.

Um die Optionsscheine besser beurteilen zu können, wird das Aufgeld für ein Laufzeitjahr angegeben.

3.8. Break-even bzw. Gewinnschwelle

Der Break-even eines Optionsscheines lässt sich an einem bestimmten Kurs des Basiswertes festmachen. Diesem Kurs muss der Basiswert erreichen, um eine Ausübung des Optionsscheines mit Gewinn bzw. ohne Verlust zu ermöglichen.

Dabei entspricht dieser Kurs nicht etwa dem Basispreis, sondern liegt stets um einen gewissen Betrag darüber, bei Call-Optionsscheinen oder bei Put-Optionsscheinen darunter. Der Break-even ist dann erreicht, wenn bei der Ausübung des Optionsscheines mehr Gewinn entsteht als der Investor für den Optionsschein gezahlt hat dazu kommen noch die Transaktionskosten. Der Break-even hat für die Ermittlung der Gewinnschwelle nur dann Bedeutung, wenn der Investor beabsichtigt sein Optionsrecht auszuüben. Dagegen sagt der Break-even noch nichts über den Gewinn bzw. Verlust aus, wenn der Investor den Optionsschein verkauft. In diesem Fall realisiert der Investor dann einen Gewinn, wenn der Verkaufserlös den Kaufpreis des Optionsscheines zuzüglich aller Transaktionskosten übersteigt. Der Break-even wird nach folgender Formel berechnet:

$$\text{Break even} = \text{Basispreis} + \frac{\text{Kurs des Optionsscheines} + \dfrac{\text{Transaktionskosten}}{\text{Anzahl der Optionsscheine}}}{\text{Optionsverhältnis}}$$

(Gleichung: 17)

---

[39] Dies wird dann als Abgeld bezeichnet.

Beispiel 10: Berechnung von dem Break-even

Aktienkurs der Muster AG	=	72 Euro
Basispreis des Calls	=	70 Euro
Optionsscheinkurs	=	107 Euro
Optionsverhältnis	=	1 : 10
Anzahl der gekauften Optionsscheine	=	10
Transaktionskosten	=	100 Euro

$$\text{Break even} = 70\text{ Euro} + \frac{107\text{ Euro} + \frac{100\text{ Euro}}{10}}{10} = 81{,}7\text{ Euro}$$

3.9. Beispiel einer Optionsschein-Analyse

Im diesem Zahlenbeispiel wird der Aussagegehalt der bisher vorgestellten Kennzahlen im Zusammenhang erläutert.

3.9.1. Zahlenbeispiel für einem Call-Optionsschein

3.9.1.1. Ausstattung des Call-Optionsscheines

Aktienkurs der Muster AG	=	72 Euro
Basispreis des Calls	=	70 Euro
Optionsscheinkurs	=	107 Euro
Optionsverhältnis	=	1 : 10
Restlaufzeit	=	1
Der Optionsscheinkurs steigt auf folgenden Wert, wenn die Muster AG Aktie um einen Euro steigt.	=	107,65 Euro

3.9.1.2. Berechnung der Kennzahlen für den Call-Optionsschein

$$\text{Innerer Wert} = (\text{aktueller Aktienkurs} - \text{Basispreis}) \cdot \text{Optionsverhältnis}$$

$$= (72\text{ Euro} - 70\text{ Euro}) \cdot 10 = 20\text{ Euro}$$

Dieses zeigt, dass der Optionsschein im Geld ist.

$$\text{Zeitwert} = \text{Kurs des Optionsscheines} - \text{innerer Wert}$$
$$= 107 \text{ Euro} - 20 \text{ Euro} = 87 \text{ Euro}$$

Der hohe Zeitwert signalisiert, dass der Kauf eines Optionsscheines relativ riskant ist, weil der Optionsschein zum Laufzeitende den Zeitwert überproportional abbaut, bis am Fälligkeitstag der Zeitwert null ist.

$$\text{Aufgeld} = \frac{\mathit{Basispreis} + \dfrac{\text{Kurs des Optionsscheines}}{\mathit{Optionsverhältnis}} - \mathit{akt.}\,\text{Aktienkurs}}{\mathit{akt.}\,\text{Aktienkurs}} \cdot 100$$

$$= \frac{70 \text{ Euro} + \dfrac{107 \text{ Euro}}{10} - 72 \text{ Euro}}{72 \text{ Euro}} \cdot 100 = 12{,}08\,\%$$

Das Aufgeld von 12,08% bedeutet, dass die Aktie bis zur Fälligkeit des Optionsscheines um 12,08% steigen muss, damit der Optionsschein keinen Verlust erleidet. Zudem drückt ein Aufgeld von 12,08% aus, dass der indirekte Kauf dieser Aktie mittels des Optionsscheines um 12,08% teurer ist als der direkte Erwerb der Aktie.

$$\text{Break-even} = \text{Basispreis} + \frac{\text{Kurs des Optionsscheins} + \dfrac{\text{Gebühren}}{\text{Anzahl der Optionsscheine}}}{\text{Optionsverhältnis}}$$

$$= 70 \text{ Euro} + \frac{107 \text{ Euro} + \dfrac{100 \text{ Euro}}{10}}{10} = 81{,}7 \text{ Euro}$$

$$= \frac{\text{Break even[in Euro] - Basispreis}}{\text{Basispreis}} \cdot 100 = \text{Break even[in\%]}$$

$$\frac{81{,}7 \text{ Euro - } 70 \text{ Euro}}{70 \text{ Euro}} \cdot 100 = 16{,}71\%$$

Der Käufer des Optionsscheines kann mit der Ausübung des Optionsrechts nur dann einen Gewinn erzielen, wenn der Kurs der Aktie auf über 81,7 Euro steigt. Zusätzlich signalisiert ein Break-even von 16,71%, dass der Optionsschein mindestens um 16,71% steigen muss, damit die Performance der Aktie übertroffen wird.

$$\text{Delta} = \frac{\text{absoulte Veränderung des Optionsscheinpreises}}{\text{absolute Veränderung des Kurses des Basispreises}}$$

$$= \frac{107{,}65\ \text{Euro} - 107\ \text{Euro}}{73\ \text{Euro} - 72\text{Euro}} = \frac{0{,}65\ \text{Euro}}{1\ \text{Euro}} = 0{,}65$$

Ein Delta von 0,65 drückt aus, dass der Kurs des Optionsscheines theoretisch um 0,65 Euro steigt, wenn der Kurs der Muster AG-Aktie um ein 1 Euro steigt. Ferner beobachtet man, dass das Delta auf 0,68 steigt, wenn die Muster AG-Aktie um einen Euro steigt.

$$\text{Gamma} = \frac{\text{absoulte Verändeung des Deltas}}{\text{absolute Veränderung des Kurses des Basiswertes}}$$

$$= \frac{0{,}68 - 0{,}65}{73\ \text{Euro} - 72\ \text{Euro}} = \frac{0{,}03}{1} = 0{,}03$$

Ein Gamma von 0,03 zeigt, dass das Delta des Optionsscheines nur leicht auf die Schwankungen der Muster AG -Aktie reagiert.

$$\text{Gearing} = \frac{\text{Kurs des Basiswertes}}{\text{Optionsscheinpreis} \cdot \text{Optionsverhältnis}}$$

$$= \frac{72\ \text{Euro}}{107\ \text{Euro} \cdot 0{,}1} = 6{,}73$$

Ein Gearing von 6,73 bedeutet, dass der Anleger für den Preis einer Muster AG-Aktie 6,73 Optionsscheine erwerben kann.

$$\text{Leverage} = \text{Delta} \cdot \text{Gearing}$$

$$= 0{,}65 \cdot 6{,}73 = 4{,}37$$

Ein Leverage von 4,37 drückt aus, dass der Optionsschein theoretisch um 4,37% steigen müsste, wenn die Muster AG-Aktie um ein Prozent steigt.

Ferner beobachtet man, dass der Optionsscheinpreis innerhalb eines Monats von 107 Euro auf 104,86 Euro fällt, wenn alle anderen Einflussgrößen gleich bleiben.

$$\text{Theta} = \frac{\text{Veränderung des Optionsscheinpreises}}{\text{Veränderung der Laufzeit}}$$

$$= \frac{107\ \text{Euro} - 104{,}86\ \text{Euro}}{1\ \text{Monat}} = 2{,}14\,\%$$

Ein Theta von 2,14% gibt an, dass der Optionsschein 2,14% pro Monat aufgrund des Zeitwertverlustes an Wert verliert. Insofern bedeutet ein niedriges Theta für den Anleger einem Schutz vor Verlusten innerhalb der Laufzeit des Optionsscheines bei einer Seitwärtsbewegung der Börse.

Zudem betrug die Volatilität beim Kauf des Optionsscheines 30 und zurzeit beträgt sie 29. In denselben Zeitraum fällt der Optionsscheinpreis von 107 auf 102,72 Euro.

$$\text{Vega} = \frac{\text{Veränderung des Optionsscheinpreises}}{\text{Veränderung der Volatilität}}$$

$$= \frac{107{,}00 \text{ Euro} - 102{,}72 \text{ Euro}}{30 - 29} = 4{,}28\,\%$$

Das Vega beträgt 4,28%. Es gibt an, dass der Optionsscheinkurs theoretisch um 4,28% steigt bzw. fällt, wenn die Volatilität um ein Prozent zu- bzw. abnimmt. Dabei steht ein kleines Vega für eine relative Unempfindlichkeit des Optionsscheinkurses gegenüber dem Schwanken der Volatilität.

Zudem steigt der Optionsscheinkurs von 107 auf 112,89 Euro, wenn die Cost of Carry um ein Prozent zunimmt.

$$\text{Rho} = \frac{\text{Veränderung des Optionsscheinpreises}}{\text{Veränderung der Cost of Carry}}$$

$$= \frac{112{,}89 \text{ Euro} - 107{,}00 \text{ Euro}}{1} = 5{,}89\,\%$$

Das Rho von 5,89% signalisiert, dass bei einer Erhöhung der Cost of Carry um ein Prozent der Optionsscheinkurs theoretisch um 5,89% zunehmen müsste.

Nach der Optionspreistheorie von Black & Scholes ergibt sich als Fair Value 86,5 DM für den Optionsschein, bei einer zugrunde gelegten historischen Volatilität von 21%. Dies bedeutet, dass der Optionsscheinpreis von 107 Euro um ca. 19,16% vom fairen Wert des Optionsscheines abweicht. Deswegen ist der Optionsschein nach der Optionspreistheorie überbewertet.

Allerdings ist der Optionsschein bei einer unterstellten Volatilität in Höhe von 28% genau fair bewertet.

3.9.1.3. Abschließende Bewertung des Call-Optionsscheines

Der Optionsschein notiert nur leicht im Geld und ist deswegen als spekulativ anzusehen. Ferner kann der Anleger anhand der Abweichung vom Fair Value von ca. 19,16% erkennen, dass das Risiko zurzeit leicht überwiegt.

Daneben besteht der Optionsschein zum größten Teil aus Zeitwert, d.h. zu ca. 80%. Insofern hat dieser Optionsschein ein sehr hohes Risiko, weil der Zeitwert mit abnehmender Restlaufzeit auch abnimmt und am Laufzeitende den Wert Null hat.

Insofern bringen die relativ hohen Werte von Theta, Vega und Rho den hohen Einfluss der Faktoren Restlaufzeit, Volatilität und Zins auf den Optionsscheinpreis zum Ausdruck.

Aus diesen Gründen eignet sich dieser Optionsschein nur für spekulative Anleger, weil hier ein Risiko des Totalverlustes nicht ausgeschlossen werden kann, sogar eher wahrscheinlich ist.

3.9.2. Zahlenbeispiel für einen Put-Optionsschein

3.9.3. Ausstattung des Put-Optionsscheines

Aktienkurs der Muster AG	=	72 Euro
Basispreis des Puts	=	74 Euro
Optionsscheinkurs	=	107 Euro
Optionsverhältnis	=	1 : 10
Restlaufzeit	=	1
Der Optionsscheinkurs steigt auf folgenden Wert, wenn die Muster AG Aktie um einen Euro fällt.	=	106,35 Euro

3.9.4. Berechnung der Kennzahlen für den Put-Optionsschein

$$\text{Innerer Wert} = (\text{Basispreis} - \text{aktueller Aktienkurs}) \cdot \text{Optionsverhältnis}$$
$$= (74\ \text{Euro} - 72\ \text{Euro}) \cdot 10 = 20\ \text{Euro}$$

Dieses zeigt, dass der Optionsschein im Geld ist.

$$\text{Zeitwert} = \text{Kurs des Optionsscheines} - \text{innerer Wert}$$
$$= 107\ \text{Euro} - 20\ \text{Euro} = 87\ \text{Euro}$$

Der hohe Zeitwert signalisiert, dass der Optionsschein relativ riskant ist, weil der Optionsschein zum Laufzeitende den Zeitwert überproportional abbaut, bis am Fälligkeitstag der Zeitwert Null ist.

$$\text{Aufgeld} = \frac{(\text{Putprämie} \cdot \text{Bezugsverhältnis}) + (\text{aktueller Basiskurs} - \text{Basiswert})}{\text{aktuellen Basiskurs}} \cdot 100$$

$$= \frac{(107\ \text{Euro} \cdot 0{,}1) + (74\ \text{Euro} - 72\ \text{Euro})}{72\ \text{Euro}} \cdot 100 = 17{,}6\,\%$$

Das Aufgeld von 17,6% bedeutet, dass die Aktie bis zur Fälligkeit des Optionsscheines um 17,6% fallen muss, damit der Optionsschein keinen Verlust erleidet.

$$\text{Break-even} = \text{Basispreis} - \frac{\text{Kurs des Optionsscheins} + \frac{\text{Gebühren}}{\text{Anzahl der Optionsscheine}}}{\text{Optionsverhältnis}}$$

$$= 74\ \text{Euro} - \frac{107\ \text{Euro} + \frac{100\ \text{Euro}}{10}}{10} = 62{,}30\ \text{Euro}$$

$$= \frac{\text{Break even[in Euro] - Basispreis}}{\text{Basispreis}} \cdot 100 = \text{Break even[in\%]}$$

$$\frac{62{,}3\ \text{Euro} - 74\ \text{Euro}}{74\ \text{Euro}} \cdot 100 = -15{,}8\,\%$$

Der Käufer des Optionsscheines kann mit der Ausübung des Optionsrechts nur dann einen Gewinn erzielen, wenn der Kurs der Aktie auf unter 62,3 Euro fällt.

$$\text{Delta} = \frac{\text{absoulte Veränderung des Optionsscheinpreises}}{\text{absolute Veränderung des Kurses des Basispreises}}$$

$$= \frac{106{,}35\ \text{Euro} - 107\ \text{Euro}}{73\ \text{Euro} - 72\ \text{Euro}} = \frac{0{,}65\ \text{Euro}}{1\ \text{Euro}} = -0{,}65$$

Ein Delta von -0,65 drückt aus, dass der Kurs des Optionsscheines theoretisch um -0,65 Euro fällt, wenn der Kurs der Muster AG-Aktie um ein 1 Euro fällt. Ferner beobachtet man, dass das Delta auf -0,68 steigt, wenn die Muster AG-Aktie um einen Euro fällt.

$$\text{Gamma} = \frac{\text{absoulte Verändeung des Deltas}}{\text{absolute Veränderung des Kurses des Basiswertes}}$$

$$= \frac{-0{,}65 - (-0{,}68)}{73\ \text{Euro} - 72\ \text{Euro}} = \frac{0{,}03}{1} = 0{,}03$$

Ein Gamma von 0,03 zeigt, dass das Delta des Optionsscheines nur leicht auf die Schwankungen der Muster AG-Aktie reagiert.

$$\text{Gearing} = \frac{\text{Kurs des Basiswertes}}{\text{Optionsscheinpreis} \cdot \text{Optionsverhältnis}}$$

$$= \frac{74 \text{ Euro}}{107 \text{ Euro} \cdot 0{,}1} = 6{,}92$$

Ein Gearing von 6,92 bedeutet, dass der Anleger für den Preis einer Muster AG-Aktie 6,92 Optionsscheine erwerben kann.

$$\text{Leverage} = \text{Delta} \cdot \text{Gearing}$$

$$= -0{,}65 \cdot 6{,}92 = -4{,}50$$

Ein Leverage von 4,50 drückt aus, dass der Optionsschein theoretisch um 4,50% fallen müsste, wenn die Muster AG Aktie um ein Prozent fällt.

Ferner beobachtet man, dass der Optionsscheinpreis innerhalb eines Monats von 107 Euro auf 104,86 Euro fällt, wenn alle anderen Einflussgrößen gleich bleiben.

$$\text{Theta} = \frac{\text{Veränderung des Optionsscheinpreises}}{\text{Veränderung der Laufzeit}}$$

$$= \frac{107 \text{ Euro} - 104{,}86 \text{ Euro}}{1 \text{ Monat}} = 2{,}14\,\%$$

Ein Theta von 2,14% gibt an, dass der Optionsschein 2,14% pro Monat aufgrund des Zeitwertverlustes an Wert verliert. Insofern bedeutet ein niedriges Theta für den Anleger einem Schutz vor Verlusten innerhalb der Laufzeit des Optionsscheines bei einer Seitwärtsbewegung der Börse.

Zudem betrug die Volatilität beim Kauf des Optionsscheines 30, und zurzeit beträgt sie 29. In denselben Zeitraum fällt der Optionsscheinpreis von 107 auf 102,72 Euro.

$$\text{Vega} = \frac{\text{Veränderung des Optionsscheinpreises}}{\text{Veränderung der Volatilität}}$$

$$= \frac{107{,}00 \text{ Euro} - 102{,}72 \text{ Euro}}{30 - 29} = 4{,}28\,\%$$

Das Vega beträgt 4,28%. Es gibt an, dass der Optionsscheinkurs theoretisch um 4,28% steigt bzw. fällt, wenn die Volatilität um ein Prozent zu- bzw. abnimmt. Dabei steht ein kleines Vega für eine relative Unempfindlichkeit des Optionsscheinkurses gegenüber Schwankungen der Volatilität.

Zudem steigt der Optionsscheinkurs von 107 auf 112,89 Euro, wenn die Cost of Carry um ein Prozent zunimmt.

$$\text{Rho} = \frac{\text{Veränderung des Optionsscheinpreises}}{\text{Veränderung der Cost of Carry}}$$

$$= \frac{112{,}89 \text{ Euro} - 107{,}00 \text{ Euro}}{1} = 5{,}89\,\%$$

Das Rho von 5,89% signalisiert, dass bei einer Erhöhung der Cost of Carry um ein Prozent der Optionsscheinkurs theoretisch um 5,89% zunehmen müsste.

Nach der Optionspreistheorie von Black & Scholes ergibt sich als Fair Value 85,50 Euro für den Optionsschein, bei einer zugrunde gelegten historischen Volatilität von 21%. Dies bedeutet, dass der Optionsscheinpreis von 107 Euro um ca. 20% vom fairen Wert des Optionsscheines abweicht. Deswegen ist der Optionsschein nach der Optionspreistheorie überbewertet.

Allerdings ist der Optionsschein bei einer unterstellten Volatilität in Höhe von 28% genau fair bewertet.

3.9.5. Abschließende Bewertung des Put-Optionsscheines

Der Optionsschein notiert nur leicht im Geld und ist deswegen als spekulativ anzusehen. Ferner kann der Anleger anhand der Abweichung vom Fair Value von ca. 20% erkennen, dass das Risiko zurzeit leicht überwiegt.

Daneben besteht der Optionsschein zum größten Teil aus Zeitwert, d.h. zu ca. 80%. Insofern hat dieser Put-Optionsschein ein sehr hohes Risiko, weil der Zeitwert mit abnehmender Restlaufzeit auch abnimmt und am Laufzeitende den Wert Null hat.

Insofern bringen die relativ hohen Werte von Theta, Vega und Rho den hohen Einfluss der Faktoren Restlaufzeit, Volatilität und Zins auf den Optionsscheinpreis zum Ausdruck.

Aus diesen Gründen eignet sich dieser Optionsschein nur für spekulative Anleger, weil hier ein Risiko des Totalverlustes nicht ausgeschlossen werden kann, sogar eher wahrscheinlich ist.

4. OPTIONSSCHEINAUSWAHL

Der Vorteil von Optionsscheinen ist, dass mit vergleichsweise niedrigem Kapitaleinsatz der Anleger an der Preisentwicklung des zugrunde liegenden Basiswertes überproportional partizipieren kann.

Das Problem ist allerdings, dass dieser Hebel in beide Richtungen wirkt, sodass bei ungünstiger Entwicklung Verluste entstehen können, welche aber auf maximal der Optionsprämie beschränkt sind. Dagegen sind die Gewinne bei eintretender günstiger Entwicklung theoretisch unbegrenzt. Diese Asymmetrie in der Verteilung von Chancen und Risiken hat ihren Preis. Deswegen muss der Investor eine Optionsprämie zahlen, die über den inneren Wert des Optionsscheines hinausgeht, nämlich den Zeitwert.

Dieser Zeitwert nimmt kontinuierlich während der Laufzeit des Optionsscheines ab. Ferner beschleunigt sich der Zeitwertverlust zum Ende der Laufzeit des Optionsscheines.

Folglich ist das Verhältnis von Zeitwert und Hebel des Optionsscheines maßgeblich für den Anlageerfolg bei Optionsscheinen.

Ebenfalls muss der Investor berücksichtigen, dass je mehr Zeit verstreicht, bis die erwartete Kursentwicklung eintritt, desto stärker wird die ursprünglich durch den Hebel abgeleitete Performance durch den Zeitwertverlust vermindert oder sogar in den Verlust hineingezogen. Denn der Zeitwertverlust[40] kann nur durch Kurssteigerungen des Basiswertes ausgeglichen werden. Demzufolge muss zur Bestimmung des erforderlichen Kursanstieges des Basiswertes das Leverage mit berücksichtigt werden. Beträgt beispielsweise das Theta ein Prozent im Monat sowie das Leverage zwei, so muss die Aktie zum Ausgleich des Zeitwertverlustes mindestens um 0,5 Prozent pro Monat steigen.

Folgende Abbildung zeigt nochmals dem Zusammenhang zwischen Leverage und Zeitwertverlust bei voranschreitendem Zeitwertverlust mit abnehmender Restlaufzeit.

---

[40] Der Zeitwertverlust wird gemessen durch die Kennzahl Theta.

	Bewegungen im Basiswert	Zeitwertverlust →				
		Abnehmende Restlaufzeit →				
		- 1 Monat	- 2 Monate	- 3 Monate	- 6 Monate	- 12 Monate
↑	- 20%	- 69%	- 71%	- 73%	- 80%	- 92%
	- 10%	- 40%	- 44%	- 46%	- 55%	- 74%
Leverage	0%	- 3%	- 5%	- 7%	- 18%	- 37%
	10%	45%	43%	40%	31%	13%
↓	20%	100%	97%	95%	85%	70%

Abbildung 13: Zusammenhang zwischen Leverage, Restlaufzeit und Zeitwertverlust

Aus Ausbildung 13 erkennt man, dass nur in Märkten mit einem ausgeprägten Trend der Hebel als Performance-Gradmesser dominiert. Dagegen ist bei stagnierenden Märkten der Zeitwertverlust hauptsächlich zu beachten.

Deshalb erwirbt der Anleger mit einem Optionsschein ein bestimmtes Chance-Risiko-Profil. Dabei hängt dieses von der Konstruktion und Aggressivität des Optionsscheines ab. Zudem ist das Profil immer nur eine Momentaufnahme, die sich mit der Zeit und sich wandelnden Marktverhältnissen ändert.

Allerdings kann man mit Hilfe der Optionspreistheorie ein Chance-Risiko-Profil für einem Optionsschein ermitteln. Hierbei wird die Eintrittswahrscheinlichkeit berechnet, mit der ein Optionsscheininhaber ein bestimmtes Ergebnis erwarten kann.

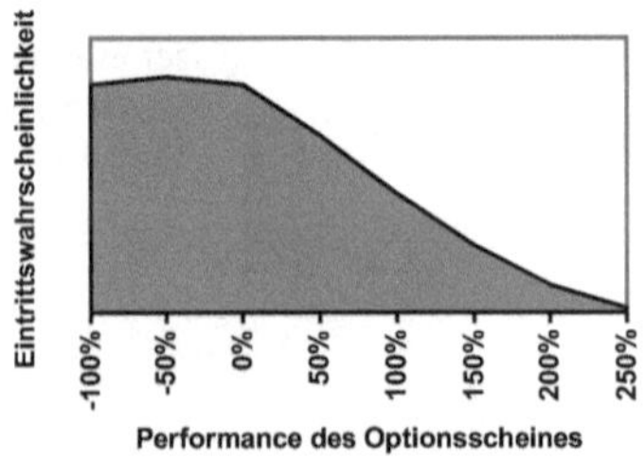

Abbildung 14: Chance-Risiko-Profil eines Optionsscheines

Abbildung 14 zeigt nochmals sehr deutlich, dass das Risiko eines Verlustes bei Optionsscheinen deutlich höher ist als bei Aktien. Zusätzlich zeigt diese Abbildung, dass der Investor mit einer hohen Wahrscheinlichkeit davon ausgehen muss, dass er mit Optionsscheinen einen Verlust oder sogar Totalverlust erleidet, weil die Eintrittswahrscheinlichkeit für diese Szenerien besonders groß sind.

Der Investor muss folgende Gewinn/Verlust-Wahrscheinlichkeiten bei der Anlage in Optionsscheinen berücksichtigen.

- Das Totalverlustrisiko beträgt in etwa 40%.
- Das Teilverlustrisiko beträgt in etwa 26%.
- Die Gewinnchance beträgt in etwa 34%.

Diese Gewinn/Verlust-Wahrscheinlichkeit zeigt, dass der Investor mit einer hohen Wahrscheinlichkeit einen Verlust bei einem Investment in Optionsscheine erfährt.

Deswegen sollte der Investor beim Kauf bzw. Verkauf von Optionsscheinen folgende Regeln beachten:

- Der richtige Basiswert und die richtige Markteinschätzung sind unabdingbar für ein erfolgreiches Investment in Optionsscheinen. Infolgedessen sollte der Investor, bevor er einen Optionsschein kauft, mit der Hilfe der technischen Analyse die Marktentwicklung[41] überprüfen.

- Ferner sollte der Optionsschein über eine ausreichende Restlaufzeit verfügen, da sonst am Laufzeitende durch den beschleunigten Zeitwertverlust, trotz richtiger Markteinschätzung ein Kursverlust droht.

- Zudem muss der Investor auf den Basispreis achten, weil je weiter der Optionsschein aus dem Geld ist, desto größer wird die Gefahr von Totalverlusten.

- Der Optionsschein sollte ein geringes Aufgeld haben. In der Regel ist ein Optionsschein umso riskanter, je höher sein jährliches Aufgeld ist.

- Außerdem muss der Investor auf das Bezugsverhältnis achten. Meistens sind nämlich Optionsscheine mit hohem Bezugsverhältnis zwar optisch günstig, aber häufig auch überbewertet.

- Mit Hilfe der Optionspreistheorie kann der Investor feststellen, ob der Optionsschein fair, unterbewertet oder überbewertet ist. In der Vergangenheit hat sich gezeigt, dass ein ausgewogenes Chance-Risiko-Verhältnis bei Optionsscheinen besteht, die nicht mehr als 10% überbewertet sind.

- Ferner sollte der Investor darauf achten, dass für den Optionsschein ein liquider Markt vorhanden ist.

- Zusätzlich sollte die Differenz zwischen Geld- und Briefkursen sehr klein sein, weil diese den Anlageerfolg schmälern.

---

[41] siehe Kapitel 4.1.

4.1. Technische und fundamentale Analyse von Aktien und Indizes

In diesem Abschnitt wird ein Überblick über die technische und fundamentale Analyse von Aktien und Indizes gegeben, weil sich diese beiden Analysen sehr gut ergänzen. Ferner sollte jeder Investor, der beabsichtigt Optionsscheine zu erwerben, mit Hilfe dieser beiden Theorien versuchen den Markttrend einzuschätzen und dann die richtige Aktie bzw. Indizes auswählen.

4.1.1. Technische Analyse

Die technische Analyse geht von Formationen innerhalb der Grafiken bzw. Aktiencharts aus. Hierbei zielt die Strategie darauf, dass definierte Muster innerhalb der Aktiencharts typisch für den zukünftigen Kursverlauf sind. In Abbildung 15 ist ein solcher Aktienchart dargestellt.

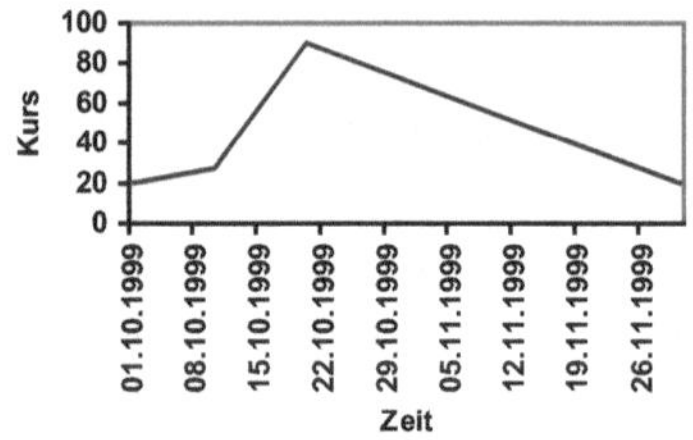

Abbildung 15: Aktienchart

4.1.1.1. Die Indexkurse und das Kurs-Gewinner-Verlierer-Verhältnis

Die Grundlagen für die technische Analyse legte Charles Dow. Er fand heraus, dass Hausse- und Baissebewegungen stets auf ähnlicher Weise verlaufen. Des Weiteren bezieht sich die Dow-Theorie immer auf eine Indexkurve[42]. Dabei verlaufen die kurzfristigen Kursschwankungen innerhalb eines Primärtrends. Hierbei unterscheidet man zwischen einem Aufwärtstrend und einem Abwärtstrend.

Der Aufwärtstrend ist dadurch charakterisiert, dass jedes Hoch über dem vorherigen Hoch liegt. Umgekehrt liegt bei einem Abwärtstrend jedes neue Tief unterhalb des vorangegangenen Tiefs.

---

[42] Der Index ist eine Verhältniszahl zur Messung der Veränderung eines Marktes meist im Zeitablauf. Beispiele sind Aktienindizes und Preisindizes.

Muster - Indexkurve

* Die Bedeutung des 30 Tage-Durchschnittes wird im Kapitel 4.1.1.2. erläutert

Abbildung 16: Muster-Indexkurve

Ergänzend wird meist zur Indexkurve auch das Kurs-Gewinner-/Verlierer-Verhältnis[43] herangezogen. Ferner kann man mit Hilfe der Advance-Decline-Linie mögliche Kursentwicklungen am Aktienmarkt prognostizieren. Um den Verlauf darstellen zu können, wird Tag für Tag das Verhältnis zwischen Gewinner- und Verlierer-Aktien ermittelt. Anschließend wird dann eine Zeitreihe gebildet, indem die Zahl der Gewinner bzw. Verlierer zum Vortagswert hinzugerechnet oder von diesem abgezogen wird, wenn die Zahl der Kursverlierer überwiegt.

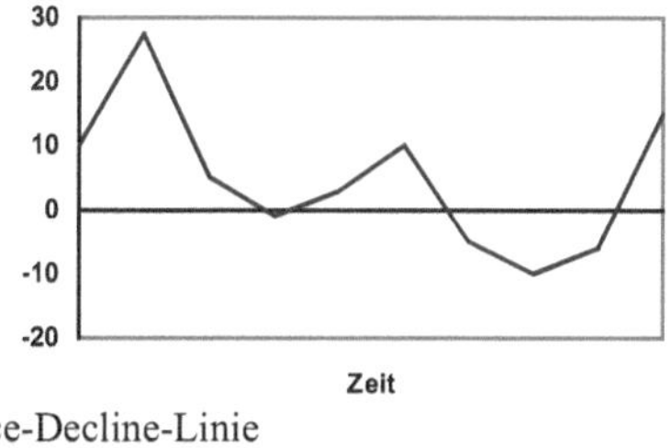

Abbildung 17: Advance-Decline-Linie

Aus dem Verlauf der Advance-Decline-Linie kann man entnehmen, ob die Zahl der Aktien mit Gewinnen bzw. mit Verlusten überwiegt.

Obendrein wird diese Linie auch häufig mit dem Verlauf eines Indexes verglichen.

[43] Das Kurs-Gewinner-Verlierer-Verhältnis wird auch als Advance-Decline-Linie bezeichnet.

Bewegt sich die Advance-Decline-Linie parallel zum Index, wird von der Fortsetzung des aktuellen Trends ausgegangen. Dagegen wird eine entgegengesetzte Bewegung der Advance-Decline-Linie[44] zum Indexverlauf als Signal für eine Umkehr des aktuellen Trends gewertet. Fällt die Advance-Decline-Linie beispielsweise während der Aktienindex noch steigt, deutet das daraufhin, dass die Aufwärtsbewegung im Index nur noch von wenigen Werten getragen wird. Die Gefahr besteht nun darin, dass eine solche Aufwärtsbewegung sich sehr schnell ändern kann, d.h. eine Trendumkehr ist möglich.

4.1.1.2. Gleitende Durchschnitte

Mit Hilfe der gleitenden Durchschnitte ist es möglich, nicht aussagekräftige Tagesschwankungen der Börsenkurse auszuschalten. Dabei wird in der Regel ein 30-, 38-, 100- und 200-Tage-Durchschnitt berechnet. Hierbei kann der gleitende Durchschnitt sowohl für einzelne Aktien als auch auf einen Index berechnet werden. Überdies werden die Schwankungen der Durchschnittslinie umso geringer, je größer der Zeitraum ist, für den die Kurve berechnet wird, d.h. der 200-Tage-Durchschnitt hat die kleinste Schwankungsbreite.

Ein gleitender Durchschnitt wird folgendermaßen berechnet:

- Für einen Börsentag wird zunächst ein Durchschnitt aus den Kursen der letzten 30, 38, 100 oder 200 Börsentage gebildet. Weiterhin wird an jedem folgenden Börsentag der jeweils in die Berechnung einbezogene erste bzw. älteste Börsentag weggelassen und stattdessen der aktuellste Kurs, d.h. der Kurs am letzten Tag, in die Berechnung einbezogen.

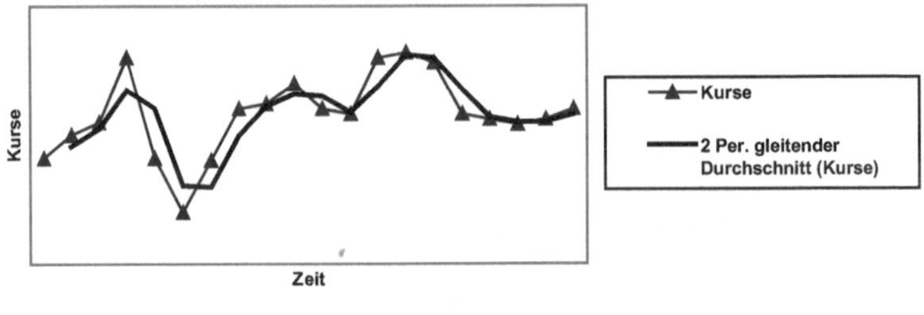

Abbildung 18: Gleitender Durchschnitt

Um Kauf- bzw. Verkaufssignale zu erkennen, wird der gleitende Durchschnitt einer einzelnen Aktie oder eines Indexes mit dem Kursverlauf der entsprechenden Aktie bzw. Index verglichen.

---

[44] Abk. für Advance-Decline-Linie ist A-D-Kurve

Dabei signalisiert folgendes Ereignis ein Kaufsignal:

- Wenn der Kursverlauf der Aktie oder des Aktienindexes die Durchschnittslinie von unten nach oben durchschneidet, spricht man von einem Kaufsignal. Allerdings sollte man hierzu nur Durchschnitte, die für einen längeren Zeitraum, zum Beispiel für 100 oder 200 Tage, verwenden, weil nur diese als aussagekräftig gelten.

Die 30- bzw. 38-Tage-Durchschnittslinien werden nicht zur Aussage über Kauf- bzw. Verkaufsentscheidungen genommen, weil sie noch zu sehr schwanken. So beobachtet man häufig, dass ein negativer Trend fortgesetzt wird, auch wenn eine 30- oder 38-Tage-Durchschnittslinie den Kursverlauf kurzfristig von unten nach oben schneidet.

Dagegen ergibt sich ein Verkaufssignal, wenn Folgendes eintritt:

- Wenn der Kursverlauf einer Aktie oder eines Aktienindexes den gleitenden Durchschnitt von oben nach unten durchbricht. Auch hier verwendet man die 100- und 200- Tage-Durchschnitte.

Zudem hat man beobachtet, wenn der Kurs einer Aktie oder eines Indexes unter die 200-Tage-Linie fällt, dass dadurch eine längere andauernde Baisseperiode eingeleitet werden kann. Aus den gleitenden Durchschnitten kann man auch ein weiteres Modell ableiten, und zwar die des Oszillators.

Hierbei trägt man die jeweilige prozentuale Abweichung des Indexes vom gleitenden Durchschnitt berechnet in ein Diagramm ein. Hierdurch erhält man eine neue Formation, in der die Null-Linie den gleitenden Durchschnitt darstellt.

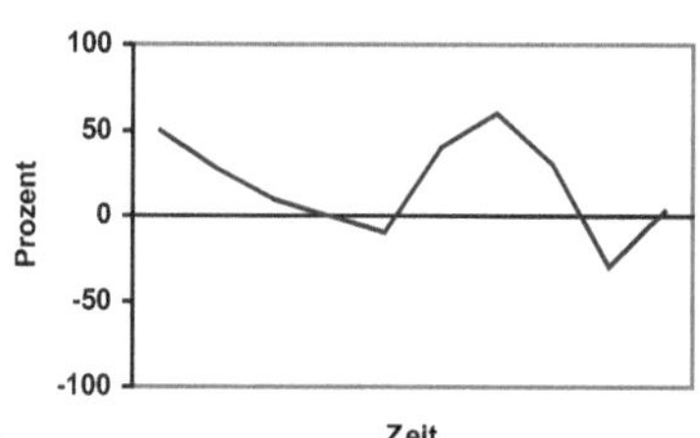

Abbildung 19: Oszillator

Als Kaufsignal gilt, wenn sich der Oszillator oberhalb der Null-Linie im positiven Bereich bewegt. Dagegen gilt als Verkaufssignal, wenn sich der Oszillator im negativen Bereich bewegt.

Weiterhin gilt, dass wenn sich die Abstände zur Null-Linie verringern, dieses auf eine Trendumkehr hindeutet. Zudem gilt, wenn die Abstände zur Null-Linie extrem groß sind, dass mit einer technischen Reaktion[45] zurechnen ist. Dabei signalisiert eine extrem große positive Abweichung von der Null-Linie, dass der Markt überkauft ist. Der umgekehrte Fall deutet auf einem überverkauften Markt hin.

4.1.1.3. Bestimmung eines Trends

Mit Hilfe von Trendlinien ist es möglich Kurse zu prognostizieren. Dabei geben Trendlinien Auskunft darüber, ob sich der Markt zur Zeit in einem Auf- oder Abwärtstrend befindet.

Ferner unterscheidet man bezüglich des zeitlichen Horizontes drei verschiedene Trendarten:

- kurzfristige Trends (in der Regel über mehrere Wochen)
- mittelfristige Trends (in der Regel über mehrere Monate)
- langfristige Trends (in der Regel über mehrere Jahre)

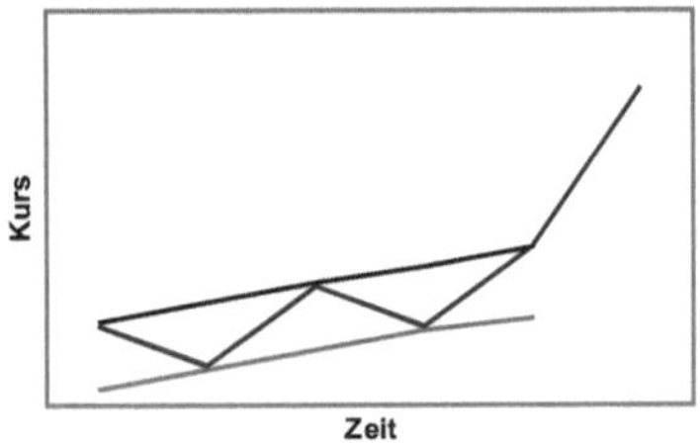

Abbildung 20: Trendkanal mit einem Aufwärtstrend, aber mit Ausbruch nach oben

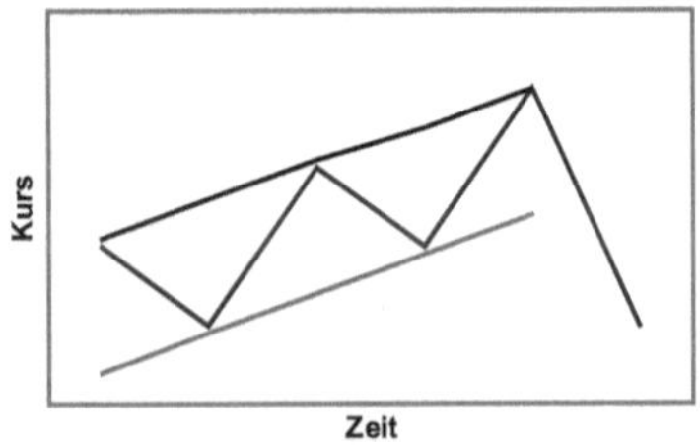

Abbildung 21: Trendkanal mit Aufwärtstrend, aber mit Ausbruch nach unten

[45] Diese Reaktion tritt auf, wenn eine Aktie sehr schnell gestiegen ist, dann sind nämlich die Anleger bereit die Aktie schneller zu verkaufen, um Gewinne zu realisieren. Der entgegengesetzte Fall ist auch möglich, d.h. wenn eine Aktie stark, fällt sind viele Investoren bereit diese Aktie zu erwerben.

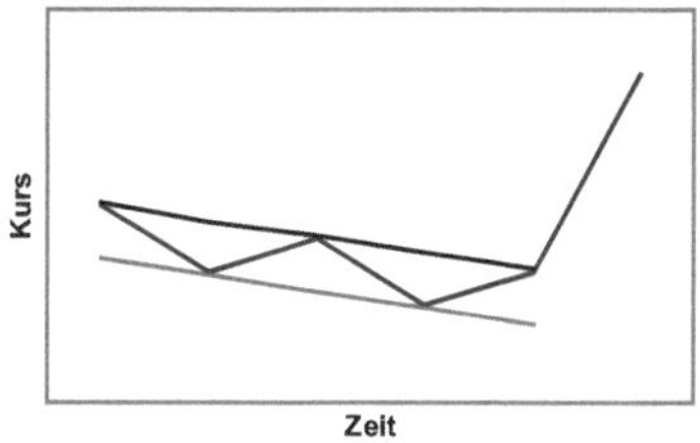

Abbildung 22: Trendkanal mit einem Abwärtstrend, aber mit Ausbruch nach oben

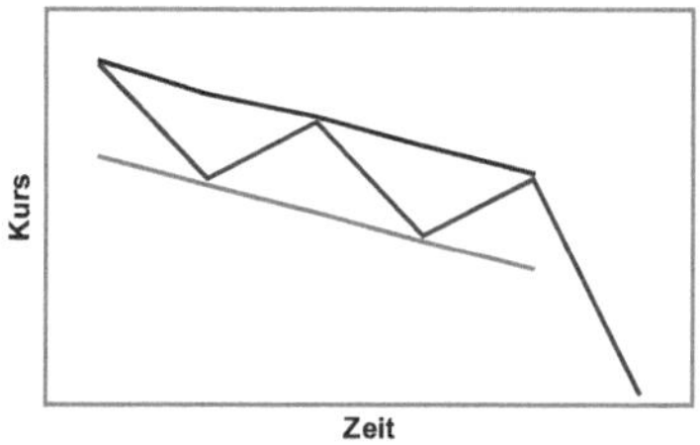

Abbildung 23: Trendkanal mit einem Abwärtstrend, aber mit Ausbruch nach unten

Zudem beobachtet man bei Trends, dass jeder Trendkanal nach oben bzw. nach unten durch die obere bzw. untere Trendlinie begrenzt ist. Dabei verlaufen die beiden Linien gewöhnlich parallel zueinander. Da gilt: Nähert sich der Aktienkurs der oberen Trendlinie, so wächst die Wahrscheinlichkeit, dass sich der kurzfristige Trend umkehren kann, und dass es dadurch zu einer Konsolidierung bzw. Korrektur kommen kann. Weiterhin kann es auch vorkommen, dass sich die Kurse im weiteren Verlauf mehr oder weniger parallel zu der oberen Trendlinie bewegen.

Wenn dagegen der Aktienkurs die untere Trendlinie berührt, so kommt es meistens vor, dass der kurzfristige Abwärtstrend beendet wird. In solchen Fällen kann es vorkommen, dass es dann wieder aufwärts geht bzw. eine technische Erholung stattfindet.

Allerdings kann das Erreichen der unteren Trendlinie eines Kanals auch sehr gefährlich sein. Dies ist dann der Fall, wenn diese Trendlinie als Unterstützungslinie dient und nach unten hin durchbrochen wird. Dies passiert sehr oft dann, wenn besonders schlechte Nachrichten zu dem jeweiligen Unternehmen bekannt gegeben werden, oder sich eine allgemein ungünstige Marktlage einstellt.

Falls der Aktienkurs die Unterstützungslinie nach unten passiert hat, bildet sich meistens ein neuer Trend aus, nämlich ein Abwärtstrend. Jedoch muss dies nicht immer so sein, d.h. es kann sich eine „Bärenfalle“ ausbilden.

Die Ausbildung einer Bärenfalle kommt meistens dann, wenn ein weiterer Kursrückgang fast sicher erscheint, d.h. es tritt sehr oft dann genau das Gegenteil ein. Das liegt daran, dass eine steigende Zahl der Pessimisten an der Börse traditions- oder erfahrungsgemäß über kurz oder lang steigende Kurse produziert.

Dagegen bildet sich eine Bullenfalle aus, wenn Börsenkurse über bereits einmal erreichte Höchststände hinaussteigen, vor allem in einem länger anhaltenden Aufwärtstrend. Dies führt meistens dazu, dass die Kurse nach einem meistens recht heftigen Anstieg genauso heftig wieder fallen können. Dabei wird der zuletzt erreichte Höchststand nicht signifikant überschritten. Dabei ist für eine Bullenfalle signifikant, wenn sich zuvor eine Art Fächer herausgebildet hat, wie in Abbildung 24 dargestellt.

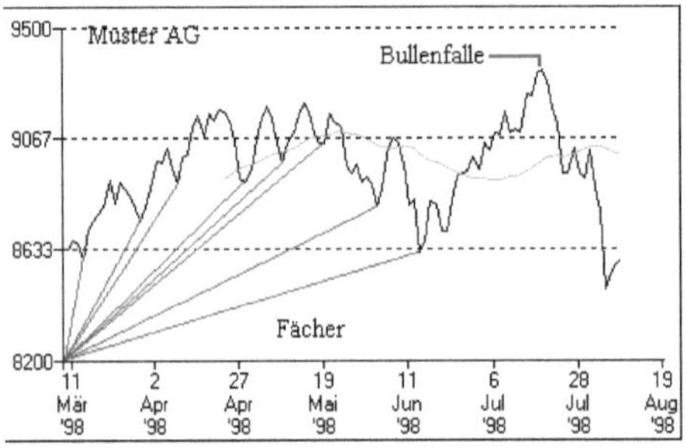

* Graue Linie ist der 30 Tage Durchschnitt

Abbildung 24: Ausbildung von Fächern bei der Bullenfalle

Die Wahrscheinlichkeit, dass sich eine „Bärenfalle“ oder einer „Bullenfalle“ ausbildet, ist sehr gering, wenn sich die Kurse um ca. 10% von der Trendlinie entfernt haben.

4.1.1.4. Widerstands- und Unterstützungslinien

Man erhält die Widerstands- und Unterstützungslinien am einfachsten, wenn man die Trendkanäle, sprich die zueinander parallel verlaufenden Trendbegrenzungslinien in einem Chart einzeichnet, wobei die obere Linie als Widerstandslinie und die untere Linie als Unterstützungslinie dient.

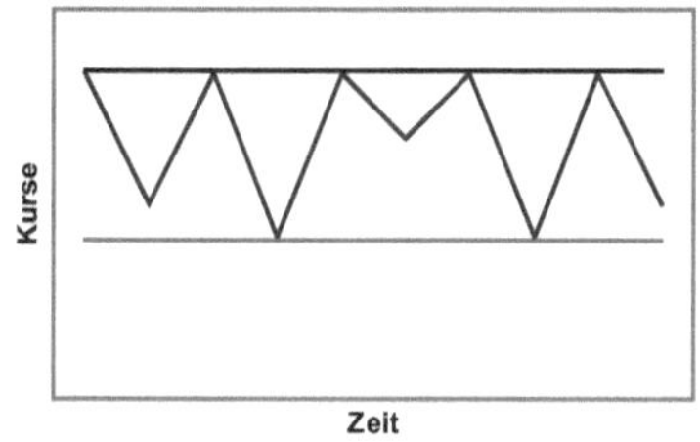

Abbildung 25: Trendkanal, obere Linie ist die Widerstandslinie

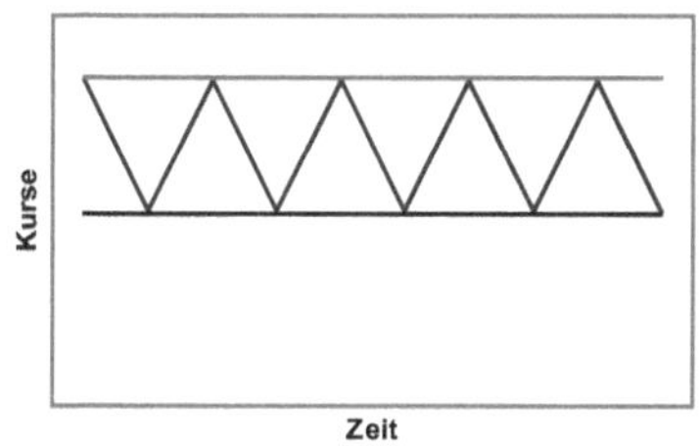

Abbildung 26: Trendkanal, untere Linie ist die Unterstützungslinie

Zudem ergeben sich Widerstandslinien aus der Verbindung der Hochstände in einem Chart. Dagegen ergeben sich die Unterstützungslinien aus den Tiefpunkten im Chart. Weiterhin verlaufen Widerstandslinien dort, wo nicht selten ein kurzfristiger Aufwärtstrend bzw. Aufwärtsbewegung unterbrochen wurde, und die Kurse im weiteren Verlauf, zum Teil auch sehr kurzfristig gefallen sind. Das Gegenteil gilt für die Unterstützungslinien.

* Graue Linie stellt den 30 Tage Chart dar.

Abbildung 27: Ermittlung der Widerstands- und Unterstützungslinien durch Verbindung der Hochstände bzw. Tiefpunkte im Chart

Nach der Theorie werden oft mehrere Anläufe benötigt, um eine bestimmte Widerstandslinie zu durchbrechen. Allerdings gilt dies nur, wenn es sich um einen starken Widerstand handelt. Handelt es sich dagegen um einen schwachen Widerstand, kann dieser auch sehr schnell durchbrochen werden. Ein solcher Kursverlauf wird in der Praxis oft durch ein entsprechendes Verhalten der Anleger bestätigt. Der Grund dafür liegt darin, dass viele Anleger dann verkaufen, weil sie eine eventuelle Trendumkehr fürchten, wenn ehemalige, zuvor mindestens schon einmal erreichte Höchststände getestet werden. Ein weiterer Grund für dieses Verhalten ist, dass viele Börsenprogramme sich an solchen Widerstandslinien ausrichten. Ferner orientieren sich auch viele Börsenprofis[46] bzw. institutionelle Anleger an solchen Linien.

Bei den Unterstützungslinien beobachtet man, dass sie nicht nach unten durchbrochen werden, sondern dass dort eine Trendwende bzw. zumindest eine technische Erholung eingeleitet wird. Dementsprechend steigen viele neue Anleger ein.

All das ist natürlich unter dem Aspekt der allgemeinen Börsenstimmung zu sehen, sodass es hier je nach Marktverfassung zu teilweise unterschiedlichen Reaktionen kommen kann.

Ist eine wichtige Unterstützungslinie, ob bei bereits zuvor erreichten oder ganz neuen Tiefständen, einmal signifikant nach unten durchbrochen, löst dies in der Regel neue Verkäufe aus. Umgekehrt wird ein verstärkter Aktienkauf ausgelöst, wenn eine wichtige Widerstandslinie nach oben passiert ist.

---

[46] z.B. freie Makler

4.1.1.5. Andere Chartformationen

Mit Hilfe von charttechnischen Formationen versucht man, einen einsetzenden bzw. am wahrscheinlichsten erscheinenden Trend im Voraus zu bestimmen bzw. zu charakterisieren. Hierbei können bestimmte Konstellationen im Chart darauf hindeuten, wie sich die Kurse in nächster Zeit voraussichtlich entwickeln werden. Die entsprechenden Formationen im Chart ergeben sich meist aus Erfahrungswerten aus der Vergangenheit.

Zudem muss man unbedingt berücksichtigen, dass mit charttechnischen Formationen keine 100%-ige Vorhersage über den zukünftigen Kursverlauf möglich ist. Ferner sind die im Folgenden dargestellten Formationen ideale Fälle, d.h. meistens bilden sie sich in den Aktiencharts nicht so eindeutig aus. Infolgedessen kann es vorkommen, dass Signale falsch gedeutet oder übersehen werden. Zudem können hier nicht alle bekannten Chartformationen dargestellt werden, weil sie sonst den Umfang des Buches sprengen würden. Insofern werden hier nur die wichtigsten dargestellt.

Die Kopf-Schulter-Formation deutet daraufhin, dass die Kurse in nächster Zeit fallen werden. In dieser Hinsicht ist sie quasi eine so genannte obere Umkehrformation. Zudem ist wichtig, dass die Aktienumsätze bei der Ausbildung der ersten Schulter einen Höhepunkt erreichen und dann jeweils bei der Ausbildung des Kopfes und der zweiten Schulter zurückgehen.

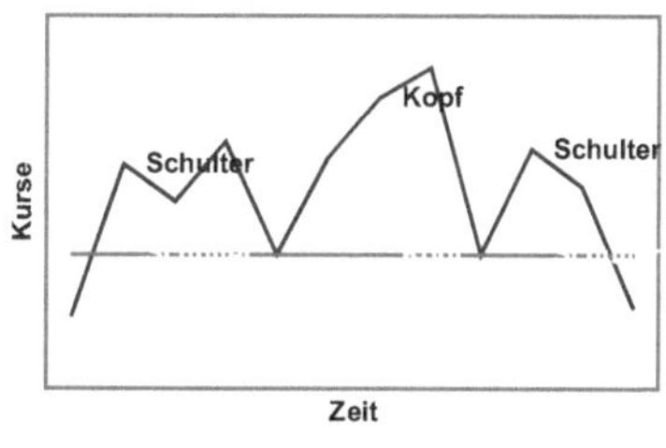

Abbildung 28: Kopf-Schulter-Formation

Eine Doppelspitze liegt dann vor, wenn zwei unmittelbar aufeinander folgende Hochpunkte durch eine Widerstandslinie miteinander verbunden werden können. Dazwischen liegt ein mehr oder weniger gut ausgeprägter Tiefpunkt. Ähnlich wie die Kopf-Schulter-Formation deutet die Doppelspitze auf sinkende Kurse hin.

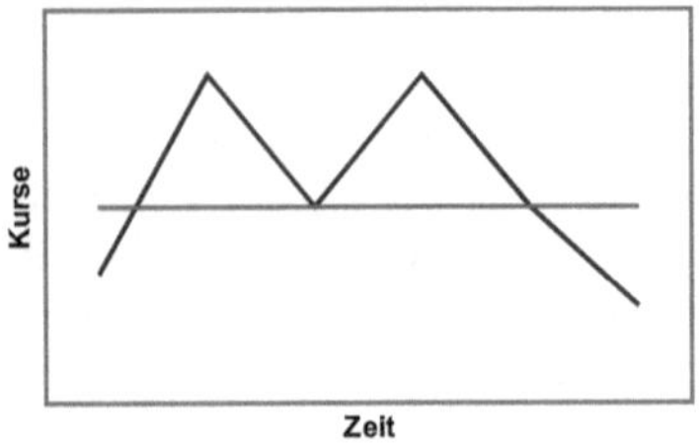

Abbildung 29: Doppelspitze

Dagegen ist ein Doppelboden das Gegenstück zu einer Doppelspitze und stellt eine so genannte untere Umkehrformation dar. Ein Doppelboden liegt vor, wenn zwei unmittelbar aufeinander folgende Tiefpunkte durch eine Unterstützungslinie miteinander verbunden werden können. Dazwischen liegt ein mehr oder weniger gut ausgeprägter Hochpunkt. Im Gegensatz zu einer Doppelspitze deutet ein Doppelboden auf steigende Kurse hin.

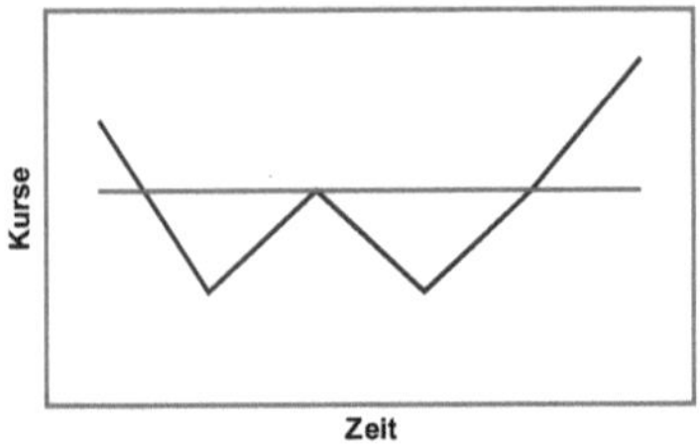

Abbildung 30: Doppelboden

Bei der Wimpelformation werden die Schwankungen auf einem bestimmten Kursniveau immer geringer, sodass am Ende ein Ausbruch nach oben bevorsteht. Wenn man die Unterstützungslinien in dem Chart einzeichnet, stellt man eine Art Dreieck fest.

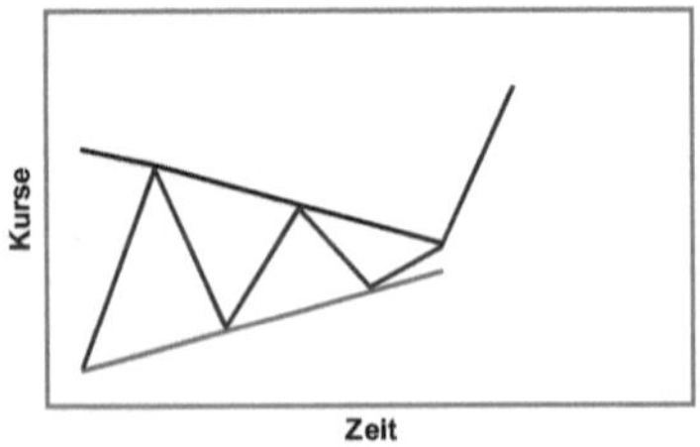

Abbildung 31: Wimpelformation

Im Gegensatz zu einer Wimpel-Formation können Dreiecks- und Rechtecks-Formationen sowohl einen Trend bestätigen als auch eine Trendumkehr anzeigen.

Beispielsweise stellt bei einem Rechteck die untere Begrenzung eine Unterstützungslinie und die obere eine Widerstandslinie dar. Deswegen man kann erst nach einem Ausbruch nach oben oder unten sagen, ob es sich um eine Trendumkehr- oder Trendbestätigungsformation handelt.

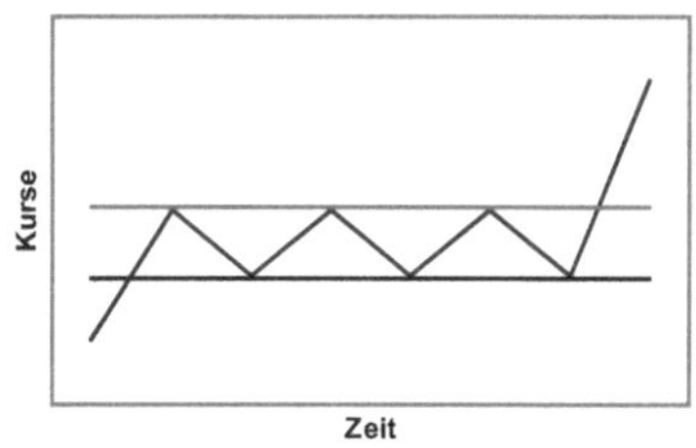

Abbildung 32: Rechteck-Formation

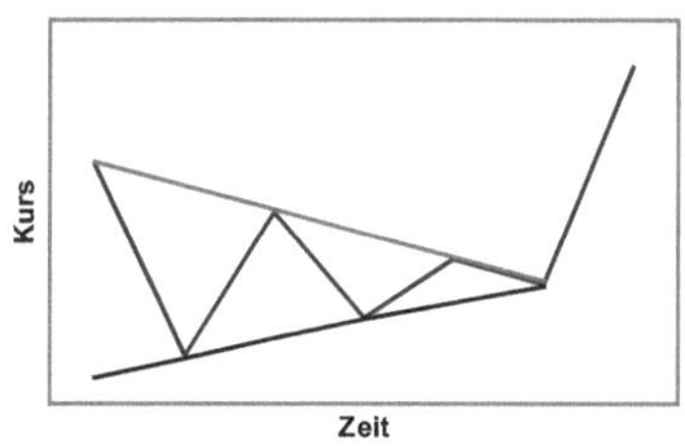

Abbildung 33: Dreieck-Formation

4.1.2. Fundamentale und technische Beurteilung

Wenn der Investor mittels Charttechnik festgestellt hat, dass nun der richtige Zeitpunkt zum Kauf von Aktien ist, beginnt die fundamentale Analyse der Unternehmen.

Das Ziel der fundamentalen Analyse ist es festzustellen, welcher Preis für eine Aktie gerechtfertigt ist. Grundsätzlich gibt es hierzu zwei unterschiedliche Ansätze, nämlich den Ertragswert oder den Substanzwert eines Unternehmens zu bestimmen.

Im Allgemeinen interessiert sich ein Investor, der Aktien von einem Unternehmen kaufen möchte, vor allen für die jetzt erzielten Gewinne bzw. für die in der Zukunft.

Hierüber gibt der Ertragswert eines Unternehmens Auskunft. Der Ertragswert ist definiert als der heutige Wert, d.h. der Barwert, der für die Zukunft erwarteten Auszahlungen bzw. Gewinne abgezinst auf den heutigen Zeitpunkt. Diese Theorie geht davon aus, dass die jetzigen Gewinne mehr wert sind als die zukünftigen Gewinne, weil die jetzigen Gewinne verzinst angelegt werden können. Hierdurch ist es möglich, objektiv die jetzigen Gewinne mit den zukünftigen zu vergleichen. Ferner kann man abschätzen, wie sich das Unternehmen in der Zukunft verhält.

Mit welchem Zinssatz werden nun die Gewinne abgezinst? Hierbei dient die Umlaufrendite festverzinslicher Wertpapiere als Grundkomponente, hinzu kommt allerdings noch eine Risikoprämie. Die Höhe der Risikoprämie hängt von der Branche und vom Unternehmen selbst ab, z.B. betrug der Zinssatz für AOL am 24.01.2000 ca. 10%.

Je nachdem, ob der Analyst mit dieser Methode zu einem höheren oder niedrigeren Ergebnis als der aktuelle Börsenkurs kommt, wird er die Aktie als eher kaufens- oder verkaufenswert beurteilen.

Neben dem Ertragswert gibt es aber auch noch den Substanzwert eines Unternehmens. Dieser wird definiert als Summe aller Vermögensbestandteile des Unternehmens, verringert um die Schulden. Allerdings fließen Substanzgesichtspunkte bei einigen Aktien sehr stark in die Börsenbewertung mit ein. Dies sind z.B. Versicherungen, die über ein großes Beteiligungsdepot verfügen.

Um dem Anleger einen Überblick über den Substanzwert je Aktie zu ermöglichen, wurde der Bilanzkurs je Aktie eingeführt.

$$\text{Bilanzkurs je Aktie} = \frac{\text{Gezeichnetes Kapital} + \text{offene Rücklagen}}{\text{Zahl der Aktien}}$$

(Gleichung: 18)

In diesen Bilanzwert fließen nicht die stillen Reserven ein. Diese ergeben sich aus einer vorsichtigen Bewertung der Aktiva[47] und einer großzügigen Beurteilung bestimmter Passiva[48]. Allerdings ist der Bilanzwert eine wichtige Orientierungshilfe, weil er bei einem gesunden Unternehmen den möglichen Tiefstkurs angibt, d.h. also Aufschlüsse über das Kursrisiko. In Baissezeiten oder bei Akti-

[47] Aktiva sind die Vermögenswerte des Unternehmens.

[48] Passiva sind die ausgewiesenen Werte eines Unternehmens, wie z.B. Eigenkapital und Verbindlichkeiten.

encrashs beobachtet man auch, dass Aktien unterhalb von diesem Wert fallen können. In solchen Fällen muss der Anleger nicht in Panik verfallen, sondern muss nur abwarten, bis sich das Börsenklima erholt, weil dann die Kurse relativ schnell wieder über den Bilanzkurs steigen.

4.1.2.1. Informationsquellen

Die wichtigsten Informationsquellen für einen Investor über ein bestimmtes Unternehmen sind Folgende:

- Geschäftsbericht
- Bilanz
- Gewinn- und Verlustrechnung
- Anhang zum Geschäftsbericht
- und Lagebericht

Der Lagebericht enthält eine Darstellung des Geschäftsverlaufes sowie der finanziellen Lage des Unternehmens. Weiterhin gibt der Lagebericht an, wie das Unternehmen innerhalb der Branche und innerhalb der Volkswirtschaft steht. Allerdings sind dies nur subjektive Aussagen bzw. Einschätzungen der Verwaltung des Unternehmens. Ein anderer wichtiger Punkt innerhalb des Lageberichts sind die Hinweise auf die langfristige Strategie des Unternehmens.

Der Anhang des Geschäftsberichts gibt einen Überblick über die Art, wie die Aktiva und Passiva des Unternehmens bewertet wurden.

4.1.2.1.1. Kennzahlen

In diesem Abschnitt werden die wichtigsten Kennzahlen zur Bewertung eines Unternehmens angegeben. Anhand dieser Kennzahlen ist es möglich die Güte des Unternehmens festzustellen.

4.1.2.1.1.1. Kennzahlen aus der Bilanz

Den Anteil des Eigenkapitals an der Bilanzsumme eines Unternehmens bezeichnet man als Eigenkapitalquote. Dabei setzt sich das Eigenkapital aus dem Grundkapital[49], den offen angesammelten Rücklagen, dem Gewinnvortrag aus dem Vorjahr sowie dem Jahresüberschuss zusammen.

$$\text{Eigenkapitalquote} = \frac{\text{Eigenkapital}}{\text{Bilanzsumme}} \cdot 100 \qquad \text{(Gleichung: 19)}$$

[49] Hiermit ist das gezeichnete Kapital gemeint.

In der Regel streut die Eigenkapitalrendite von Industriezweig zu Industriezweig sowie von Land zu Land relativ stark. In Deutschland liegt die Eigenkapitalquote meistens zwischen 20% und 50%.

Grundsätzlich gilt, dass je höher die Eigenkapitalquote ist, desto geringer ist der Anteil der Schulden. Infolgedessen verschaffen hohe Eigenmittelanteile Krisenfestigkeit und Kreditspielräume bei den Banken, wenn es notwendig ist Kapital aufzunehmen, um neue Unternehmensstrategien umzusetzen.

Eine andere wichtige Kennzahl ist der Deckungsgrad. Er beschreibt, wie das Anlagevermögen, im Wesentlichen Grundstücke, Gebäude, Maschinen, langfristige Forderungen sowie Beteiligungen, finanziert wird. Dabei sollte das Anlagevermögen zum großen Teil durch Eigenkapital und langfristiges Kapital finanziert werden.

$$\text{Anlagendeckung I} = \frac{\text{Eigenkapital}}{\text{Anlagevermögen}} \cdot 100$$

$$\text{Anlagedeckung II} = \frac{\text{Eigenkapital} + \text{langfristiges Fremdkapital}}{\text{Anlagevermögen}} \cdot 100$$

(Gleichung: 20)

Gute Unternehmen haben normalerweise eine Anlagedeckung I von größer 60% und eine Anlagedeckung II von 85%.

Für ein Unternehmen ist es aber auch wichtig, fällige Zahlungen termingerecht zu leisten. So sollte der Anleger das Verhältnis der liquiden Mittel[50] und kurzfristigen Forderungen zu kurzfristigen Verbindlichkeiten beachten. Hierzu wurde die Kennzahl Liquiditätsgrad eingeführt.

$$\text{Liquiditätsgrad} = \frac{\text{Flüssige Mittel} + \text{kurzfristige Fordeungen}}{\text{kurzfristiges Fremdkapital}} \cdot 100$$

(Gleichung: 21)

Allerdings ist die Aussagekraft dieser Kennziffer oft durch zufällige Bewegungen zum Bilanzstichtag eingeschränkt. Gute Unternehmen haben oft Liquiditätsgrade von über 100%.

---

[50] Dies sind der Kassenbestand, Bankguthaben, Wertpapiere im Umlaufvermögen.

4.1.2.1.1.2. Kennzahlen aus der Gewinn- und Verlustrechnung

Aus der Gewinn- und Verlustrechnung erfährt der Investor, aus welchen Quellen die Erträge des Unternehmens stammen und welche Aufwendungen zur Erzielung der Erträge notwendig waren.

Eine wichtige Kenngröße für ein Unternehmen ist der Jahresüberschuss. Hierbei handelt es sich jedoch um eine Restgröße des Gewinnes, welche durch Bewertungsspielräume der Unternehmensverwaltung übrig bleibt.

Ferner gehen in den Jahresüberschuss aperiodische und außerordentliche Einflüsse, wie z.B. Verkäufe von Unternehmensteilen, ein. Deswegen hat in Deutschland die Deutsche Vereinigung für Finanzanalyse und Anlageberatung (DVFA) ein Verfahren entwickelt zur Bestimmung des Jahresüberschusses eines Unternehmens. Hierbei wird der ausgewiesene Jahresüberschuss um die außerordentlichen und periodenfremden Aufwendungen und Erträge bereinigt. Dies wird als DVFA-Ergebnis bezeichnet. Da das DVFA-Ergebnis aus dem Jahresüberschuss berechnet wird, handelt es sich um ein Netto-Ergebnis, d.h. nach Abzug von Ertragssteuern.

Um das DVFA-Ergebnis besser vergleichen zu können, wird es häufig je Aktie angegeben. Hieraus berechnet man auch das Kurs/Gewinn-Verhältnis[51]. Dies Verhältnis wird auch als price-earning-ratio bezeichnet.

$$\frac{\text{Kurs}}{\text{Gewinn}}\text{Verhältnis} = \frac{\text{Aktienkurs}}{\text{DVFA} - \text{Ergbnis je Aktie}} \qquad \text{(Gleichung: 22)}$$

Um beurteilen zu können, ob das Unternehmen im Vergleich zu anderen Unternehmen derselben Branche relativ hoch bewertet wird, nimmt man das durchschnittliche KGV der Branche. Ist das KGV des Unternehmens höher als das durchschnittliche KGV der Branche, dann ist das Unternehmen teuer. Allerdings kommt es häufig vor, dass Marktführer innerhalb einer Branche ein höheres KGV haben.

Die Ausschüttungsquote und Dividendenrendite wurden eingeführt, damit der Investor neben der Ertragskraft auch weiß, welchen Teil von den erzielten Gewinnen er ausgeschüttet bekommt.

Hierbei zeigt die Ausschüttungsquote an, wie dividendenfreudig ein Unternehmen ist.

$$\text{Ausschüttungsquote} = \frac{\text{Dividende}}{\text{DVFA - Ergebnis je Aktie}} \cdot 100 \qquad \text{(Gleichung: 23)}$$

---

[51] Abk. KGV

Je höher die Ausschüttungsquote ist, desto weniger Rücklagen kann das Unternehmen bilden. Außerdem kann eine hohe Ausschüttungsquote auch dazu führen, dass die Investitionskraft des Unternehmens geschwächt wird. Insofern muss ein Investor immer beachten, dass eine hohe Ausschüttungsquote das Unternehmen in seiner Substanz gefährden kann. Überdies führt eine Rücklagenbildung dazu, dass das Eigenkapital vermehrt wird und somit zur Finanzierung des Unternehmenswachstums dienen kann.

Infolgedessen ist eine Ausschüttungsquote von ca. 50% in Ordnung. Außer es handelt sich um ein junges Unternehmen, das noch Rücklagen aufbauen muss. Hier ist es sogar besser, wenn das Unternehmen keine Ausschüttung vornimmt.

Um die Ausschüttungspolitik des Unternehmens beurteilen zu können, muss man sich das Verhältnis von Aktienkapital zu den bisherigen Rücklagen ansehen. Hierbei gilt in der Regel, dass ein Unternehmen, dessen Rücklagen bereits die Höhe des Aktienkapitals erreicht haben, durchaus eine Ausschüttungsquote von größer als 50% durchführen kann, ohne die Finanzierung des Unternehmens zu gefährden. Dagegen sollten Unternehmen, deren Rücklagen um 60% kleiner sind als das Aktienkapital, auf eine Ausschüttung verzichten.

Die Dividendenrendite drückt aus, wie sich die Ausschüttung zum aktuellen Aktienkurs verhält. Meistens erhält der Investor mit der Dividende auch noch eine Steuergutschrift. Deshalb berechnet man die Dividendenrendite mit oder ohne Steuergutschrift.

$$\text{Dividendenrendite} = \frac{\begin{array}{c}\text{Dividende}\\ \text{(mit oder ohne Steuergutschrift)}\end{array}}{\text{Aktienkurs}} \cdot 100 \qquad \text{(Gleichung 24)}$$

Zudem umfasst die Dividendenrendite aber nicht eventuelle Kursverluste bzw. -gewinne. Deshalb eignet sich die Dividendenrendite auch nicht zur Beurteilung des Ertrages der Aktie. Deshalb wurde die Kennziffer Total Return eingeführt.

$$\text{Total Return} = \frac{\text{Dividende} + \text{Kursgewinn}}{\text{Anfangskurs}} \cdot 100 \qquad \text{(Gleichung: 25)}$$

Bei der Beurteilung des Total Returns darf man natürlich nicht steuerliche Aspekte außer Acht lassen. Für Anleger mit einem hohen Steuersatz ist eine Aktie mit hohen Kursgewinnen und niedriger Dividende besser als eine Aktie mit einem gleichen Total Return, aber mit höherer Dividende. Dies gilt allerdings nur in Deutschland, weil hier Kursgewinne steuerfrei sind.

Eine wichtige Relation für jedes ertragsorientierte Unternehmen ist die Gesamtkapitalrendite.

$$\text{Gesamtkapitalrendite} = \frac{\text{Ergenis} + \text{Zinsaufwand}}{\text{Bilanzsumme}} \cdot 100 \qquad \text{(Gleichung: 26)}$$

Diese Kennzahl hat nämlich den Vorteil, dass sie einen Vergleich von Unternehmen unterschiedlicher Wirtschaftszweige erlaubt. Dabei veranschaulicht die Gesamtkapitalrendite des Unternehmens die Ertragskraft des investierten Kapitals während der Abschlussperiode.

Bei ertragsstarken Unternehmen ist die Gesamtkapitalrendite größer als die Kapitalmarktzinsen. Dagegen ist es ein sehr schlechtes Zeichen, wenn die Gesamtkapitalrendite unterhalb des Kapitalmarktzinses liegt.

Nach der Definition der Gesamtkapitalrendite nach Gleichung 26 sind in der Gesamtkapitalrendite auch die kurzfristigen Fremdmittel enthalten, d.h. die Bezugsgröße entspricht damit allen Passiva.

Die Eigenkapitalrendite ergibt sich in dem man das Ergebnis, meist nach Steuern, auf die Eigenmittel bezieht. Dabei ist mit Eigenmitteln das gezeichnete Kapital und die offenen Rücklagen gemeint. Falls während der Abschlussperiode eine Kapitalerhöhung stattgefunden hat, sollte für die Eigenmittel ein Mittelwert gebildet werden.

$$Eigenkapitalrendite = \frac{Ergebnis}{Eigenkapital} \cdot 100 \qquad \text{(Gleichung: 27)}$$

Aus Gleichung 27 erkennt man, dass eine überdurchschnittliche Eigenkapitalrendite im Branchenvergleich nicht selten aus einer unterdurchschnittlichen Eigenkapitalausstattung resultiert. In solchen Fällen ist die hohe Rentabilität des Eigenkapitals weniger ein Erfolgsbeweis, sondern eher ein Zeichen für eine risikobehaftete Fremdfinanzierung.

Aus diesem Grund sollte die Eigenkapitalrendite immer im Zusammenhang mit der Eigenkapitalquote[52] gesehen werden. Dabei zeigt eine hohe Eigenkapitalrendite bei guter Eigenkapitalquote, dass eine gute Verzinsung des Eigenkapitals nicht erkauft wurde durch einen hohen Anteil an Fremdmitteln. Zudem ist ein solches Unternehmen wegen der geringen Verschuldung auch nicht so krisenanfällig.

Im Gegensatz zur Eigenkapitalrendite ist die Umsatzrendite von individuellen Besonderheiten der Bilanzstruktur, wie z.B. hoher oder niedriger Fremdmittelanteil, weitgehend unabhängig. Aber sie differiert anders als die Gesamtkapitalrendite von Branche zu Branche relativ stark.

---

[52] siehe Gleichung 19

Die Umsatzrendite gibt grob gesagt an, wie viel Euro vom Umsatz Gewinn sind. Beispielsweise bedeutet eine Umsatzrendite von 2,5%, dass von jedem umgesetzten Euro 2,5 Cent als Gewinn im Unternehmen verbleiben.

$$\text{Umsatzrendite} = \frac{\text{Ergebnis}}{\text{Umsatzerlöse}} \cdot 100 \qquad \text{(Gleichung: 28)}$$

Allerdings kann man mit der Umsatzrendite schnell herausfinden, wie das Unternehmen in den Branche vertreten bzw. positioniert ist. Beträgt z.B. die durchschnittliche Umsatzrendite innerhalb einer Branche 3%, und das Unternehmen hat eine Umsatzrendite von 3,5%, bedeutet dies, dass das Unternehmen entweder höhere Preise durchsetzen kann als die Konkurrenz oder es hat bessere Produkte als die Konkurrenz oder es produziert zu niedrigeren Kosten. Insofern ist es immer positiv zu sehen, wenn die Umsatzrendite über den Branchendurchschnitt liegt. Umgekehrt ist es negativ zu sehen, wenn die Umsatzrendite geringer ist als der Branchendurchschnitt. Dies signalisiert meistens, dass das Unternehmen Probleme hat.

Zunehmend an Bedeutung gewinnt der Cashflow. Hierbei umfasst der Cashflow im Wesentlichen den Jahresüberschuss, die Abschreibungen und die Erhöhung der langfristigen Rückstellungen. Dabei gibt der Cashflow an, welcher Liquiditätsüberschuss nach Steuern aus der laufenden Geschäftstätigkeit entstanden ist. Man kann sogar sagen, dass der Cashflow die Fähigkeit des Unternehmens widerspiegelt, seine Aktionäre zu bedienen, Zukunftsvorsorge[53] zu treffen und Investitionen aus eigener Kraft zu finanzieren.

Mit Hilfe des Cashflows ist es möglich Fehlinterpretationen der Ertragsentwicklung zu verhindern. Denn wenn sich der Cashflow und der Gewinn gegenläufig entwickeln, ist dies meist ein Zeichen dafür, dass das Unternehmen größere Investitionen mit entsprechenden großen Abschreibungsbedarf getätigt hat. Dies wird meistens positiv gesehen, wenn durch die Investition die Ertragskraft des Unternehmens gesteigert wird. Umgekehrt deutet eine Zunahme des DVFA-Gewinnes bei sinkendem Cashflow auf einen Rückgang der Investitionen hin. Sollte diese Erscheinung nicht vorübergehend sein, so ist dies sehr negativ zu sehen, weil die optisch positive Gewinnentwicklung auf Kosten der Unternehmenszukunft geht.

Um Aktien innerhalb einer Branche besser vergleichen zu können, wurde analog zum Kurs- Gewinn-Verhältnis das Cashflow-Verhältnis eingeführt.

$$\text{Kurs / Cash flow - Verhältnis} = \frac{\text{Aktienkurs}}{\text{Cashflow je Aktie}} \qquad \text{(Gleichung: 29)}$$

---

[53] d.h. Rücklagen zu bilden

Das Kurs/Cashflow-Verhältnis und das KGV dienen zur Bewertung von Aktien. Hat z.B. eine Aktie innerhalb einer Branche das durchschnittliche KGV, aber ein niedrigeres Kurs/Cashflow-Verhältnis als der Branchendurchschnitt, so gilt die Aktie noch als kaufenswert.

Aus dem Cashflow kann man auch andere Kennziffern ableiten. Eine der wichtigsten abgeleiteten Kennziffern ist der dynamische Verschuldungsgrad. Er ist das Saldo aus den Gesamtverbindlichkeiten[54] und dem monetären Umlaufvermögen[55] des Unternehmens.

$$\text{Dynamischer Verschuldungsgrad} = \frac{\text{Effektivverschuldung}}{\text{Cash - flow}} \qquad \text{(Gleichung: 30)}$$

Bei sehr guten Unternehmen ist die Effektivverschuldung sogar negativ. Umgekehrt ist bei ertragsschwachen Unternehmen die Effektivverschuldung positiv und sehr hoch.

Der dynamische Verschuldungsgrad gibt an, wie viele Jahre es hypothetisch dauern würde, um die Effektivverschuldung des Unternehmens abzubauen. Gute Unternehmen haben hier eine kleine Zahl stehen.

4.1.2.1.1.3. Besonderheiten von Banken und Versicherungen

Für die Jahresabschlüsse von Banken und Versicherungen gelten andere Vorschriften als bei Unternehmen der Industrie. Da bei Banken traditionell das Leihen und das Verleihen von Geld einen hohen Stellenwert hat, drückt sich das in der Bilanz aus. Denn die erheblichen Kundeneinlagen werden als Fremdkapital angesehen. Deswegen haben Banken vom Grundsatz her einen sehr hohen Verschuldungsgrad und eine entsprechend niedrigere Eigenkapitalquote. Allerdings verlangt der Gesetzgeber eine Mindesteigenkapitalquote von 8%.

Ein weiteres Problem bei der Beurteilung von Banken ist die Abschreibung auf Forderungen. Es gilt dabei, wenn es sich um außerordentliche Abschreibungen handelt, dürfen sie das Ergebnis nicht belasten. Andererseits, falls sie Reserven enthalten, müssen sie zum Teil dem Ergebnis zugerechnet werden. Das Problem besteht darin, dass die Angaben zu den Abschreibungen auf Forderungen nicht in den Geschäftsbericht enthalten sind, sondern von den Unternehmen selbst bekannt gegeben werden.

Zudem ist aus der Gewinn- und Verlustrechnung nur das Teilbetriebsergebnis zu ermitteln, d.h. hierbei handelt es sich um das Betriebsergebnis ohne den Eigenhandel der Bank. Dies Ergebnis wird als aussagekräftiger angesehen, weil der

[54] Hierzu zählen auch die Pensionsrückstellungen.

[55] Hiermit sind die flüssigen Mittel und die kurzfristigen Forderungen gemeint.

Eigenhandel stark von der Börsensituation abhängt ist und deshalb sehr starken Schwankungen unterliegt.

Aus Abbildung 34 kann man ersehen, wie Teilergebnis und das Betriebsergebnis berechnet werden.

Im Gegensatz zum DVFA-Ergebnis, z.B. von Industrieunternehmen, handelt es sich beim Teilbetriebs- sowie beim Betriebsergebnis von Banken um eine Bruttogröße vor Steuern.

Um einen Vergleich zwischen den Banken zu ermöglichen, wurde das Verhältnis des Kurses der Bankaktie zum Teilbetriebsergebnis eingeführt.

$$\frac{\text{Kurs}}{\text{Teilbetriebsergebnis}}\text{ - Verhältnis vor Steuern} = \frac{\text{Aktienkurs}}{\text{Teilbetriebsergebnis}}$$

(Gleichung: 31)

Bei der Beurteilung der Banken werden dieselben Regeln angewendet wie beim Kurs/Gewinn-Verhältnis[56].

Zinsüberschuss

(Zinserträge minus Zinsaufwendungen)

+ Provisionsüberschuss

(z.B. aus Wertpapierkäufen bzw. -verkäufen von Kunden)

- Verwaltungsaufwand

(Sach- plus Personalaufwand)

- Abschreibungen auf das Anlagevermögen

Teilbetriebsergebnis

+ Eigenhandel

Betriebsergebnis

Abbildung 34: Ermittlung des Teilbetriebsergebnisses und des Betriebsergebnisses von Banken

Eine Bewertung von Unternehmen der Versicherungsbranche ist noch schwieriger, weil man hier eigentlich nur die Bonität und die Rentabilität des Versicherungsgeschäfts beurteilen kann. Dazu wurde bei Kompositversicherungen die

---

[56] siehe Gleichung 22

Nettoschadensquote[57] eingeführt. Sie beschreibt das Verhältnis für die Aufwendungen für Versicherungsfälle zu den Prämien abzüglich der Abgaben an die Rückversicherer. Ein gutes Versicherungsunternehmen hat eine positive Nettoschadensquote.

Analog lassen sich für alle Gruppen von Versicherern Betriebskosten ermitteln. Allerdings gibt es keine aussagefähige Kennziffer für die Gesamtrentabilität einer Versicherungsgesellschaft.

Grundsätzlich gilt, dass der geschäftliche Erfolg vom Kostenmanagement und von der Kapitalanlagepolitik anhängt.

Bei Lebensversicherungen gilt sogar, dass der Gesamtüberschuss fast ganz den Versicherten und nur zu einem kleinen Teil den Aktionären zusteht.

4.1.2.1.2. Unternehmensstrategie

In der Regel gibt es an der Börse für Gewesenes wenig, vielmehr zählt die Zukunft bzw. die Unternehmensstrategie. Deshalb muss der Investor nicht nur die Zahlen des Unternehmens analysieren, sondern auch dessen Unternehmensstrategie erkennen und abschätzen. Hierbei ist es besonders wichtig abzuschätzen, ob durch die langfristige Unternehmensstrategie zukünftig Gewinne erzielt werden oder nicht.

Aus diesem Grund sieht die Börse hohe Aufwendungen für Forschung und Entwicklung meistens positiv, weil sie die Marktstellung des Unternehmens verbessern, obwohl sie kurzfristig das Ergebnis belasten.

Außerdem zeigen Investitionspläne des Unternehmens, in welche Sektoren und Regionen bevorzugt investiert wird. Zudem kann man aus diesen Plänen entnehmen, ob das Unternehmen in andere Bereiche diversifiziert. Hierbei besteht allerdings auch die Gefahr, dass solche Diversifizierungsbemühungen fehlschlagen, weil das Unternehmen in bis dahin unbekannten Geschäftsfeldern operiert oder weil das Unternehmen die Konkurrenzsituation falsch in dem neuen Geschäftsfeld eingeschätzt hat.

Um die Unternehmensstrategie beurteilen zu können reicht es nicht aus nur den Geschäftsbericht zu lesen, vielmehr sollten Anleger auch auf Informationen der Wirtschaftspresse zurückgreifen.

4.1.2.1.3. Eigenkapitalmanagement

Unter Eigenkapitalmanagement versteht man u.a. Aktienrückkaufprogramme. Solche Programme führen meistens zur Kurssteigerung bei den Aktien, weil auf-

[57] Kann bei allen Versicherungszweigen mit Ausnahme der Kranken- und Lebensversicherung angewendet werden.

grund der zusätzlichen Nachfrage mit einer Verknappung des Angebots der Aktien zu rechnen ist. Man kann sogar sagen, dass die Zahlung des Kaufpreises an die Aktionäre einer Gewinnausschüttung nahe kommt, wobei der Aktionär selbst die Wahl hat zwischen der Mitnahme des Gewinnes oder der Wertsteigerung der Aktie. Zudem kann ein Aktienrückkaufprogramm auch Signale für die zukünftige Entwicklung des Unternehmens geben, da es hilft, überschüssige und wenig rentierliche Liquidität abzubauen.

Von Bedeutung für die Kursentwicklung einer Aktie sind auch Aktienoptionspläne für Mitarbeiterbeteiligungsprogramme. Je nach Größe der Pläne wird dies von der Börse negativ oder positiv gesehen. So z.B. hat die Börse nach Bekanntgabe eines Aktienoptionsplanes der SAP AG wegen dessen Größe sehr negativ reagiert, d.h. der Aktienkurs verlor innerhalb weniger Wochen über 20%.

Auch eine Bedeutung für die Aktienkursentwicklung hat die Höhe des Aktienkurses. Denn man beobachtet häufig, dass eine optisch teuere Aktie eine schlechtere Kursentwicklung hat als eine optisch niedrigere Aktie. Deshalb ist in letzter Zeit der Aktiensplit in Mode gekommen. Hierbei werden neue Aktien in einem bestimmten Verhältnis ausgegeben, um dieses Verhältnis sinkt dann der Aktienkurs.

4.1.2.2. Technische Einzelanalyse

Man beobachtet häufig, dass die Kursentwicklung einer Aktie oft erheblich von der Performanz des Gesamtmarktes abweicht. Die Performanz des Gesamtmarktes wird mit Hilfe von Indizes ermittelt.

Deshalb muss der Anleger für die Aktie den Kursverlauf mit Hilfe von gleitenden Durchschnitts-, Widerstands- und Unterstützungslinien, aber auch verschiedenen Chartformationen analysieren.

Anschließend führt der Anleger mit dem Beta-Faktor eine marktorientierte technische Analyse durch. Dabei gibt der Beta-Faktor Auskunft über die Rendite einer Aktie im Vergleich zur Rendite des Gesamtmarktes.

Hierbei bedeutet ein Beta-Faktor von 1, dass sich die Aktie bisher genau mit der Performanz des Gesamtmarktes entwickelt hat. Dagegen bedeutet ein Beta-Faktor größer als 1, dass die Aktie stärker als der Gesamtmarkt reagiert und ein Beta-Faktor kleiner als 1, dass die Aktie schwächer als der Gesamtmarkt reagiert.

Beispiel 11: Bedeutung des Beta-Faktors

Fall	Ereignis
Der Beta-Faktor ist 1,2, und der Gesamtmarkt macht einem Kursanstieg von 20%.	Dies bedeutet, dass die Aktie um 24% ansteigt.
Der Beta-Faktor ist 1,2, und der Gesamtmarkt macht einem Kursverlust von 20%.	Dies bedeutet, dass die Aktie um 24% an Wert verliert.

4.1.2.3. Zusammenspiel von charttechnischen und fundamentaler Analyse

Die Möglichkeiten der charttechnischen Analyse sollten nicht unterschätzt, aber auch nicht überbewertet werden. Die charttechnische Analyse liefert gute Dienste, wenn es darum geht, den optimalen Zeitpunkt für den Kauf bzw. Verkauf von Aktien zu ermitteln. Und das ist immerhin ein schwieriger Teil jeder Anlageentscheidung. Das Problem bei dieser Analyse ist, dass die Chartformationen meist keine eindeutige Interpretation ermöglichen. Deshalb setzt diese Analyse Erfahrung, Kombinationsgabe und Kenntnis ergänzender oder alternativer Methoden voraus.

Falls der Anleger mit Hilfe der Chartanalyse festgestellt hat, dass der richtige Zeitpunkt gekommen ist, um Aktien zu kaufen, erfolgt die fundamentale und technische Analyse einzelner Aktien. Durch diese Analyse ist es nämlich möglich die eigneten Aktien herauszufinden.

Wenn der Anleger nun die geeignete Aktie bzw. den geeigneten Index herausgefunden hat, muss er im nächsten Schritt den dazugehörigen Optionsschein auswählen. Dabei muss er zunächst entscheiden, ob er einen Put- bzw. Call-Optionsschein erwerben möchte, d.h. er muss seine zukünftige Markterwartung festlegen.

Daraufhin muss der Anleger aus der Vielzahl der angebotenen Optionsscheine zu der betreffenden Aktie bzw. zu dem Index den richtigen Optionsschein auswählen. Hierzu verwendet er die in Abschnitt 3 beschriebenen Kennzahlen.

5. Motive der Marktteilnehmer

5.1. Welche Motive gibt es für den Einsatz von

5.2. Optionsscheinen?

Für den Einsatz von Optionen gibt es im Normalfall zwei Motive:

- Spekulation
- Absicherung gegen rückläufige Aktienkurse[58]

5.2.1. Spekulation

Erwartet der Investor beispielsweise steigende Kurse einer bestimmten Aktie, so kann er direkt die Aktie oder einen Call-Optionsschein auf die Aktie erwerben. Entscheidet sich der Investor für den Call-Optionsschein, so kann er deutlich höhere Gewinne als mit der Aktie erzielen, aber gleichzeitig muss er dafür ein höheres Risiko bis zum Totalverlust des eingesetzten Kapitals in Kauf nehmen. Dabei treten Verluste vor allem dann auf, wenn der Zeitraum, in dem die Kurse des Basiswertes deutlich steigen sollten, falsch eingeschätzt wird oder der Basiswert unerwartet stark fällt. Zudem kann es aber auch sein, dass der Investor einen ungeeigneten Optionsschein ausgewählt hat, z.B. einen Optionsschein, der weit aus dem Geld ist und nur über eine kurze Laufzeit verfügt. In einem solchen Fall kann der Optionsschein an Wert verlieren, obwohl gegen Ende der Laufzeit die Kurse des Basiswertes ansteigen.

Deswegen muss der Investor sehr genau darauf achten, den Zeitraum für die zu erwartende Entwicklung des zugrunde liegenden Basiswertes des Optionsscheines richtig einzuschätzen. Denn nur dann kann er den richtigen Optionsschein auswählen. Dies gilt vor allem hinsichtlich des Basispreises und der Laufzeit des Optionsscheines.

Erwartet der Investor dagegen fallende Kurse, so hat er im Gegensatz zur Erwartung steigender Kurse eigentlich nur die Wahl für den Kauf eines Put-Optionsscheines. Auch hier muss der Investor den Zeitraum, in dem die Kurse fallen sollen, richtig einschätzen und den geeigneten Optionsschein aussuchen. Allerdings hat der Investor auch einen großen Spielraum in puncto der Faktoren wie Basispreis, Laufzeit, Hebel und Delta.

---

[58] Dies wird auch als Hedging bezeichnet.

5.2.2. Absicherung gegen rückläufige Aktienkurse (Hedging)

Zudem ist es auch möglich, sein Aktiendepot durch Kauf von Put-Optionsscheinen gegen rückläufige Kurse[59] abzusichern. Hierbei kann man, je nachdem welches Niveau der Investor bei einem Einzelwert absichern möchte, Optionsscheine mit verschiedenen Basispreisen wählen. Allerdings muss der Investor auch berücksichtigen, dass je höher der Basispreis der Put-Optionsscheine ist, desto höher natürlich auch die Optionsprämie ist. Zudem muss der Investor auch beachten, dass je länger der Zeitraum für die Absicherung ist, umso höher ist der Optionspreis für den Put-Optionsschein. Denn der Optionspreis eines Put-Optionsscheines besteht aus zwei Komponenten, nämlich dem inneren Wert und dem Zeitwert.

Besonders große Depots, mit entsprechender Risikostreuung, können am besten abgesichert werden durch den Kauf von Put-Optionen auf einem Index, in dem die meisten Aktien des Portefeuilles vertreten sind. In solchen Fällen lohnt es sich oft nicht, Put-Positionen auf einzelne Aktien zu erwerben, weil dies zu aufwendig und zu teuer ist.

Allerdings sollte der Investor bedenken, wenn er sein Aktiendepot absichern möchte, dass nach Götte [Lit. 14] sich eine Absicherung des Depots für einen langfristigen Investor nicht lohnt. Dabei kam er zu dem Schluss, dass für Investoren mit einem Anlagehorizont von mehr als 5 Jahren eine Absicherung des Depots nicht notwendig ist. In diesem Fall wäre eine Absicherung nur dann vorzunehmen, wenn der Investor beabsichtigt, zu einem bestimmten Zeitpunkt Geld aus seinem Depot zu entnehmen.

5.3. Motive der Marktteilnehmer

Zudem haben Käufer von Call-Optionsscheinen und Käufer von Put-Optionsscheinen sowie deren Verkäufer unterschiedliche Erwartungen hinsichtlich der Preisentwicklung des Basiswertes.

Dabei hat der Käufer eines Call-Optionsscheines die Erwartung, dass während der Laufzeit des Optionsscheines die Kurse des Basiswertes steigen. Falls dieses eintritt, steigt in der Regel der Wert des Call-Optionsscheines. Dies bedeutet natürlich, dass der Kurs des Call-Optionsscheines überproportional zur Kursveränderung des Basiswertes gewinnt.

---

[59] siehe auch Kapitel 5.3.

Beispiel 12: Entwicklung eines Call-Optionsscheines.

Für dieses Beispiel nehmen wir an, dass der Basiswert eine Aktie ist und aktuell 100 Euro kostet. Zudem kostet ein Call-Optionsschein mit dem Bezugsverhältnis 1 : 1 und einem Basiswert von 100 Euro 10 Euro.

Fall	Ergebnis
Aktie steigt.	Steigt nun die Aktie auf 120 Euro, so kostet der Optionsschein 20 Euro, d.h. das Doppelte. Wird nun das Optionsrecht ausgeübt, so erhält der Käufer des Call-Optionsscheines eine Aktie zum Preis von 100 Euro. Dies bedeutet, er macht einen Gewinn von 10 Euro pro Aktie, wenn man von dem Wert der Aktie die Kosten für den Optionsschein abrechnet.
Aktie fällt.	Fällt die Aktie auf 90 Euro, so würde der Käufer des Call-Optionsscheines einen Verlust realisieren. Dieser beträgt 100 Euro (Einstiegskurs der Aktie) – 90 Euro (aktueller Stand der Aktie) + 10 Euro (Optionsprämie) = 20 Euro. Hieraus erkennt man, dass der Käufer einen geringeren Verlust realisieren würde, wenn der Optionsschein wertlos verfällt, nämlich 10 Euro statt 20 Euro. In einem solchen Fall ist der Call-Optionsschein wertlos, da sein Basiswert 100 Euro höher liegt als der momentane Aktienkurs.

Dagegen hofft der Verkäufer eines Call-Optionsscheines, dass während der Laufzeit des Optionsscheines der Preis des Basiswertes fällt. Tritt diese Situation ein, wird der Verkäufer im Idealfall einen Gewinn realisieren, nämlich den Optionspreis.

Beispiel 13: Entwicklung eines Call-Optionsscheines aus Sicht des Verkäufers

Für dieses Beispiel nehmen wir an, dass der Basiswert eine Aktie ist und aktuell 100 Euro kostet. Zudem kostet ein Call-Optionsschein mit dem Bezugsverhältnis 1 : 1 und einem Basiswert von 100 Euro 10 Euro.

Fall	Ergebnis
Aktie steigt.	Steigt nun die Aktie auf 120 Euro, so kostet der Optionsschein 20 Euro, d.h. das Doppelte. Wird nun das Optionsrecht ausgeübt, so erhält der Käufer des Call-Optionsscheines eine Aktie zum Preis von 100 Euro. Diese muss der Verkäufer des Optionsscheines allerdings zu 120 Euro kaufen. Dies bedeutet, er macht einem Verlust von 20 Euro pro Aktie. Zieht man den Optionspreis von 10 Euro ab, so bleibt immer noch ein Verlust von 10 Euro. Hieraus erkennt man, dass der Verkäufer eines Call-Optionsscheines einen Verlust ab einem Aktienkurs von 110 Euro einfährt.
Aktie fällt.	Fällt die Aktie nun auf 90 EURO, würde der Verkäufer dem Käufer die Aktie für den Preis von 100 EURO liefern, falls der Inhaber des Call-Optionsscheines das Optionsrecht ausübt. Dies wäre jedoch für den Käufer äußerst ungünstig und sinnlos, deshalb würde der Schein wertlos verfallen. Deckt sich der Verkäufer des Optionsscheines im Markt für 90 EURO ein, realisiert er bei der Lieferung einen Gewinn von 10 EURO. Addiert man noch die bereits vom Käufer des Scheines gezahlte Optionsprämie von 10 EURO dazu, kommt am Ende ein Gewinn von 20 EURO für den Verkäufer zustande. Lässt der Käufer den Optionsschein wertlos verfallen, realisiert der Verkäufer einen Gewinn von 10 EURO.

Ein Käufer eines Put-Optionsscheines hat die Erwartung, dass die Kurse des Basiswertes vom Optionsschein sinken.

Tritt dieses ein, gewinnt das Optionsrecht in der Regel an Wert. Hierbei hofft der Käufer eines Put-Optionsscheines, dass sich diese Wertsteigerung in einem höheren Preis seines Optionsscheines niederschlägt. Falls der Käufer beschließt das Optionsrecht auszuüben, muss der Inhaber des Put-Optionsscheines dem Verkäufer den Basiswert zu einem im Voraus festgelegten Basiswert liefern.

Beispiel 14: Entwicklung eines Put-Optionsscheines.

Für dieses Beispiel nehmen wir an, dass der Basiswert eine Aktie ist und aktuell 100 Euro kostet. Zudem kostet ein Put-Optionsschein mit dem Bezugsverhältnis 1 : 1 und einem Basiswert von 100 Euro 10 Euro.

Fall	Ergebnis
Aktie steigt.	Steigt die Aktie auf 120 Euro, so würde der Käufer des Put-Optionsscheines einen Verlust realisieren. Dieser beträgt 100 Euro (Einstiegskurs der Aktie) – 120 Euro (aktueller Stand der Aktie) – 10 Euro (Optionsprämie) = 30 Euro. Hieraus erkennt man, dass der Käufer einen geringeren Verlust realisieren würde, wenn der Optionsschein wertlos verfällt, nämlich 10 Euro statt 30 Euro. In einem solchen Fall ist der Put-Optionsschein wertlos, da sein Basiswert 100 Euro deutlich niedriger liegt als der momentane Aktienkurs.
Aktie fällt.	Fällt nun die Aktie auf 80 Euro, so kostet der Optionsschein 20 Euro, d.h. das Doppelte. Wird nun das Optionsrecht ausgeübt, so kann der Käufer des Put-Optionsscheines eine Aktie zum Preis von 100 Euro verkaufen, die er zuvor zu einem Kurs von 80 Euro gekauft hat. Dies bedeutet, er macht einem Gewinn von 10 Euro pro Aktie, wenn man von dem Verkaufserlös der Aktie die Kosten für den Optionsschein abrechnet.

Der Verkäufer eines Put-Optionsscheines erwartet natürlich steigende Preise des Basiswertes. Tritt dies Marktereignis ein, so kann der Verkäufer bei Ausübung des Optionsrechts seitens des Käufers den Basiswert ggf. zu einem Preis kaufen, der deutlich unter dem aktuellen Marktpreis liegt. In einem solchen Fall würde für den Verkäufer ein Gewinn entstehen. Im Allgemeinen wird das Optionsrecht nicht ausgeübt, da dies für den Put-Optionsscheininhaber in einer ungünstigen Marktsituation sinnlos wäre. Auch wenn der Käufer des Put-Optionsscheines den Schein wertlos verfallen lassen würde, realisiert der Verkäufer trotzdem einen Gewinn und zwar durch die bereits zuvor erhaltene Optionsprämie.

Als Käufer eines Optionsscheines, gleich ob es sich dabei um einen Call-Optionsschein oder Put-Optionsschein handelt, sind normalerweise die Anleger weniger daran interessiert, ihr Optionsrecht auszuüben. Sondern vielmehr kommt es ihnen darauf an, den Optionsschein noch während seiner Laufzeit zu einem höheren Preis wieder zu verkaufen und dadurch einen Gewinn zu erzielen.

5.4. Absicherung von Aktienrückgängen

Besonders in unsicheren Börsenzeiten oder bei einer längeren Korrektur innerhalb eines mittel- bzw. langfristigen Aufwärtstrends ist eine Absicherung von Aktienbeständen sinnvoll.

Bevor man ein Aktiendepot absichern kann, muss man sich zunächst fragen, zu welchem Prozentsatz das Aktiendepot abgesichert werden soll. Um hier eine Entscheidung treffen zu können, muss der Investor sich über sein eigenes Risikoprofil im Klaren sein. Falls der Investor eher risikoscheu ist, so möchte er nach Möglichkeit den Aktienbestand komplett, d.h. zu 100% absichern. Dies ist nicht nur extrem teuer, weil sehr viele Put-Positionen gekauft werden müssen, sondern wirkt sich auch stark auf die Performance des Depots aus. Falls der Investor dennoch diese Möglichkeit in Betracht zieht, muss er bedenken, dass das Depot nicht mehr an steigenden Aktienkursen partizipieren kann, da sich die Wertveränderungen des Portfolios und der Put-Positionen genau kompensieren. Aus Renditegründen ist eine Absicherung des Aktienbestandes von 30 bis 40 Prozent zu empfehlen.

Nach Götte [Lit. 14] ist eine Absicherung nur für Anleger mit einem Zeithorizont von weniger als 5 Jahren sinnvoll. Dies begründete er damit, dass jede von ihm untersuchte Aktienstrategie über einem Zeithorizont von größer als 5 Jahren immer im Plus lag, d.h. der Investor hat bei Zeitintervallen von kleiner als 5 Jahren eine hohe Verlustwahrscheinlichkeit. Vielmehr kam er zu dem Schluss, dass die große Gefahr für Kursverluste bzw. negative Performanz von einem Aktiendepot das Fehlen bzw. die nicht konsequente Umsetzung einer Aktienstrategie ist.

Deshalb ist eine Absicherung eines Aktiendepots auch nur sinnvoll, wenn der Anleger einen kurzen Anlagehorizont hat. Sonst stehen Kosten und Nutzen in keinem Verhältnis zueinander, sondern nur die Performance des Depots leidet unter der Absicherung. Dies zeigt auch Abbildung 35.

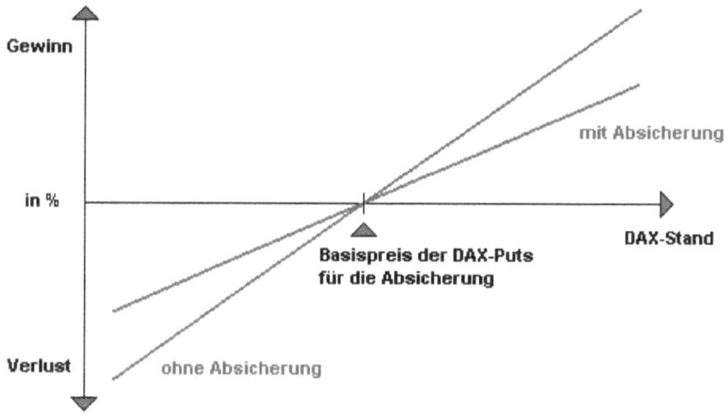

Abbildung 35: Performancevergleich eines Aktiendepots mit und ohne Absicherung

5.4.1. Dynamisches Hedging

Als Erstes sollte der Investor sich darüber Gedanken machen, welcher Index am besten das abzusichernde Depot widerspiegelt. Anschießend sollte der Investor darüber nachdenken, auf welchem Index-Niveau er das Aktiendepot absichern möchte.

Im Anschluss daran muss der Investor einen bestimmten Basispreis für die Put-Optionsscheine bzw. Optionen auf einen Index festlegen. Ferner muss der Investor eine Entscheidung hinsichtlich deren Laufzeit treffen. Zudem muss der Investor einen solchen Put-Optionsschein bzw. eine solche Option auswählen, der bzw. die die Kursentwicklung des Indexes weitestgehend nachvollzieht. Deswegen macht es wenig Sinn, Put-Optionsscheine mit sehr kurzer Laufzeit in Betracht zu ziehen, wie z.B. ein oder zwei Monate.

Am besten geeignet zur Absicherung eines Depots sind vor allem Optionsscheine bzw. Optionen mit mindestens dreimonatiger Restlaufzeit, die bereits im Geld sind.

Bei der Wahl des richtigen Put-Optionsscheines ist natürlich besonders wichtig der Deltafaktor, weil dieser Faktor angibt, in welchem Umfang der Put-Optionsschein an den Kursschwankungen des Basiswertes partizipiert, also hier dem Index. In der Regel gilt, je weiter sich ein Optionsschein ins Geld bewegt, desto größer ist sein Delta. Bei Puts ist weiterhin zu beachten, dass das Delta negativ ist. Deshalb haben Put-Optionsscheine die sehr tief im Geld liegen ein Delta von etwa -1. Solche Optionsscheine reagieren fast genauso wie die Kurse des Basiswertes, d.h. dass die Kursbewegung des Optionsscheines ist in etwa gleich der Kursbewegung des Basiswertes.

Ein entscheidender Faktor für die Preisbildung der Optionsscheine ist die implizierte Volatilität, d.h. also die vom Markt erwartete Kursschwankungsbreite des Basiswertes. Des Weiteren gilt, ist die Volatilität hoch, sind Optionsscheine teurer als bei niedrigerer Volatilität. Dies bedeutet, dass bei großen Kursschwankungen für die gleiche Anzahl von Put-Optionsscheinen, die für Absicherung eines Aktiendepots eingesetzt werden, der Investor mehr bezahlen muss. Falls hingegen der Investor den gleichen Betrag, wie bei entsprechend niedrigerer Volatilität des Basiswertes für den Kauf von Put-Optionsscheinen investieren möchte, läuft er Gefahr, dass sein Depot unter Umständen nicht in den beabsichtigten Umfang abgesichert ist.

Zum Abschluss muss der Investor noch ermitteln, wieviel Put-Optionsscheine er benötigt, um sein Depot abzusichern. Dazu verwendet man folgende Formel:

$$\text{Anzahl der Put-Optionen} = -1 \cdot \frac{\dfrac{\text{abzusichernder Gesamtbetrag}}{\text{Basispreis}}}{\text{Delta}} \cdot \text{Bezugsverhältnis}$$

(Gleichung: 32)

Beispiel 15: Ermittlung der Anzahl der Put-Optionsscheine zur Absicherung eines Depots

Der abzusichernde Betrag des Aktiendepots ist 100.000 Euro. Der Basispreis des Indexes liegt bei 5.000 Punkten. Das Delta des Put-Optionsscheines liegt bei –0,5. Zudem beträgt das Bezugsverhältnis 100 : 1, d.h. 100 Optionsscheine benötigt man zum Bezug des Indexes.

$$\text{Anzahl der Puts} = -1 \frac{\dfrac{100.000\ \text{Euro}}{5000}}{-0,5} \cdot 100 = -1 \cdot (-40) \cdot 100 = 4000$$

Zur Absicherung des Depot muss der Investor 4000 Put-Optionsscheine erwerben.

Das dynamische Hedge zielt darauf ab, eine optimale Absicherung des Depots kontinuierlich zu jedem Zeitpunkt während der Laufzeit des Hedges zu gewährleisten.

Überdies muss die Anzahl der Put-Optionsscheine jeweils einer Änderung des Deltas vom Optionsschein angepasst werden. Deswegen wird eine delta-neutrale Position aufgebaut, in der sich die Put-Optionsscheine und die abzusichernde Position gegenseitig kompensieren.

Ein Nachteil des dynamischen Hedge ist, dass durch die Einführung des Deltas in die Berechnungsformel zur Put-Optionsscheine-Anzahl mehr Optionsscheine notwendig sind als beim statischen Hedge[60]. Hierbei bringt das Hedge-Ratio-Verhältnis den erforderlichen Hedgeumfang zwischen dem dynamischen und statischen Hedge zum Ausdruck.

$$\text{Hedge-Ratio} = -\frac{1}{\text{Optionsschein} - \text{Delta}}$$ (Gleichung: 33)

Beispiel 16 zeigt hierbei deutlich den Unterschied zwischen dem dynamischen und statischen Hedge, nämlich bei dem dynamischen Hedge muss der Investor 926 Optionsscheine und beim statischen Hedge nur 500 Optionsscheine kaufen. Dieser doch recht erhebliche Unterschied kommt durch das Delta zustande.

Beispiel 16: Unterschied zwischen dynamischen und statischen Hedging

Ein Investor möchte die erzielten Kursgewinne von seiner Muster Aktie AG absichern. Dabei hat der Investor 100 Aktien in seinem Depot. Und zwar mit einem Put-Optionsschein mit einem Optionsverhältnis von 5 : 1 und einem Delta von –0,54.

Anzahl der Put-Optionsscheine nach dem statischen Hedge:

$$\text{Anzahl der Puts} = \text{Menge des Basiswertes} \cdot \text{Optionsverhältnis} = 100 \cdot 5 = 500$$

Anzahl der Put-Optionsscheine nach dem dynamischen Hedge:

$$\text{Anzahl der Puts} = \text{Menge des Basiswertes} \cdot \text{Optionsverhältnis} \cdot \frac{-1}{\text{Delta}} = 100 \cdot 5 \cdot \frac{-1}{-0{,}54} = 926$$

5.4.2. Statisches Hedging

Beim statischen Hedging wird nur zu Beginn einmalig die erforderliche Put-Optionsschein-Anzahl berechnet und während der Hedge-Laufzeit nicht mehr verändert. Dabei findet eine Anpassung an die sich ändernden Marktverhältnisse nicht statt, da das Hedge von vorneherein im Verhältnis 1:1 zum absichernden Depot aufgebaut wurde.

---

[60] siehe auch Kapitel 5.3.2.

Daher garantiert ein statisches Hedge auch nur eine Absicherung bezogen auf den Fälligkeitstag des Put-Optionsscheines, d.h. während der Laufzeit des Optionsscheines besteht kein vollständiger Schutz.

Dabei ist die Anzahl der benötigten Optionsscheine abhängig von dem Optionsverhältnis und dem Umfang der abzusichernden Position. Nach folgender Gleichung wird die Anzahl der benötigten Put-Optionsscheine berechnet.

$$\text{Anzahl der Put-Optionsscheine} = \text{Menge} \cdot \text{Optionsverhältnis} \qquad \text{(Gleichung: 34)}$$

Beispiel 17: Statisches Hedging

Ein Investor möchte die erzielten Kursgewinne von seinen 100 Muster-Aktien AG absichern. Und zwar mit einem Put-Optionsschein mit einem Optionsverhältnis von 5 : 1.

Anzahl der Put-Optionsscheine nach dem statischen Hedge:

$$\begin{aligned}\text{Anzahl der Puts} &= \text{Menge des Basiswertes} \cdot \text{Optionsverhältnis}\\ &= 100 \cdot 5 = 500\end{aligned}$$

5.4.3. Absicherung durch Kauf von Anleihen in Kombination mit Calls

Ein Aktiendepot kann auch durch den Kauf von Anleihen und Kaufoptionsscheinen abgesichert werden. Um das Funktionsprinzip dieser Strategie zu erläutern, gehen wir von einem Beispiel aus.

Bei einem Depotwert von 60.000 EURO und einem angenommenen Zinssatz von beispielsweise 3% für einjährige Zinspapiere muss der Investor 58.250 EURO einsetzen, um nach Ablauf eines Jahres 60.000 EURO zu erhalten. Dabei muss er den kompletten Depotbestand verkaufen und im Gegenzug für den Betrag von 58.250 EURO Anleihen kaufen. Für den verbleibenden Restbetrag von 1.750 EURO erwirbt er zusätzlich Call-Optionsscheine. Diese Optionen werden auf einem Index gekauft, der dem Depot des Investors am besten widerspiegelt.

Bei negativer Kursentwicklung am Markt erhält der Investor durch die Verzinsung das ursprüngliche Kapital von 60.000 EURO nach einem Jahr zurück. Steigen dagegen die Kurse am Aktienmarkt, so profitiert der Investor zusätzlich von der überproportionalen Wertsteigerung der Call-Optionsscheine, sodass er am Ende einen Gewinn realisieren kann. Da der Anteil der Call-Optionsscheine zu den Anleihen verhältnismäßig gering ist, so ist natürlich auch der Gewinn in diesem Fall klein.

Deshalb können spekulativ eingestellte Investoren die beschriebene Strategie auch abwandeln, indem sie Anleihen für beispielsweise 45.000 EURO und Call-Optionsscheine für 15.000 EURO kaufen. Entwickelt sich der Markt negativ, können die Calls wertlos verfallen, sodass am Ende der Investor mit einem Verlust rechnen muss. Demgegenüber steht, dass nach einer Auswertung von Götte [Lit. 14] im Jahresvergleich die Aktien mit einer 66% Wahrscheinlichkeit höher geschlossen haben als ein Jahr zuvor.

6. DISCOUNT-OPTIONSSCHEINE

Möchten sie Optionsscheine mit einem Rabatt erwerben? Wenn, Ja und dann sind die Discount-Optionsscheine[61] für sie interessant. Es gibt sie, genauso wie die klassischen Optionsscheine, in zwei Ausprägungen, die Discount Calls (profitieren von steigenden Kursen) und Puts (profitieren von fallenden Kursen). Generell funktionieren die Discount-Optionsscheine wie herkömmliche Optionsscheine. Am Verfallstag erhalten die Anleger die Differenz zum Basispreis bereinigt um das Bezugsverhältnis, ausbezahlt. Der Unterschied zu den klassischen Optionsscheinen ist, dass das Optionsrecht wertlos verfällt, wenn der Kurs des Basiswerts bei Discount Calls unter dem Basispreis beziehungsweise bei Discount Puts darüber liegt. Ein weiterer wesentlicher Unterschied zu den klassischen Optionsscheinen ist, dass Discount-Optionsscheine die Gewinnmöglichkeiten deckeln. Doch oft lohnt sich diese Beschränkung, denn Discount-Optionsscheine sind deutlich günstiger als vergleichbare klassische Optionsscheine. Weiterhin bieten Discount-Optionsscheine je nach Struktur die Möglichkeit in fallenden und steigenden Märkten sowie bei stagnierenden Kursen dem Anleger Gewinnchancen zu offenbaren. Dagegen offerieren klassische Optionsscheine den Anlegern nur bei steigenden oder fallenden Märken Gewinnmöglichkeiten.

6.1. Discount Calls

Discount Calls bieten dem Anleger eine Vielzahl von Möglichkeiten. Dabei stellen Discount Calls eine Verbriefung der Strategie Call Spreads dar. Dies bedeutet sie kaufen einem Call mit einem vergleichsweise niedrigen Basiskurs und verkaufen bei gleicher Laufzeit einem Call mit vergleichsweise hohen Basiswert. Demzufolge definiert die erst genannte Call-Option den Basiskurs und die Letztgenannte den Höchstkurs des Discount Calls, also den Cap. Im Klartext sie erweben mit einem Discount-Call nichts anderes als einem Call-Optionsschein mit Rabatt. Um diesen deutlich günstiger zu bekommen, ist aber von vornherein ein Höchstkurs festgelegt, ab den sie nicht mehr von den Kurssteigerungen des Basiswertes profitieren. Außerdem verfällt der Discount Call wertlos, wenn am Verfallstag des Calls der Kurs des Basiswerts unter dem Basispreis fällt. Um dies zu vertiefen sollten, wir uns nun die genaue Funktionsweise ansehen.

---

[61] Vgl. Götte, Rüdiger: Richtig Investieren mit Zertifikaten und Hebelprodukten (voraussichtlicher Erscheinungstermin 2008)

Tabelle 8: Funktionsweise der Discount Calls

Funktionsweise	Beispiel
Jedes Discount Call hat einem Basiswert, ein Bezugsverhältnis und eine begrenzte Laufzeit.	Basiswert: Allianz-Aktie Laufzeit: 12 Monate Bezugsverhältnis:0,1
Der Basiskurs liegt immer unter dem Höchstkurs. Wobei die Differenz zwischen dem Höchstkurs und dem Basiskurs, gewichtet um das Bezugsverhältnis den Maximalwert des Discount Calls festlegt.	Aktueller Allianz-Kurs: 134,18 Euro Basiskurs: 100,00 Euro Höchstkurs: 130,00 Euro Maximalwert: 3 Euro (=(130-100)·0,1) Preis des Discount Calls = 2 Euro
Die maximale Rendite des Discount Calls ergibt sich aus der Differenz zwischen dem Kaufpreis des Discount Calls und des Maximalwertes.	Maximalrendite: 50%(= 3 / 2 – 1)
Am Laufzeitende des Discount Calls sind folgende Szenarien zu unterscheiden: 1. Der Basiswert-Kurs notiert auf bzw. über dem Höchstkurs. Der Anleger erhält den Maximalbetrag ausgeschüttet.	1. Die Allianz-Aktie notiert bei Fälligkeit über 130 Euro. a) Die Allianz-Aktie steht bei 130 Euro. Der Anleger bekommt 3 Euro ausgeschüttet, d.h. er erzielt einem Gewinn von 50%. Obwohl der Kurs der Aktie stagniert. b) Die Allianz-Aktie steht bei 210 Euro. Der Anleger bekommt 3 Euro, d. h. er erzielt 50% Gewinn. Aber die Allianz-Aktie erzielt 56% Gewinn, d. h., hier greift die Gewinndeckelung.
2. Der Basiswert-Kurs notiert zwischen dem Basiskurs und dem Höchstkurs. Der Anleger erhält die Differenz zwischen dem Basiswert-Kurs und dem Basiskurs, gewichtet mit dem Bezugsverhältnis.	2. Die Allianz notiert bei Fälligkeit des Zertifikates zwischen 100 und 130 Euro. a) Die Allianz-Aktie notiert bei 125 Euro, d. h. Auszahlung 2,5 Euro. b) Die Allianz-Aktie notiert bei 115 Euro, d. h. Auszahlung 1,5 Euro, d.h., der Anleger erleidet einem Verlust.
3. Der Basiswert notiert unterhalb des Basiskurses. Der Investor erhält keine Auszahlung, sondern der Discount Call verfällt wertlos.	3. Die Allianz-Aktie notiert bei 99,99 Euro, d. h. das Zertifikat verfällt wertlos.

Aus dem Beispiel des Allianz Discount Call erkennt man, dass man selbst bei moderat fallenden Allianz-Aktienkursen noch Gewinne mit dem Discount Call erwirtschaften kann. Ist dies ein Zufall?

Nein, denn durch eine geschickte Wahl des Ausstattungsparameters Höchstkurs können Discount Calls Gewinne realisieren in steigenden, seitwärts tendierenden oder fallenden Märkten. Hierzu unterscheidet man drei Varianten der Discount Calls. Sie ergeben sich aus dem Verhältnis des Höchstkurses zum aktuellen Basiswert-Kurs.

- Konservativ: Der Höchstkurs wird unterhalb des aktuellen Kurses des Basiswertes platziert, wie in unseren Beispiel des Allianz Discount Calls. Logischerweise erwirtschaften Sie dann noch die Maximalrendite im Discount Call, selbst wenn der Basiswert zum Laufzeitende bis zum Höchstkurs sinkt.
- Neutral: Der Höchstkurs des Discount Calls wird auf der Höhe des aktuellen Basiswert-Kurses fixiert. Folglich reicht schon eine Seitwärtsbewegung des Basiswertes aus, um die maximale Performance zu erreichen.
- Offensiv: Der Höchstkurs wird oberhalb des aktuellen Kurses des Basiswertes festgelegt. Hierdurch lassen sich traumhafte Renditen erzielen, wenn der Basiswert zum Laufzeitende mindestens bis zum Höchstkurs steigt. Schafft der Basiswertkurs dies nicht, so drohen mehr oder minder große Verluste bis hin zum Totalverlust.

Um uns diesen Varianten anzunähern, sollten wir sie anhand eines Fallbeispieles diskutieren.

Hierzu betrachten wir zunächst einem konservativen Discount Call auf die Allianz-Aktie. Dessen Laufzeit ist ein Jahr, Bezugsverhältnis 1, Basiskurs 85 Euro, Höchstkurs 105 Euro und kostet 17,50 Euro (aktueller Allianz-Aktienkurs 134,14 Euro). Zudem liegt die maximale Auszahlung bei 20 Euro. Folglich ergibt sich eine maximale Rendite von 14,29%, wofür die Allianz-Aktie am Fälligkeitstag oberhalb des Niveaus von 105 Euro notieren muss, d. h. die Allianz-Aktie darf bis zur Fälligkeit um stolze 21,72% fallen und sie erhalten dennoch die maximale Rendite des Discount Calls. Ein Direktinvestment in die Allianz-Aktie ist erst ab 153,31 Euro attraktiver als ein Investment in dem konservativen Discount Call. Vorsicht sollte der Anleger wallten lassen, wenn der Allianz-Aktienkurs unter 102,50 Euro fällt, dann sind sehr schnell und massive Verluste zu befürchten bis hin zum Totalverlust (wenn der Allianz-Aktienkurs unterhalb von 85 Euro fällt).

Bei der neutralen Variante eines Allianz Discount Calls liegt der Höchstkurs bei 130 Euro und somit leicht unterhalb des aktuellen Allianz-Aktienkurses. Daher ist der Discount Call immer noch leicht konservativ und kostet bei einem Basiskurs von 100 Euro, einem Bezugsverhältnis von 1 und einer Restlaufzeit von einem Jahr 15 Euro. Zudem sein der maximale Auszahlungsbetrag wiederum 20 Euro, d. h., der Anleger kann hier eine maximale Rendite erzielen von 33,33%. Um die maximale Rendite zu bekommen, muss die Allianz-Aktie am Fälligkeitstag oberhalb von 130 Euro notieren. Die erhöhte Rendite bei der neutralen Variante im Vergleich zur konservativen Variante muss der Anleger mit einem deutlich erhöhten Risiko erkaufen. Jetzt gerät der Anleger schon ab einem Allianz-Aktienkurs von 115 Euro rapide in die Verlustzone.

Die Welt sieht bei der offensiven Variante ganz anders aus. Hier bekommt der Anleger eine Variante der Discount Calls in die Hand, die im Gegensatz zu den bisherigen Varianten, tatsächlich auf Kurszuwächse der Allianz-Aktie angewiesen ist, um überhaupt eine Rendite zu erzielen. Unser Anschauungsobjekt der Allianz Discount Call hat nun einem Basiskurs von 125 Euro, einem Höchstkurs von 150 Euro, eine Laufzeit von einem Jahr und kostet 10 Euro. Wiederum hat der Allianz Discount-Call einem maximalen Auszahlungsbetrag von 20 Euro. Dies bedeutet der Anleger kann eine maximale Rendite von 100% erzielen, wenn die Allianz bis zur Fälligkeit des Discount Calls um 12% zu legt. Die verlockenden Renditeaussichten haben, aber auch ihren Preis. Denn falls die Allianz-Aktie unterhalb von 135 Euro fällt, drohen dem Anleger extreme Verluste. Fällt die Allianz-Aktie gar zum Laufzeitende unter 125 Euro, droht der Totalverlust, also schon bei einem Kursgang von -6,8%.

Wie sie gesehen haben, verhalten sich die unterschiedlichen Varianten der Discount Calls sehr unterschiedlich. Durch die geschickte Auswahl des Basiskurses und Höchstkurses kann der Anleger seine individuelle Rendite- und Risikovorstellung sehr leicht umsetzen. Allerdings muss man sich vor dem Kauf eines Discount-Calls voll und ganz im Klaren sein, dass die Gefahr der wertlosen Ausbuchung zum Laufzeitende real vorhanden ist.

$\text{Risiko}_{\text{konservative Variante}} < \text{Risiko}_{\text{neutrale Variante}} < \text{Risiko}_{\text{offensive Variante}}$

$\text{Rendite}_{\text{konservative Variante}} < \text{Rendite}_{\text{neutrale Variante}} < \text{Rendite}_{\text{offensive Variante}}$

Abbildung 36: Risiko und Renditeverhalten der unterschiedlichen Varianten der Disocunt Calls

Sie sollten bei der konservativen Variante zumindest für den Basiswert neutral gestimmt sein, d. h., sie sollten von keinen großen Kursverlusten ausgehen. Auch wenn der Höchstkurs des Discount Calls unter dem Kurs des Basiswertes liegt, verkraftet er dennoch nur eine gewisse Kursschwäche des Basiswertes.

Anleger die die neutrale Variante präferieren, müssen eine größere Risikoneigung besitzen als bei der konservativen Variante. Zudem sollten sie positiv gestimmt sein für den Basiswert. Zwar kann auch die neutrale Variante in einem Seitwärtsmarkt ihre Rendite erzielen, aber bei Kursrückgängen droht schnell der

Verlust. Deswegen sollten sie, wenn sie von Kursrückgängen des Basiswertes ausgehen lieber zur konservativen Variante greifen.

Dagegen sollten Anleger, die die offensive Variante in Betracht ziehen, grundsätzlich positiv gestimmt sein für den Basiswert. Denn der Discount Call erzielt nur bei steigenden Notierungen des Basiswertes eine Rendite. Auf der anderen Seite drohen Verluste meistens schon, wenn der Basiswert nur leicht fällt.

Zudem ist ein Discount Call, wie schon eingangs gesagt, immer preiswerter und somit risikoärmer als ein vergleichbarer Call-Optionsschein mit identischen Basiskurs. Überdies ist auch der negative Einfluss der Volatilität des Basiswertes auf dem Preis des Discount Calls geringer als bei einem vergleichbaren Call-Optionsschein. Steigt der Basiswert-Kurs nicht deutlich über den Höchstkurs hinaus, übertreffen die Renditechancen des Discount Calls denen der Call-Optionsscheine zum Laufzeitende des Scheines. Ansonsten erzielt der Call-Optionsschein das bessere Ergebnis.

Bis jetzt haben wir eigentlich nur die Szenarien von Discount Calls zum Laufzeitende angesehen. Doch, was sind die preisbestimmenden Einflussfaktoren auf einem Discount Call während der Laufzeit? Wie bereits ausgeführt, bestehen die Discount Calls aus einer Kombination von zwei separaten Call-Optionen. Dabei wird eine Call-Option mit einem verhältnismäßig niedrigen Basiswert gekauft und gleichzeitig ein Call mit höheren Basiskurs verkauft. Dementsprechend ergeben sich die Preisbewegungen von Discount Calls während der Laufzeit aus einer Kombination der enthaltenen Call-Optionen.

Ein konservativ oder neutraler Discount Call reagiert während der Laufzeit, wie folgt. Zunächst einmal hat die gekaufte Call-Option einen geringeren Zeitwert, weil sie einem niedrigeren Basiskurs hat, als die verkaufte Call-Option. Im Prinzip führt dies dazu, dass sie mit einem Discount Call wenig Zeitwert gekauft haben, aber viel Zeitwert verkauft haben. Das heißt sie verkaufen Zeitwert, deren Erlös ihnen als Anleger zu gute kommt. Somit können sie alleine schon einem Gewinn aus dem Zeitwertverlust erwirtschaften, weil die beiden Zeitwerte bis zum Ende der Laufzeit auf null sinken. Infolgedessen verdienen sie mit dem Discount Call an der abnehmenden Restlaufzeit des Discount Calls. Hinzu kommt noch eine Besonderheit, der Zeitwertverfall nimmt vor allen während der letzten Laufzeitmonate einer Option unaufhaltsam immer stärkere Ausmaße an. Insofern nimmt bei einem defensiv bzw. neutralen Discount Call, der Aufbau der erzielbaren Renditen bei einem annahmegemäß stabilen Basiswert-Kurs im Laufzeitbereich von einem Jahr zunächst recht schleppend, um dann zum Ende hin richtig fahrt aufzunehmen. Daher haben also defensive bzw. neutrale Discount Calls mit einer Restlaufzeit von wenigen Monaten noch attraktive Renditechancen, die bei der Hochrechnung auf ein Jahr meist deutlich höher ausfallen als ihr lang laufendes Pendant. Auf den Zeitwert hat die implizierte Volatilität des Basiswertes einen Einfluss. Sinkt die implizierte Volatilität des Basiswertes während der

Laufzeit des Discount Calls, so verliert die gekaufte Call-Option nur wenig Zeitwert, aber im Gegensatz dazu verliert die verkaufte Call-Option wesentlich mehr Zeitwert. Dies führt letztendlich dazu, dass der Wert des Discount Call steigt. Im Umkehrschluss verliert der Discount Call, wenn die implizierte Volatilität des Basiswertes zu nimmt.

Steigt der Basiswert-Kurs über den Höchstkurs hinaus, so verringert sich der ohnehin schon geringe Zeitwert des gekauften Calls eigentlich nur noch marginal. Dafür sinkt aber der absolut gesehen höhere Zeitwert der verkaufen Call-Option stark. Sodass der Preis des Discount Calls während der Laufzeit zu nimmt. Sinkt dagegen der Basiswert-Kurs, so verringern sich die inneren Werte der beiden Call-Optionen im gleichen Maße. Dies ist solange unerheblich, bis der Basiswert-Kurs nicht unterhalb des Höchstkurses des Discount Calls fällt. Fällt der Discount Call unterhalb des Höchstkurses, so sinkt der Zeitwert der gekauften Call-Option weniger stark als der des verkauften Calls. Per saldo führt dies dazu, dass der Discount Call an Wert einbüßt.

Bei einem offensiven Discount Call sieht die Welt etwas anders aus. Steigt der Basiswert-Kurs, so nimmt auch der Zeitwert der verkauften Call-Option zu. Folglich steigt damit auch der Wert des verkauften Calls an. Gleichzeitig legt der gekaufte Call deutlich zu. Dies führt im Gesamtergebnis dazu, dass der Discount Call zu legt, aber der Wertzuwachs des verkauften Calls drückt die Performance des Discount Calls während der Laufzeit. Fällt dagegen der Basiswert-Kurs, so verringert sich der Zeitwert der verkauften Call-Option, was gut für sie ist. Dummerweise verliert aber die gekaufte Call-Option wesentlich stärker an Wert. In Summe führt dies dazu, dass der Discount Call im Wert verliert.

Bei annehmender Laufzeit verliert der Zeitwert der verkauften Call-Option an Wert, was prinzipiell für sie gut ist. Trotzdem hat die Sachen einem Hacken, weil der gekaufte Call absolut gesehen einen höheren Zeitwert hat und zudem auch noch stärker abnimmt. Per saldo ist also der Effekt der abnehmenden Restlaufzeit für sie als Anleger negativ.

Mit einer Ausnahme, es kann nämlich im Rahmen einer starken Aufwärtsbewegung dazu kommen, dass der gekaufte Call soweit im Geld notiert, dass sein Zeitwert geringer ist als der des verkauften Calls. In diesem Fall kann der Anleger auch von der verstreichenden Laufzeit des Discount Calls verdienen. Überdies verdient der Anleger auch bei sinkender implizierte Volatilität des Basiswertes. Allerdings führt dieser Effekt bei steigenden implizierten Volatilitäten des Basiswertes dazu, dass der Wert des Discount Calls sinkt.

Normalerweise würde nämlich der Wert eines Discount Calls mit sinkender impliziter Volatilität des Basiswertes zurückgehen und mit steigender zu nehmen. Dies liegt daran, dass bei sinkenden Volatilitäten der Zeitwert der verkauften Call-Option sinkt. Allerdings verliert die gekaufte Call-Option wesentlich stärker an Zeitwert. Somit büßt letztendlich der Discount Call an Wert ein. Dagegen nimmt bei steigender Volatilität, die gekaufte Call-Option mit ihrem absolut größeren Zeitwert stärker zu als die verkaufte Call-Option. So das insgesamt gesehen der Discount Call zu legt.

6.1.1. Auswahl und Einsatz eines Discount Calls

Der erste Schritt für die Auswahl eines Discount Calls ist die Wahl des Basiswertes. Ihre Rendite bzw. Verlust hängt nun zum groß Teil von dem folgenden Schritt ab. Sie müssen den Basiswert analysieren. Hierbei müssen sie zu einer klaren Einschätzung der Kurschancen des Basiswertes kommen, welche sie im Rahmen der Laufzeit des Discount Calls erwarten. Zudem müssen sie sich darüber im klaren sein welches Risiko sie eingehen möchten. Schließlich können die Discount Calls von konservativ bis hin zu offensiv ausgerichtet sein.

Nach diesem Vorarbeiten, müssen sie eine Vorstellung darüber entwickeln, welcher Höchstkurs für den Discount Call sinnvoll ist. Bedenken sie dabei, dass sich durch die Wahl des Höchstkurses auch das Risiko des Discount Calls ergibt. Wenn sie ein eher konservativer Anleger sind, sollten sie nicht zu der offensiven Variante greifen. Stattdessen sollten sie einem Discount Call präferieren, dessen Höchstkurs weit unterhalb des aktuellen Kurses des Basiswertes liegt. Schließlich ermöglicht auch eine konservative Ausstattung dem Anleger noch attraktive Renditen. Orientieren sie sich bei der Wahl des Höchstkurses also auch an ihrer Risikoeignung. Außerdem sollte der Höchstkurs niemals über den Höchstkurs des Basiswertes liegen, den Sie dem Basiswert bis zum Fälligkeitstag des Discounts Calls zutrauen.

Grundsätzlich sollten sie natürlich den Discount Call auswählen, der ihnen bei gegebenen Höchstkurs und Laufzeit die besten Renditechancen bietet. Jetzt betritt der Basiskurs des Discount Calls die Arena. Denn je höher dieser liegt (bei gleichem Höchstkurs), desto größer werden die Renditechancen, aber leider auch das Risiko bis hin zum Totalverlust. Bedenken sie dabei immer, dass wenn der Basiswert-Kurs unterhalb des Basiskurses fällt, verfällt der Discount Call wertlos. Deswegen müssen sie sich nun überlegen, welcher Basiskurs sinnvoll ist. Schauen sie dabei nicht nur auf die maximale Renditechance, wählen sie vielmehr einem Discount Call aus, bei dem der prozentuale Abstand des aktuellen Basiswert-Kurses vom Basiskurs ihre Risikoneigung entspricht. Zudem sollte in ihre Entscheidung auch einfließen, welchen niedrigsten Basiswert-Kurs sie erwarten, während der Laufzeit des Discount Calls. Wählen sie dabei niemals einem Basiskurs unterhalb, des von Ihnen erwarteten niedrigsten Kurses des Basiswertes während der Laufzeit aus. Wenn sie mehrere Discount Calls mit dem gewünschten Höchstkurs, aber unterschiedlichen Basiskursen zur Auswahl haben, sollten sie zu dem niedrigsten Basiskurs tendieren. Oftmals ist der Renditeunterschied zwischen dem höchsten und niedrigsten zur Auswahl stehenden

Basiskurs geringfügig. Auf diesem Weg können sie also die Risiken ihres Discount Calls weiter minimieren.

Erst nachdem sie sich für ein Niveau des Höchstkurses und des Basiskurses entschieden haben, geht es an die konkrete Auswahl eines Discount Calls. Hierzu helfen ihnen eine Vielzahl von Kennzahlen.

Die meisten Anleger wenden ihren Blick zunächst der Kennzahl maximale Renditechance zu.

$$\text{Maximale Rendite chance} = \left(\frac{(\text{Höchstkurs - Basiskurs}) \cdot \text{Bezugsverhältnis}}{\text{Kaufpreis des Discount Calls}} - 1 \right) \cdot 100\,\%$$

Diese Kennzahl zeigt dem Anleger auf, welche maximale Rendite er erwarten darf unter den günstigen Fall. Dabei bedeuten exorbitant hohe maximale Renditechancen von mehreren tausend Prozent nichts anderes, als dass der Basiswert-Kurs extrem weit unterhalb des Höchstkurses notiert. Im Umkehrschluss bedeutet dies, dass der aktuelle Basiswert-Kurs extrem nahe dem Basiskurs des Discount Calls notiert. In der Regel ist daher die Erzielung dieser Maximalrendite unwahrscheinlich, es droht vielmehr der Totalverlust. Daher lohnt sich für den Anleger auch der Blick auf die Kennzahl % Basiswert bis zum Basiskurs. Diese Kennzahl eignet sich besonders gut für die Risiko-Einschätzung des Discount Calls der Wahl.

$$\%\ \text{Basiswert bis Basiskurs} = 1 - \left(\frac{\text{Basiskurs}}{\text{Kurs des Basiswertes}} \right) \cdot 100\,\%$$

Ist der Wert dieser Kennzahl positiv, so darf der Basiswert bis zum Laufzeitende entsprechend stark fallen, bevor sie mit dem Discount Call einem Totalverlust erleiden. Bei spekulativen Discount Calls kann diese Kennzahl sogar negativ sein. Dies bedeutet, dass der Basiswert-Kurs um diesen Prozentsatz zulegen muss, damit der Discount Call überhaupt am Laufzeitende einem Wert hat.

Mit dem Wissen des Risikos geht die Frage einher: Um welchen Prozentsatz muss der Basiswert bis zum Ende der Laufzeit sinken bzw. steigen, damit ich dem gezahlten Kaufpreis wieder herausbekomme?

$$\%\ \text{Basiswert bis Break - Even} = \left(\frac{\text{Kurs des Basiswertes}}{\text{Basiskurs} + \frac{\text{Kaufpreis des Discount Calls}}{\text{Bezugsverhältnis}}} - 1 \right) \cdot 100\,\%$$

Ein positiver Wert der Kennzahl % Basiswert bis Break-even signalisiert, dass sie im Basiswert einen entsprechend großen Risikopuffer haben, bis sie zum Verfallstag im Verlust landen. Dagegen drückt ein negativer Wert aus, dass der Basiswert entsprechend zu legen muss, damit sie am Fälligkeitstag noch in die

Gewinnzone kommen. Sie sollten sich jetzt aber auch fragen, ob sie dem Basiswert überhaupt eine solche Kursentwicklung zutrauen. Falls nicht, wäre ein weniger spekulativer Discount Call die bessere Wahl.

Anleger möchten verständlicherweise nicht nur etwas für das Risiko wissen, sondern sie möchten auch gerne wissen, wie groß die Wahrscheinlichkeit ist, dass sie tatsächlich die maximale Rendite zum Laufzeitende bekommen. Hierzu bietet sich die Kennzahl % Basiswert zum Höchstkurs an.

$$\text{\% Basiswert bis Höchstkurs} = 1 - \left(\frac{\text{Höchstkurs}}{\text{Kurs des Basiswertes}}\right) \cdot 100\,\%$$

Ist diese Kennzahl positiv, so darf der Basiswert-Kurs zum Laufzeitende entsprechend stark sinken und der Anleger erhält trotzdem noch die maximale Performance. Ist dagegen die Kennzahl negativ, so bedeutet dies, dass der Basiswert unter dem Höchstkurs notiert und somit entsprechend steigen muss, damit sie noch die maximale Rendite des Discount Calls erzielen können.

Die Kennzahl Discount gegenüber Call zeigt ihnen auf, welchen Vorteil der Discount Call gegenüber einem herkömmlichen Call-Optionsschein hat.

$$\text{Discount gegenüber Call} = 1 - \left(\frac{\text{Kurs des Discount Call}}{\text{Kurs eines vergleichbaren Call-Optionsscheines}}\right) \cdot 100\,\%$$

Bedingung Basiskurse des Discount Calls sowie des Call - Optionsscheins müssen ähnlich sein.

Eigentlich interessiert diese Kennzahl nur Anleger, die die offensive Variante der Discount Calls spielen möchten. Denn ein Investment in einem Discount Call macht eigentlich nur dann Sinn, wenn ein attraktiver Discount gegenüber dem vergleichbaren Call-Optionsschein erzielt werden kann. Ansonsten könnte sie genauso gut in dem Call-Optionsschein investieren. Allerdings weist der Discount gegenüber dem einem vergleichbaren Call-Optionsschein und die maximale Renditechance eine gegenseitige Abhängigkeit aus. Dies bedeutet hat ein Discount Call einem hohen Discount gegenüber dem aktuellen Wert eines vergleichbaren Call-Optionsscheines gehört er eher der konservativen Variante der Discount Calls an. Und bieten demzufolge auch nur vergleichsweise geringe Renditechance. Aber auch der andere Fall ist denkbar, dass der Höchstkurs außerordentlich weit entfernt liegt vom aktuellen Basiswert-Kurs, weil z.B. der Basiswert seit Emission des Discount Calls gefallen ist. Dann winken dem Anleger zwar riesige Renditechancen, aber der Discount gegenüber einem vergleichbaren Call-Optionsschein tendiert gegen Null. Solche Discount Calls eignen sich nicht für ein Investment, weil ein Call-Optionsschein Engagement lohnenswerter wäre.

Achten sie zudem darauf, dass die erzielbare Rendite nicht schon beinahe ausgereizt ist, weil der Basiswert stark gestiegen ist oder die Restlauf nur noch kurz ist.

Sie sollten nur einem Discount Call für ihre Anlagen bevorzugen, die selbst bei konservativer Ausstattung noch einiger maßen attraktive Renditen versprechen.

Das Gegenstück zu den Discount Calls bilden die Discount Puts. Mit ihnen können sie von fallenden Kursen des Basiswertes profitieren.

6.2. Discount Puts

Bei den Discount Puts wurde das Konzept der Discount Calls übertragen auf ein Produkt, mit dem der Anleger von rückläufigen Kursen an den Börsen profitieren kann. Daher erwerben sie mit einem Discount Put einem Put-Optionsschein mit Rabatt. Durch diesen preisgünstigeren Einstieg sind im Vergleich zu dem Put-Optionsschein ihre Renditechancen erhöht und dies bei einem verminderten Risiko. Dies gelingt den Discount Puts, weil der Auszahlungsbetrag am Laufzeitende im Gegensatz zu herkömmlichen Put-Optionsscheinen begrenzt ist.

Tabelle 9: Funktionsweise der Discount Puts

Funktionsweise	Beispiel
Jeder Discount Put hat einem Basiswert, ein Bezugsverhältnis und eine begrenzte Laufzeit.	Basiswert: Allianz-Aktie Laufzeit: 12 Monate Bezugsverhältnis:0,1
Der Basiskurs liegt immer über dem Tiefstkurs (Floor). Wobei die Differenz zwischen dem Basiskurs und dem Tiefstkurs (Floor), gewichtet um das Bezugsverhältnis den Maximalwert des Discount Puts festlegt.	Aktueller Allianz-Kurs: 134,18 Euro Basiskurs: 130,00 Euro Tiefstkurs (Floor): 100,00 Euro Maximalwert: 3 Euro (=(130-100)·0,1) Preis des Discount Calls = 2 Euro
Die maximale Rendite des Zertifikates ergibt sich aus der Differenz zwischen dem Kaufpreis des Discount Puts und des Maximalwertes.	Maximalrendite: 50%(= 3 / 2 – 1)
Am Laufzeitende des Discount Puts sind folgende Szenarien zu unterscheiden: 1. Der Basiswert-Kurs notiert auf bzw. unter dem Tiefstkurs. Der Anleger erhält den Maximalbetrag ausgeschüttet. 2. Der Basiswert-Kurs notiert zwischen dem Tiefstkurs und dem Basiskurs. Der Anleger erhält die Differenz zwischen dem Basiswert-Kurs und dem Basiskurs, gewichtet mit dem Bezugsverhältnis. Je nachdem Kaufpreis des Discount Puts führt dies zu einem Gewinn oder Verlust. 3. Der Basiswert notiert über dem Basiskurs. Der Investor erhält keine Auszahlung, sondern der Discount Put verfällt wertlos, d.h. Totalverlust	1. Die Allianz-Aktie notiert bei Fälligkeit unter 100 Euro. a) Die Allianz-Aktie steht bei 99 Euro. Der Anleger bekommt 3 Euro ausgeschüttet, d. h. er erzielt einem Gewinn von 50%. b) Die Allianz-Aktie steht bei 50 Euro. Der Anleger bekommt 3 Euro, d. h. er erzielt 50% Gewinn. Mit einem Put-Optionsschein hätte er hier ein vielfaches verdient, d. h., hier greift die Gewinndeckelung. 2. Die Allianz notiert bei Fälligkeit des Zertifikates zwischen 100 und 130 Euro. a) Die Allianz-Aktie notiert bei 125 Euro, d. h. Auszahlung 0,5 Euro (=(130-125)·0,1). Der Anleger erleidet einem Verlust von -75%. b) Die Allianz-Aktie notiert bei 105 Euro, d. h. Auszahlung 2,5 Euro (=(130-105)·0,1) , d. h. der Anleger erzielt einem Gewinn von 25%. 3. Die Allianz-Aktie notiert bei 130,01 Euro, d.h. das Zertifikat verfällt wertlos.

Da sich die Discount Puts im wahrsten Sinne des Wortes spiegelbildlich zu den Discount Calls verhalten, möchte ich an dieser Stelle nur kurz auf deren Eigenschaften eingehen. Denn alle Aussagen zu den Discount Calls decken sich in analoger Anwendung mit dem Discount Puts, nur in umgekehrter Weise.

Die Ausstattungsvarianten der Discount Puts reichen auch von konservativ bis hin zu offensiv. Als Faustregel gilt: Je höher der Basiskurs sowie der Tiefstkurs (oder auch Floor) im Vergleich zum Kurs des Basiswertes gewählt wird, um so geringer fallen das Risiko und die Renditechance aus.

Notiert der aktuelle Kurs des Basiswertes unterhalb des Tiefstkurses, so sprich man von einem konservativen Discount Puts. Mit dieser Ausstattung des Discount Puts erzielen sie die maximale Performance selbst dann noch, wenn der Basiswert zum Laufzeitende bis zum Floor steigt. Sehen wir uns hierzu doch ein Beispiel an. In den Medien geistert ein Kursziel für die Porsche-Aktie von 1.000 Euro herum. Derzeit wird die Porsche-Aktie an der Börse bewertet mit 819,53 Euro, also in der Nähe des historischen Höchststandes. Ihnen scheint dieses Kursziel etwas zu forsch. Deswegen entscheiden sie sich zum Kauf eines Discount-Puts auf die Porsche-Aktie, wo sich auch dann Erträge erzielen lassen, wenn der Kurs der Porsche-Aktie nicht über Floor ansteigt.

Der Discount Put auf die Porsche-Vzg.-Aktie hat einem Basispreis 1.100 Euro, einem Floor von 1000 Euro, eine Laufzeit von einem Jahr, ein Bezugsverhältnis von 0,01 und kostet 2,80 Euro. Notiert der Porsche-Aktienkurs zum Laufzeitende des Discount Puts in Höhe des Floors von 1.000 Euro, dann erhält der Anleger den maximalen Auszahlungsbetrag von 3,5 Euro ausbezahlt. Somit erzielt der Anleger mit dem Porsche-Discount-Put einen Ertrag von 25%, wenn der Aktienkurs nicht mehr als 22% auf 1.000 Euro zu legt.

Steigt die Porsche-Aktie über 1.000 Euro, drohen dem Anleger mehr oder weniger große Verluste. Übertritt die Porsche-Aktie die kühnsten Erwartungen und steigt über 1.100 Euro, dann verfällt der Discount-Put wertlos. Obwohl sie mit diesem Discount Put sogar bei einem moderaten Kursanstieg noch einem Gewinn erzielen, sollte der Discount-Put eher von Anlegern eingesetzt werden, die von stagnierenden oder nachgebenden Kursen der Porsche-Aktie ausgehen.

Liegt dagegen der aktuelle Kurs des Basiswertes auf der Höhe des Tiefstkurses, so muss der Basiswert-Kurs zur Fälligkeit des Discount Puts auf Höhe des Tiefstkurses notieren, damit sie die maximale Rendite erhalten. Steigt der Kurs des Basiswertes über dem Tiefstkurs, verbleibt noch bis zum Break-even ein Gewinn, danach beginnt die Verlustzone.

Notiert der Kurs des Basiswertes zwischen dem Tiefstkurs und Basiskurs zum Kaufzeitpunkt des Discount Puts, so spricht man von der offensiven Variante. Damit der Anleger seine maximale Rendite erzielt, muss der Basiswert-Kurs zum Laufzeitende bis zum Tiefstkurs fallen. Steigt der Basiswert-Kurs aber bis zum

Laufzeitende über dem Basiskurs, so droht ein Totalverlust. Dazwischen hängt es vom Kurs des Basiswertes am Laufzeitende ab, ob der Anleger einem Verlust oder Gewinn erzielt.

Bei der sehr offensiven Variante liegt der aktuelle Kurs des Basiswertes über dem Basiskurs. Dies bedeutet der Basiswert-Kurs muss zunächst bis unter dem Basiskurs sinken, damit am Laufzeitende kein Totalverlust droht. Für dieses hohe Risiko bekommt der Anleger aber auch die Chance auf eine immense Rendite, wenn der Basiswertkurs unter dem Basiskurs fällt bzw. sogar bis zum Tiefstkurs.

6.3. Discount Call Plus

Die Discount Call Plus bieten dem Anleger eine erhöhte Wahrscheinlichkeit zur Erzielung der Maximalrendite an. Der Anleger erhält die Maximalrendite schon, wenn der Kurs des Basiswertes während der Laufzeit niemals eine festgelegte Barriere erreicht bzw. unterschreitet. Dabei ist es egal, ob der Basiswert-Kurs am Laufzeitende in der Spanne zwischen dem Basiskurs und dem Höchstkurs oder darüber notiert. Der Anleger erhält bei unverletzter Barriere auf jeden Fall den maximalen Rückzahlungsbetrag des Discount Call Plus ausbezahlt.

Wird unglücklicherweise die Barriere während der Laufzeit des Discount Call Plus zu irgendeinem Zeitpunkt vom Kurs des Basiswertes erreicht bzw. sogar unterschritten, so wandelt sich das Discount-Call-Plus-Zertifikat um in ein normales Discount Call. Am Laufzeitende zählt dann wieder der Stand des Basiswertes. Oberhalb des Höchstkurses erhält der Anleger die maximale Rendite des Zertifikates. Zwischen dem Höchstkurs und dem Basiskurs entspricht der Auszahlungsbetrag der Differenz zwischen dem Kurs des Basiswertes und dem Basiskurs. Je nachdem, wie hoch der Kaufpreis des Zertifikates war, erleidet der Anleger einem Gewinn oder Verlust. Unterhalb des Basiskurses erleidet der Anleger einem Totalverlust.

Für die zusätzliche Sicherheit muss der Anleger Abstriche bei der in Aussicht gestellten Maximalrendite im Vergleich zu einem Discount Call machen. Daher sollten sie immer den Discount Call Plus mit einem herkömmlichen Discount Call vergleichen und sich kritisch fragen: Ob das von Ihnen erwartete Marktszenario die erhöhte Wahrscheinlichkeit, die maximal Rendite zu bekommen, den teilweisen Verzicht auf Rendite rechtfertigt?

Tabelle 10: Funktionsweise der Discount Call Plus

Funktionsweise	Beispiel
Jedes Discount Call Plus hat einem Basiswert, ein Bezugsverhältnis und eine begrenzte Laufzeit.	Basiswert: Allianz-Aktie Laufzeit: 12 Monate Bezugsverhältnis:0,1
Der Basiskurs liegt immer unter dem Höchstkurs. Wobei die Differenz zwischen dem Höchstkurs und dem Basiskurs, gewichtet um das Bezugsverhältnis dem Maximalwert des Discount Call Pluses festlegt. Die Barriere liegt unterhalb oder auf dem Niveau des Basiskurses.	Aktueller Allianz-Kurs: 134,18 Euro Basiskurs: 100,00 Euro Höchstkurs: 130,00 Euro Barriere: 90 Euro Maximalwert: 3 Euro (=(130-100)·0,1) Preis des Discount Calls = 2,5 Euro
Die maximale Rendite des Discount Call Pluses ergibt sich aus der Differenz zwischen dem Kaufpreis des Discount Call Plus und des Maximalwertes.	Maximalrendite: 20%(= 3 / 2,5 – 1)
Am Laufzeitende des Discount Calls sind folgende Szenarien zu unterscheiden: 1. Die Barriere wurde vom Basiswert verletzt. a) Der Basiswert notiert auf oder über dem Höchstkurs. Der Anleger erhält dem maximalen Auszahlungsbetrag. b) Der Basiswert notiert zwischen dem Basiswert und dem Höchstkurs. Der Investor erhält die Differenz zwischen dem Kurs des Basiswertes und dem Basiskurs, bereinigt um das Bezugsverhältnis. c) Der Basiswert notiert unterhalb des Basiskurses. Der Discount Call Plus verfällt wertlos. 2. Die Barriere wurde nie verletzt. Der Anleger erhält den maximalen Wert ausgeschüttet.	1. Die Allianz-Aktie ist während der Laufzeit unter 90 Euro gefallen. a) Die Allianz-Aktie steht bei 130 Euro. Der Anleger bekommt 3 Euro ausgeschüttet, d. h. er erzielt einem Gewinn von 20%. b) Die Allianz-Aktie steht bei 128 Euro. Der Anleger bekommt 2,80 Euro, d. h. er erzielt 12% Gewinn. Die Allianz-Aktie steht bei 120 Euro. Der Anleger bekommt 2 Euro, d. h., er erleidet einem Verlust von – 20%. c) Die Allianz-Aktie notiert bei 99,99 Euro, d. h. das Zertifikat verfällt wertlos. 2. Die Allianz-Aktie ist während der Laufzeit niemals unter 90 Euro gefallen. a) Die Allianz-Aktie notiert bei Fälligkeit bei 91 Euro. Der Anleger bekommt, trotzdem den maximalen Wert von 3 Euro ausgeschüttet. b) Die Allianz-Aktie notiert bei Fälligkeit bei 120 Euro. Der Anleger bekommt wiederum den maximal Wert von 3 Euro ausgeschüttet.

7. Exotische Optionsscheine

Die Erkenntnis, dass ein Investor eine umso bessere Performance erzielen kann, je präziser er in der Lage ist, seine persönliche Markterwartung über entsprechende Strategien umzusetzen, führte vermehrt zur Emission von exotischen Optionsscheinen. Diese werden auch als Optionsscheine der zweiten bzw. dritten Generation bezeichnet.

Solche Optionsscheine sind komplexe Kombinationen aus Call- bzw. Put-Optionsscheinen. Infolgedessen verbriefen exotische Optionsscheine Anlagestrategien, mit denen der Investor in die Lage versetzt wird, seine individuellen Markterwartungen umzusetzen. Aber auch viele exotische Optionsscheine stellen eine Kombination aus Short[62]- und Long-Positionen dar. Ferner bilden viele exotische Optionsscheine Strategie von Optionen nach.

Allerdings sind viele Anleger nur rudimentär mit den Chancen und Risiken der exotischen Optionsscheine vertraut. Demzufolge wird in den folgenden Abschnitten versucht etwas Licht in den Optionsscheindschungel zu bringen.

In diesem Kapitel werden die Call- bzw. Put-Optionsscheine, welche in den vorherigen Kapiteln besprochen wurden, als Standard-Optionsscheine bezeichnet.

7.1. Barrier-Optionsscheine

Bei diesen Optionsscheinen wird das Optionsrecht aktiviert oder es verfällt, wenn der Basiswert bestimmte vorher festgelegte Grenzen überschreitet oder unterscheidet.

Insofern werden die Barrier-Optionsscheine danach unterschieden, ob sie erst nach Erreichen einer Grenze entstehen[63] oder ob sie bei Erreichen einer Grenze wertlos verfallen[64].

Weiterhin werden die Barrier-Optionsscheine noch danach unterschieden, ob die festgelegte Kursgrenze über[65] oder unter[66] dem aktuellen Preis des Basiswertes liegt.

---

[62] siehe Kapitel 9.2.

[63] Diese Barrier-Optionsscheine werden häufig auch mit dem Zusatz versehen Knock-In oder Drop-In.

[64] Diese Barrier-Optionsscheine werden häufig auch mit dem Zusatz versehen Knock-Out oder Drop-Out

[65] Dies wird auch als up bezeichnet.

[66] Dies wird auch als down bezeichnet.

Deswegen gibt es acht verschiedene Arten von Barrier-Optionsscheinen bezogen auf die Optionsscheingrundtypen Call und Put. Diese sind in Tabelle 11 dargestellt.

Tabelle 11: Arten der Barrier-Optionsscheine

Knock-Out Barrier-Optionsschein	Knock-Out Barrier-Optionsschein
Down and Out Call	Down and In Call
Up and Out Call	Up and In Call
Down and Out Put	Down and In Put
Up and Out Put	Up and In Put

Ferner ist der innere Wert eines Barrier-Optionsscheines am Fälligkeitstag vergleichbar mit dem eines Standard-Optionsscheines, unter der Voraussetzung, dass der Optionsschein am Fälligkeitstag existiert.

Wegen des potentiellen Knock-Out‘s bzw. des Knock-In‘s sind Barrier-Optionsscheine meistens günstiger als vergleichbare Standard-Optionsscheine. Aufgrund des wesentlich geringeren Kapitaleinsatzes erwirtschaftet der Anleger mit dem Barrier-Optionsscheinen eine deutlich bessere Performance als mit Standard-Optionsscheinen, bei eintretender Kursentwicklung des Basiswertes. Hierfür muss der Anleger aber in Kauf nehmen, dass Barrier-Optionsscheine wesentlich riskanter sind als Standard-Optionsscheine.

Die Knock-Out-Optionsscheine entstanden aus dem Bedürfnis der Anleger nach günstigen Absicherungsmöglichkeiten für Wertpapiere. Dabei hängt der Preis der Knock-Out-Optionsscheine vom Verhältnis der Knock-Out-Schwelle zum Basispreis und zum Kurs des Basiswertes ab. Dabei gilt:

- Je näher der Knock-Out am aktuellen Kurs des Basiswertes liegt, umso größer ist die Wahrscheinlichkeit, dass die Knock-Out-Schwelle überschritten wird und der Schein wertlos verfällt. Insofern sind diese Optionsscheine relativ günstig im Vergleich zu Optionsscheinen deren Knock-Out-Schwelle weit vom aktuellen Kurs entfernt liegt.

Ferner nimmt mit zunehmender Laufzeit der Preis der Knock-Out-Optionsscheine ab, weil mit zunehmender Laufzeit die Wahrscheinlichkeit ansteigt, dass die Knock-Out Schwelle unterschritten wird und infolgedessen der Optionsschein wertlos verfällt.

Zusätzlich kann jeder in Tabelle 11 dargestellte Barrier-Optionsschein mit einem Money-Back-Element ausgestattet werden. Bei diesen Money-Back-Element erhält der Käufer eines Knock-Out-Optionsscheines bei Überschreiten der Schwelle einen vorab festgelegten Geldbetrag zurückerstattet. Dagegen erhält der

Käufer eines Knock-In-Optionsscheines nur dann den Geldbetrag, falls die Knock-In-Schwelle nie erreicht wurde.

7.2. Capped-Optionsscheine

Bei den Capped-Optionsscheinen handelt es sich um Optionsscheine europäischen Typs, die am Fälligkeitstag den inneren Wert in bar auszahlen, wobei aber die maximale Auszahlung durch einem Cap[67] begrenzt ist. Man unterscheidet sowohl bei den Capped-Optionsscheinen als auch bei den Standard-Optionsscheinen zwischen Call und Put-Optionsscheinen.

Capped Call = min (Cap; max (0; aktueller Kurs des Basiswertes – Basispreis)

Capped Put = min (Cap; max (0; Basispreis – aktueller Kurs des Basiswertes)

Das Prinzip[68] des Capped Calls wird verständlich, wenn man ihn in seine Bestandteile zerlegt. Bei den Capped Calls wird eine Option mit niedrigem Basispreis (n.B) gekauft und eine zweite Option derselben Serie mit einem höheren Basispreis (B + Cap) verkauft. Hierdurch wird sichergestellt, dass bei steigenden Kursen des Basiswertes der Verlust bei der verkaufen Option in etwa durch den Gewinn bei der gekauften Option ausgeglichen wird. Allerdings wird durch diese Strategie natürlich der Gewinn bei stagnierenden bzw. fallenden Kursen des Basiswertes geschmälert.

Demgegenüber wird bei dem Capped Put eine Put-Option (n.B.) mit einem Basispreis, der nahe dem aktuellen Niveau des Basiswertes liegt, gekauft und verkauft eine Option die aus dem Geld liegt (B + Cap). Dabei gilt für die Capped-Optionsscheine folgende allgemeine Bauanleitung:

Capped Call = Call (n.B) – Call (B + Cap)

Capped Put = Put (B + Cap) – Put (n.B)

Deswegen ist der Capped-Optionsschein nichts anders als ein Paket aus zwei europäischen Optionen derselben Serie, nur mit unterschiedlichem Basispreis und gleicher Zusammensetzung.

Weiterhin haben Capped-Optionsscheine einen deutlich höheren Hebel als vergleichbare Standard-Optionsscheine.

Der Vorteil für den Käufer einer solchen Konstruktion ist, dass sich die Optionsprämie, die er für einen Standard-Optionsschein zahlen müsste, um den Erlös der verkauften Option vermindert. Dadurch verringert sich deutlich der Kapital-

[67] Ein Cap wird auch als Obergrenze bezeichnet.

[68] Das Bauprinzip der Capped Warrants ähnelt der Optionsstrategie Bull-Spread.

einsatz. Der Nachteil dieser Optionsscheine ist, dass der Gewinn auf die Differenz der Basispreise (Cap) begrenzt ist.

Weiterhin zeigt Beispiel 18 die unterschiedliche Performance von einem Capped-Call-Optionsschein und einem Standard-Call-Optionsschein.

Beispiel 18: Capped-Call-Optionsschein

Es wird ein Capped-Call-Optionsschein der Muster AG-Aktie betrachtet.

Basispreis	Euro
Maximale Auszahlung	Euro
Capkurs	Euro
Kurs der Muster AG-Aktie	Euro
Wert des Capped Calls	Euro
ein vergleichbarer Standard-Call-Optionsschein kostet	Euro

Performance bei einem folgenden Kursstand der Muster AG Aktie am Fälligkeitstag

Kurs der Aktie	Performance des Standard-Call-Optionsscheines	Performance des Capped-Call-Optionsscheines
40 Euro	Wertlos	Wertlos
45 Euro	Wertlos	Wertlos
50 Euro	0%	0%
55 Euro	0%	140%
60 Euro	100%	140%
65 Euro	200%	140%

Dieses Beispiel zeigt, dass selbst schon bei einem moderaten Kursabstieg von 10% der Capped-Call-Optionsschein im Vergleich zum Standard-Call-Optionsschein eine wesentlich höhere Rendite abwirft. Erst ab einem 24%igen Anstieg erzielt der Standard-Optionsschein eine bessere Rendite als der Capped-Call-Optionsschein.

Deshalb eignen sich die Capped-Optionsscheine für Anleger, die davon ausgehen, dass der betrachtete Basiswert nur ein begrenztes Kurspotential hat.

7.3. Floors und Caps

Bei den Floors und Caps handelt es sich um Zinsoptionsscheine auf die Entwicklung des Geldmarktzinssatzes. Hierbei wird die Entwicklung des Geldmarktzinssatzes normalerweise gemessen mit Hilfe des 6-Monats-LIBOR[69] oder FIBOR[70].

Bei dem Floor-Optionsscheinen erhält der Investor halbjährig eine Ausgleichszahlung, sofern der dann festgestellte Zinssatz unter dem in den Optionsbedingungen festgelegten Basiszinssatz ist. Die Höhe dieser Ausgleichszahlung richtet sich nach der Differenz zwischen dem Basiszinssatz und dem am Abrechnungstag gültigen Zinssatz und wird zeitanteilig am Ende der jeweiligen Berechnungsperiode auf den Nennwert des Floors ausbezahlt, d.h. der Zahltag liegt ein halbes Jahr hinter dem Berechnungstag.

Ein Floor-Optionsschein ist wegen seiner oben beschriebenen Konstruktion nichts anderes als ein Paket von Put-Optionen auf den LIBOR oder FIBOR. Dabei haben die einzelnen Put-Optionen in diesem Paket eine gestaffelte Laufzeit, die jeweils um ein halbes Jahr zunehmen und so die einzelnen halbjährigen Auszahlungstermine über die Laufzeit des Floors abdecken. Aus diesem Grund ergibt sich der Preis eines Floor-Optionsscheines additiv als die Summe der diskontierten Preise für die einzelnen Put-Optionen. Analog gibt es für die Floors auch den umgekehrten Fall. Diese werden dann durch ein Paket von Call-Optionen realisiert. Solche Optionsscheine werden dann als Caps bezeichnet.

Der Preis der Floors und Caps hängt nicht primär von dem aktuellen LIBOR- bzw. FIBOR-Satz ab, sondern auch von allen LIBOR- bzw. FIBOR-Sätzen für die weiter in der Zukunft liegenden Optionstermine.

Ein Investor kann mit Floor-Optionsscheinen im Umfeld einer steilen Zinsstrukturkurve bereits dann einen Gewinn erzielen, wenn der LIBOR bzw. FIBOR nicht so stark und nicht so schnell steigt, wie es die Terminzinssätze suggerieren.

Demgegenüber muss der Investor, der beabsichtigt, in einer solchen Phase einen Cap zu kaufen, davon ausgehen, dass die Zinssätze stärker steigen als von den Terminzinssätzen erwartet, damit er noch Gewinn erzielt.

Deswegen gehen Anleger, die Floors oder Caps kaufen, eine Wette gegen die von der Zinsstruktur implizierten Terminzinssätze ein. Folglich reflektiert die Entscheidung zum Kauf eines Floors oder Caps geradezu in klassischer Weise den Widerspruch zwischen Mathematik und Marktmeinung.

---

69 Abk. für London Interbank Offered Rate. Zu diesem Zinssatz sind die Banken in London bereit, kurzfristig Geld bei anderen Banken anzulegen.

70 Abk. für Frankfurt Interbank Offered Rate. Zu diesem Zinssatz sind die Banken in Frankfurt bereit, kurzfristig Geld bei anderen Banken anzulegen.

Zudem lassen sich folgende allgemeine gültige Regeln für Floors aufstellen:

- Die Summe der über die Laufzeit des Zins-Floor eingenommen Ausgleichszahlungen hängt ausschließlich von der Entwicklung des LIBOR bzw. FIBOR ab.
- Die Entwicklung des Preises eines Floors zu einem gegebenen Zeitpunkt hängt mit zunehmender Restlaufzeit immer weniger vom aktuellen LIBOR bzw. FIBOR ab, aber umso stärker vom Kapitalmarktzins.

Insofern eignen sich Zins-Floors für Anleger, die auf eine Änderung des Niveaus oder der Form der Zinsstrukturkurve spekulieren, um hierdurch Gewinne zu erzielen. Überdies stellt der Floor ein Instrument für Anleger dar, die nicht primär auf spekulative Kapitalgewinne, sondern kontinuierliche, steuerfreie Auszahlungen über die Laufzeit erzielen möchten.

7.4. Power-Optionsscheine

Power-Optionsscheine zeichnen sich dadurch aus, dass sie zum Fälligkeitstag den quadrierten inneren Wert des Optionsscheines abwerfen. Aber die Höhe des Auszahlungsbetrages ist meistens auf einen bestimmten Höchstbetrag begrenzt.

Power Call = min (Cap; max [0; Kurs des Basiswertes am Verfallstag – Basispreis]^2)

Power Put = min (Cap; max [0; Basispreis – Kurs des Basiswertes am Verfallstag]^2)

Bei dieser Optionsscheinvariante ändert sich während der Laufzeit das Risikoprofil. Dies liegt unter anderen an dem Zeitwert und dem Hebel des Optionsscheines.

Der Hebel des Optionsscheines liegt zu Beginn der Laufzeit des Optionsscheines unterhalb eines vergleichbaren Standard-Optionsscheines. Allerdings nimmt mit abnehmender Restlaufzeit des Power-Optionsscheines der Hebel kontinuierlich zu. Gegen Ende der Laufzeit nimmt der Hebel dann seinen maximalen Wert an und ist oftmals wesentlich größer als der Hebel vergleichbarer Standard-Optionsscheine. Hieraus erkennt man, dass der Power-Optionsschein seine Hebeldynamik erst zum Laufzeitende ausspielt und somit während der überwiegenden Optionslaufzeit eher eine defensive Optionsscheinvariante darstellt.

Auch bei dem Zeitwertverlust überrascht der Power-Optionsschein mit einem unerwarteten Profil. Im Vergleich zu vergleichbaren Standard-Optionsscheinen unterliegen Power-Optionsscheine meistens einem deutlich niedrigeren Zeitwertverlust. Es gibt bei den Power-Optionsscheinen auch die Möglichkeit, dass sie sogar einen kontinuierlichen Zeitwertgewinn produzieren. Dies beobachtet man für tief im Geld notierende Power-Optionsscheine, die aufgrund ihres Caps und der damit verbundenen europäischen Ausübungsform mit einem Abgeld notieren. In diesem Fall stellen die Power-Optionsscheine ein äußerst defensives Anlageinstrument dar, da der Zeitwertverlust außer Kraft gesetzt ist.

Ein Nachteil der Power-Optionsscheine ist, dass sie aufgrund des Caps „nur“ eine begrenzte Performancemöglichkeit haben, d.h. eine Gewinnbegrenzung. Dieser Nachteil kommt besonders dann zum Tragen, wenn der zugrunde liegende Basiswert des Power-Optionsscheines eine rasante Aufwärtsbewegung vollzieht.

Zum Vergleich der unterschiedlichen Performance zwischen einem Power-Call-Optionsschein und einem Standard-Optionsschein wird folgendes Beispiel verwendet.

Tabelle 12: Ausstattungsmerkmale des Power-Call-Optionsscheines und dem Standard-Call-Optionsschein.

	Power-Call-Optionsschein auf US-Dollar	Call-Optionsschein auf US-Dollar
Laufzeit	12 Monate	12 Monate
Basispreis	1,65	1,65
Cap	1,70	-
Optionsverhältnis	1:100	1:100
Preis des Optionsscheines zum Kaufzeitpunkt	10,96	6,07
Devisenkurs zum Kaufzeitpunkt	1,6870	1,6870
Innerer Wert	13,77	3,72
Break-even	1,6833	1,7109
Aufgeld	-0,23%	1,40

Abbildung 36 zeigt deutlich die Überlegenheit des Power-Optionsscheines bei einer moderaten und kontinuierlichen Aufwärtsbewegung. Aber bei einem extremen Kursanstieg erkennt man, dass der Investor eine schlechtere Performance erzielt. Man erkennt aber auch, dass der Power-Optionsschein bis zu einem US-Dollarkurs von 1,78 immer die bessere Performance erzielt. Erst ab diesem US-Dollarkurs überflügelt der Standard-Optionsschein die Performance des Power-Optionsscheines. Ein weiterer nicht außer acht zu lassender Vorteil für den Investor ist, dass der Break-even bei Power-Optionsscheinen deutlich niedriger ist als bei Standard-Optionsscheinen.

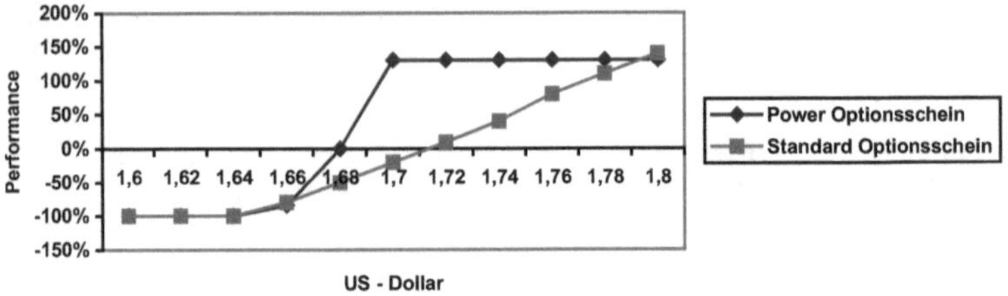

Abbildung 37: Performance von einem Power-Optionsschein und einem Standard-Optionsschein

7.5. Digital-Optionsscheine

Bei den Digital-Optionsscheinen[71] erhält der Optionsscheininhaber am Ausübungstag vom Emittenten einen im Voraus festgelegten Auszahlungsbetrag, falls der Basiswert einen bestimmten Kurs (Basispreis) überschritten hat. In dem anderen Fall verfällt der Digital-Optionsschein wertlos.

Ferner variiert im Unterschied zu Standard-Optionsscheinen der Auszahlungsbetrag bei Digital-Optionsscheinen nicht, sondern ist nur an die Bedingung geknüpft, dass der Basiswert einen bestimmten Kurs überschreitet.

Wie auch bei den Standard-Optionsscheinen lassen sich bei den Digital-Optionsscheinen zwei Varianten unterscheiden, nämlich der Digital Call-Optionsschein und der Digital Put-Optionsschein. Der Digital Call-Optionsschein zahlt den Auszahlungsbetrag nur dann aus, wenn am Ende der Laufzeit des Optionsscheines der Kurs des Basiswertes über dem in den Optionsbedingungen festgelegten Basispreis liegt. Dagegen zahlt der Digital-Put-Optionsschein nur den Auszahlungsbetrag aus, sofern der Kurs des Basiswertes am Laufzeitende unter dem in den Optionsbedingungen festgelegten Basispreis liegt.

Der Preis eines Digital-Optionsscheines ergibt sich aus dem Produkt des Wahrscheinlichkeitswertes, mit dem der Basiswert am Ende der Laufzeit über (Digital Call) bzw. unter (Digital Put) dem festgelegten Basiswert liegt, sowie dem abdiskontierten Auszahlungsbetrag. Hierbei ergibt sich der Wahrscheinlichkeitswert des Terminkurses, der Volatilität des Basiswertes und der Restlaufzeit des Optionsscheines.

---

[71] Die Digital-Optionsscheine werden auch als Binary oder Simplex-Optionsscheine bezeichnet.

Beispiel 19: Digital-Optionsschein für die Muster AG-Aktie

Digital-Call-Optionsschein		Digital-Put-Optionsschein	
Laufzeit	30.09.99	Laufzeit	30.09.99
Basispreis	200 Euro	Basispreis	150 Euro
Auszahlungsbetrag	50 Euro	Auszahlungsbetrag	50 Euro
Aktien-Kurs am Kauftag	150 Euro	Aktien-Kurs am Kauftag	150 Euro
Preis des Options-scheines	20 Euro	Preis des Options-scheines	20 Euro

Gewinn/Verlust bei unterschiedlichem Stand der Muster Aktien

Stand der Muster Aktien 30.09.99	Gewinn/ Verlust des Calls	Stand der Muster Aktien 30.09.99	Gewinn/ Verlust des Puts
140 Euro	- 20 Euro	140 Euro	50 Euro
	Schein verfällt wertlos		Schein unter-schreitet den festgelegten Basispreis, deshalb Auszahlungsbetrag
210 Euro	50 Euro	210 Euro	- 20 Euro
	Schein über-schreitet den festgelegten Basispreis, deshalb Auszahlungsbetrag		Schein verfällt wertlos

7.6. Cool-Optionsscheine

Der Cool-Optionsschein ähnelt einem Standard-Optionsschein. Der Käufer eines Cool-Optionsscheines hat aber ein zusätzliches Recht auf die Rückerstattung eines vorher festgelegten Betrages[72], falls der Kurs des Basiswertes bis zum Ende der Laufzeit eine bestimmte Schwelle nicht unterschreitet bzw. überschreitet. Infolgedessen partizipiert der Anleger zunächst einmal genauso wie bei einem Standard-Optionsschein von den Kursbewegungen des Basiswertes.

---

[72] Dieser Betrag liegt meistes in Höhe des Emissionspreises.

Wie bei den Standard-Optionsscheinen gibt es bei den Cool-Optionsscheinen auch zwei Varianten, nämlich einen Put und einen Call. Dabei haben zunächst die Begriffe Call und Put dieselbe Charakteristik wie bei den Standard-Optionsscheinen. Allerdings kommt bei den Cool-Optionsscheinen hinzu, dass mit dem Begriff Call zusätzlich gemeint ist, dass der Kurs des Basiswertes während der Laufzeit nicht unter eine bestimmte Schwelle fallen darf, damit der Anleger noch sein zusätzliches Recht auf einen Auszahlungsbetrag einfordern kann. Demgegenüber ist mit der Bezeichnung Put zusätzlich gemeint, dass der Kurs des Basiswertes während der Laufzeit nicht über eine bestimmte Schwelle steigen darf, damit der Anleger noch sein zusätzliches Recht auf einen Auszahlungsbetrag einfordern kann.

Hieraus erkennt man, dass die Cool-Optionsscheine eine Kombination aus Standard-Optionsscheinen und Digital-Optionsscheinen darstellen.

Dies erkennt man daran, dass bei einem Cool-Optionsschein, der die Prämienrückvergütungsschwelle während der Laufzeit nicht erreicht hat, der Anleger den vorher festgelegten Auszahlungsbetrag[73] zuzüglich des inneren Wertes des Optionsscheinen[74] ausbezahlt bekommt. Anderseits, falls der Kurs des Basiswertes die Prämienrückvergütungsschwelle während der Laufzeit des Optionsscheines überschreitet[75] bzw. unterscheidet[76], erlischt das Recht auf den im vorher festgelegten Auszahlungsbetrag, und der Cool-Optionsschein wird zu einem herkömmlichen europäischen Standard-Optionsschein.

[73] Dies ist die Komponente des Digital-Optionsscheines.

[74] Dies ist die Komponente des Standard-Optionsscheines

[75] Dies gilt für einen Cool-Put-Optionsschein.

[76] Dies gilt für einen Cool-Call-Optionsschein.

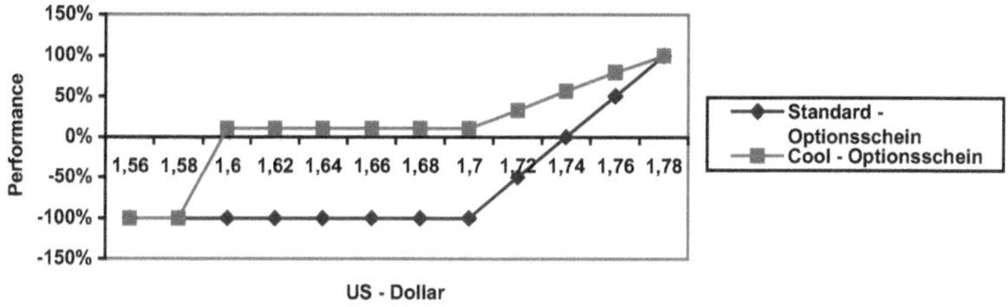

Abbildung 38: Performancevergleich eines Cool-Call-Optionsscheines und eines Standard-Call-Optionsscheines für den Basiswert US-Dollar mit folgenden Annahmen. Der Standard-Call-Optionsschein hat eine Basis von 1,70. Der Cool-Call-Optionsschein hat auch eine Basis von 1,70 und eine Prämienrückvergütungsschwelle von 1,60 US-Dollar. Zudem wird angenommen, dass die Prämienrückvergütungsschwelle während der Laufzeit des Optionsscheines nicht unterschritten wird, d.h. der Auszahlbetrag wird ausgezahlt.

Aus Abbildung 38 erkennt man, dass der Cool-Optionsschein schon wesentlich früher den Break-even erreicht als der Standard-Optionsschein. Dies gilt allerdings nur, wenn der Auszahlungsbetrag auch ausgezahlt wird. Weiterhin entnimmt man der Abbildung, dass der Standard-Call-Optionsschein bei steigenden Kursen stärker ansteigt als der Cool-Call-Optionsschein. Dies gilt auch im umgekehrten Fall für die Put-Versionen der Optionsscheine. Ein solches Verhalten der Cool-Optionsscheine liegt an der Digital-Komponente.

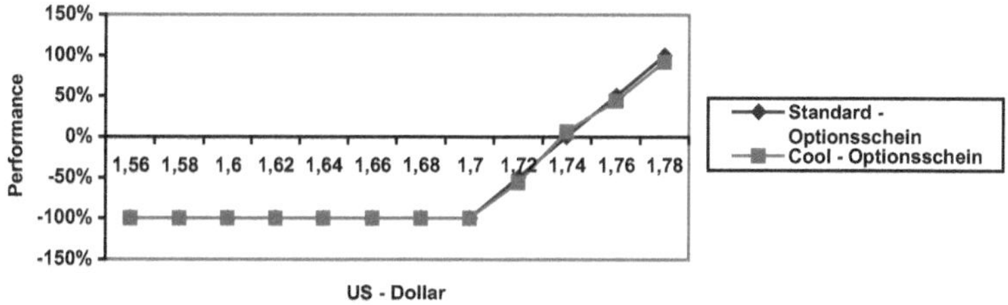

Abbildung 39: Performancevergleich eines Cool-Call-Optionsscheines und eines Standard-Call-Optionsscheines für den Basiswert US-Dollar mit folgenden Annahmen. Der Standard-Call-Optionsschein hat eine Basis von 1,70. Der Cool-Call-Optionsschein hat auch eine Basis von 1,70 und eine Prämienrückvergütungsschwelle von 1,60 US-Dollar. Zudem wird angenommen, dass die Prämienrückvergütungsschwelle während der Laufzeit des Optionsscheines unterschritten wird, d.h. der Auszahlbetrag wird nicht ausgezahlt.

Abbildung 39 zeigt, dass nun der Cool-Optionsschein und der Standard-Optionsschein ungefähr dieselbe Performance haben.

Durch die Konstruktion der Cool-Optionsscheine kommt es also zu einer nachträglichen Rückzahlung der Optionsscheinprämie durch die Digital-Komponente. Dies führt wiederum im Nachhinein zu einem verminderten Preis für die Standard-Optionsschein-Komponente. Deswegen ergeben sich für die Cool-Optionsscheine folgende Auszahlungsprofile.

Das Auszahlungsprofil für einen Cool-Call-Optionsschein sieht wie folgt aus:

Cool Call $_{\text{Schwelle nicht unterschritten}}$	Prämienrückvergütung + max (0; Kurs des Basiswertes am Verfallstag – Basispreis)
Cool Call $_{\text{Schwelle unterschritten}}$	max (0; Kurs des Basiswertes am Verfallstag – Basispreis)

Das Auszahlungsprofil für einen Cool-Put-Optionsschein sieht wie folgt aus:

Cool Put $_{\text{Schwelle nicht überschritten}}$	max (0; Basispreis – Kurs des Basiswertes am Verfallstag)
Cool Put $_{\text{Schwelle überschritten}}$	Prämienrückvergütung + max (0; Basispreis – Kurs des Basiswertes am Verfallstag)

7.7. Komet-Optionsscheine

Bei einem Komet-Optionsschein erhält der Inhaber am Ende der Laufzeit die positive Differenz zwischen dem aktuellen Kurs des Basiswertes und Basispreises ausgezahlt, wenn der Basiswert während der Laufzeit niemals die Knock-Out-Schwelle überschritten hat. Allerdings wird der eingetretene Verlust beim Überschreiten der Knock-Out-Schwelle teilweise ausgeglichen durch eine Teilrückerstattung. Komet-Optionsscheine mit einem solchen Profil bezeichnet man auch als Komet-Call-Optionsscheine. Demgegenüber werden Komet-Optionsscheine mit einem umgekehrten Profil als Komet-Put-Optionsscheine bezeichnet.

Hieraus erkennt man schon, dass es sich bei den Komet-Optionsscheinen um eine Kombination zwischen den Digital-Optionsscheinen und den Up and Out Call-Barrier-Optionsscheinen[77] handelt.

Die Komet-Call-Optionsscheine haben folgendes Auszahlungsprofil:

---

[77] siehe Kapitel 6.1.

Komet Call $_{\text{Schwelle nicht unterschritten}}$	max (0; Kurs des Basiswertes am Verfallstag – Basispreis)
Komet Call $_{\text{Schwelle unterschritten}}$	Teilrückerstattung

Dagegen haben die Komet-Put-Optionsscheine folgendes Auszahlungsprofil.

Komet Put $_{\text{Schwelle nicht überschritten}}$	Teilrückerstattung
Komet Put $_{\text{Schwelle überschritten}}$	max (0; Basispreis – Kurs des Basiswertes am Verfallstag)

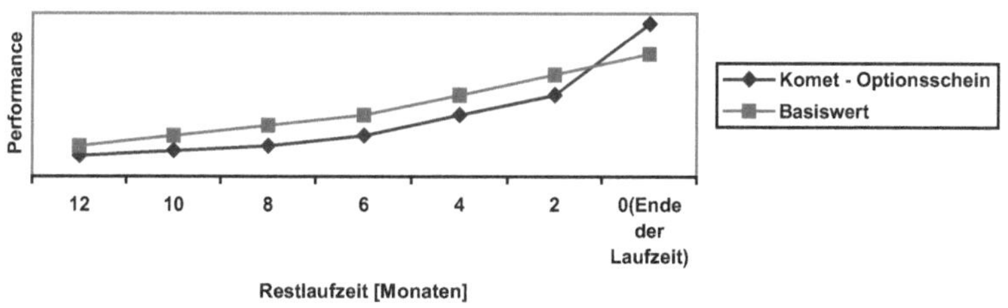

Abbildung 40: Performancevergleich zwischen einem Komet-Call-Optionsschein und dem Basiswert

Abbildung 40 zeigt, dass die Komet-Optionsscheine zu Beginn der Laufzeit sehr träge auf Kursveränderungen des Basiswertes reagieren, um gegen Ende der Laufzeit, wenn die Optionsscheine tief im Geld sind, explosiv auf jeder Kursveränderung des Basiswertes zu reagieren. Insofern eignen sich die Komet-Optionsscheine nur für Anleger mit einer genau definierten Marktmeinung.

7.8. Range-Optionsscheine

Zunächst einmal bieten die Range-Optionsscheine dem Anleger die Möglichkeit, bei stagnierenden Wertpapiermärkten noch Geld zu verdienen. Ferner zeichnen sich Range-Optionsscheine dadurch aus, dass sie einen Zeitwertgewinn haben. Dagegen haben herkömmliche und auch viele exotische Optionsscheine einen Zeitwertverlust.

Infolgedessen eignen sich Range-Optionsscheine auch zur Spekulation auf ein bestimmtes Volatilitätsniveau, weil sie dem Anleger die Möglichkeit eröffnen, eine Short-Position in der Volatilität einzugehen.

Die klassischen Range-Optionsscheine berechtigen dabei zu einem im Voraus festgelegten Auszahlungsbetrag, falls der Kurs des Basiswertes am Fälligkeitstag innerhalb einer in den Optionsscheinbedingungen festgelegten Brandbreite des Basiswertes notiert.

Beispiel 20: Klassische Range-Optionsscheine

In diesem Beispiel betrachten wir einen klassischen Range-Optionsschein der Muster AG-Aktie mit einer Bandbreite von 220 Euro bis 260 Euro. Ferner beträgt der Auszahlungsbetrag 50 Euro, wenn die Aktie am Fälligkeitstag innerhalb der Bandbreite von 220 Euro bis 260 Euro notiert.

Stand der Aktie am Fälligkeitstag	Auswirkungen auf den klassischen Range-Optionsschein
200 Euro	Der Range-Optionsschein verfällt wertlos, weil die Muster AG-Aktie nicht innerhalb der Bandbreite von 220 bis 260 Euro notiert.
220 Euro	Die Aktie liegt innerhalb der Bandbreite von 220 bis 260 Euro, deshalb bekommt der Inhaber des Range-Optionsscheines den Auszahlungsbetrag von 50 Euro ausgezahlt.
260 Euro	Die Aktie liegt innerhalb der Bandbreite von 220 bis 260 Euro, deshalb bekommt der Inhaber des Range-Optionsscheines den Auszahlungsbetrag von 50 Euro ausgezahlt.
280 Euro	Der Range-Optionsschein verfällt wertlos, weil die Muster AG-Aktie nicht innerhalb der Bandbreite von 220 bis 260 Euro notiert.

Aus Beispiel 20 erkennt man, dass es sich bei den Range-Optionsscheinen um eine Kombination aus einem Digital-Call-Optionsschein mit niedrigem Basispreis und einem Digital-Put-Optionsschein mit einem höheren Basispreis handelt.

Der Preis der Range-Optionsscheine wird hauptsächlich durch die Parameter Terminkurs und Volatilität bestimmt. Dabei lässt sich um den Terminkurs herum ein Intervall legen, dessen Breite von der Volatilität des Basiswertes sowie der Länge der Restlaufzeit abhängig ist. Mit anderen Worten kann man sagen, dass der Wert des Optionsscheines dem prozentualen Anteil entspricht, zu dem diese konstruierte Wahrscheinlichkeitsmenge innerhalb der Bandbreite des Range-Optionsscheines liegt.

Aus diesem Grund ergibt sich für den Anleger die günstigste Entwicklung, wenn bei abnehmender Volatilität die Wahrscheinlichkeitsmenge über die gesamte Laufzeit innerhalb der Bandbreite des Range-Optionsscheines liegt. Ferner hängt der Preis der Range-Optionsscheine natürlich auch von der Größe der Bandbreite ab. In der Regel gilt, je größer die Bandbreite des Range-Optionsscheines wird, umso teurer werden die Optionsscheine.

Beispiel 21: Einfluss der Größe der Bandbreite eines Range-Optionsscheines auf den Preis

In diesem Beispiel betrachten wir zwei Range-Optionsscheine mit derselben Ausstattung, bis auf die Bandbreite, für die Muster AG Aktie.

Range-Optionsschein mit großer Bandbreite	Range-Optionsschein mit kleiner Bandbreite
Bandbreite 200 bis 300 Euro	Bandbreite 220 bis 250 Euro
Auszahlungsbetrag 50 Euro	Auszahlungsbetrag 50 Euro
Preis des Optionsscheines 30 Euro	Preis des Optionsscheines 10 Euro

Demzufolge sind Range-Optionsscheine in stagnierenden bzw. ruhigen Marktphasen eine sinnvolle Anlagealternative. Dabei darf die Bandbreite des Range-Optionsscheines aber nicht zu eng bemessen werden, auch wenn dies etwas teurer ist als bei Range-Optionsscheinen mit einer engen Bandbreite.

In der letzten Zeit kamen vermehrt Range-Optionsscheine mit anderen Ausgestaltungsarten auf dem Markt. Solche Range-Optionsscheine kamen unter Bezeichnungen wie z.B. Hamster, E.A.R.N, Day-Count-Range oder Simplex-Korridor-Optionsscheine auf den Markt.

Alle diesen neuen Range-Optionsscheine lassen sich in zwei grundlegende Erscheinungsformen unterteilen:

Ansammelnde Range-Optionsscheine und Range-Optionsscheine mit festem Rückzahlungsbetrag und einer Knock-Out-Option[78].

7.8.1. Ansammelnde Range-Optionsscheine

Bei den ansammelnden Range-Optionsscheinen erwirbt der Anleger das Recht auf die Zahlung eines vorab definierten Geldbetrages pro Kalendertag, an dem der Kurs des Basiswertes innerhalb der festgelegten Bandbreite des Basiswertes notiert. Ferner erfolgt die Auszahlung des angesammelte Geldbetrages am Ende der Laufzeit des Range-Optionsscheines.

Solche Optionsscheine stellen eine Serie von One-Touch-Digital-Optionen dar. Folglich ist der Inhaber eines ansammelnden Range-Optionsscheines jeden Tag der Laufzeit in einer Digital-Option mit dem Basispreis in Höhe der Untergrenze long und in einer Digital-Option mit dem Basispreis in Höhe der Obergrenze short. Insofern kann man davon ausgehen, dass der Inhaber eines ansammelnden Range-Optionsscheines mit einer Laufzeit von einem Jahr ein Paket von 365 einzelnen Bandbreiten-Optionsscheinen mit Laufzeiten von einem bis zu 365 Tagen erwirbt. Dabei entspricht der Wert des Range-Optionsscheines der Summe der Einzelwerte dieser Bandbreiten-Optionsscheine.

Ferner lassen sich die ansammelnden Range-Optionsscheine danach charakterisieren, welche Konsequenzen ein Verlassen des Kurses des Basiswertes aus der in den Optionsbedingungen festgelegten Bandbreite hat.

- Einseitige Range-Optionsscheine
- Zweiseitige Range-Optionsscheine

Die einseitigen Range-Optionsscheine, wie Hamster, Day-Count-Range oder E.A.R.N., zeichnen sich dadurch aus, dass der einmal in der Range angesammelte Betrag erhalten bleibt, auch wenn der Basiswert die Bandbreite verlässt, d.h. der Anleger hat die einmal gutgeschriebenen Beträge sicher und bekommt sie am Laufzeitende ausbezahlt.

Es gibt aber auch Range-Optionsscheine auf dem LIBOR[79] bzw. FIBOR[80], die die angesammelten Beträge nicht am Laufzeitende ausschütten, sondern oftmals in vierteljährlichen Abständen auszahlen. Solche Range-Optionsscheine werden auch als ART-Optionsscheine[81] bezeichnet.

---

[78] siehe auch Kapitel 6.1.

[79] Abk. für London Interbank Offered Rate. Zu diesem Zinssatz sind die Banken in London bereit, kurzfristig Geld bei anderen Banken anzulegen.

[80] Abk. für Frankfurt Interbank Offered Rate. Zu diesem Zinssatz sind die Banken in Frankfurt bereit, kurzfristig Geld bei anderen Banken anzulegen.

[81] ART steht für Aceruing in a Rang relative to Time

Bei den zweiseitigen Range-Optionsscheinen wird beim Verlassen der Bandbreite für jeden Tag, den der Basiswert außerhalb der Bandbreite notiert, derselbe Betrag abgezogen, wie der gutzuschreibende Betrag, von der bis dahin angesammelten Gutschrift. Deswegen sind die zweiseitigen Range-Optionsscheine wesentlich riskanter als die einseitigen Range-Optionsscheine.

Aber beiden Optionsscheinen ist gleich, dass wenn der Basiswert nach dem Verlassen der Bandbreite wieder in sie zurückkehrt, der Anleger wieder den vereinbarten Geldbetrag gutgeschrieben bekommt.

Beispiel 22: Einseitige und zweiseitige Range-Optionsscheine im Vergleich

In diesem Beispiel betrachten wir zwei Range-Optionsscheine der Muster AG-Aktien, mit derselben Ausstattung. Sie unterscheiden sich nur in der Handhabung, was passiert, wenn der Basispreis die Bandbreite verlässt. Als Bandbreite wird festgelegt für die Muster-Aktien 220 bis 260 Euro. Ferner erhält der Anleger für jeden Tag, an dem die Aktie innerhalb der Bandbreite liegt, 0,1 Euro. Die Laufzeit der Optionsscheine beträgt 365 Tage.

Anzahl der Tage, an denen die Aktie innerhalb der Bandbreite lag	Einseitiger Range-Optionsschein	Zweiseitiger Range Optionsschein
365 Tage	36,50 Euro	36,50 Euro
300 Tage	30,00 Euro	23,50 Euro
250 Tage	25,00 Euro	13,50 Euro
200 Tage	20,00 Euro	3,50 Euro
183 Tage	18,30 Euro	0,10 Euro
182 Tage	18,20 Euro	-0,10 Euro
100 Tage	10,00 Euro	-16,50 Euro
50 Tage	5,00 Euro	-26,50 Euro
0 Tage	0,00 Euro	-36,50 Euro

Aus Beispiel 22 erkennt man den Nachteil der zweiseitigen Range-Optionsscheine deutlich, nämlich dass sie schon, wenn der Basiswert in der Hälfte der Laufzeit außerhalb der Bandbreite war, einen Verlust erzielen. Außerdem können die zweiseitigen Range-Optionsscheine einen negativen Wert für das angesammelte Geld haben, d.h. einen Verlust. Dies ist bei den einseitigen Range-Optionsscheinen unmöglich. Ob der Anleger nun dem Emittenten des zweiseitigen Range-Optionsscheines nun den Fehlbetrag auszahlen muss oder nicht, hängt von den Optionsscheinbedingungen ab. Folglich sollte der Investor nur solche zweiseitigen Range-Optionsscheine erwerben, wo es keine eventuelle Auszahlung der entstandenen Verluste gibt.

7.8.2. Range-Optionsscheine mit festem Rückzahlungsbetrag und Knock-Out-Option

Bei diesen Range-Optionsscheinen erhält der Investor zum Ende der Laufzeit des Optionsscheines vom Emittenten dann einen im Voraus festgelegten Geldbetrag, wenn der Kurs des Basiswertes während der gesamten Laufzeit die Bandbreite des Basiswertes nicht verlassen hat. Falls der Kurs des Basiswertes auch nur einmal die Bandbreite verlässt, verfällt der Optionsschein wertlos.

Dies Art der Range-Optionsscheine wird auch als Double-Lock-Out-Optionsschein bezeichnet, weil die Möglichkeit besteht, sowohl die obere als auch die untere Grenze der Bandbreite zu überschreiten und somit der Optionsschein wertlos verfällt. Des Weiteren erkennt man, dass diese Optionsscheine eine Ähnlichkeit mit den klassischen Range-Optionsscheinen haben.

Zudem gibt es aber auch Range-Optionsscheine mit mehreren ineinander verschachtelten Bandbreiten. Dabei wird zwischen folgenden Optionsscheinen unterschieden:

- Onion-Optionsschein
- Trinity-Double-Lock-Out-Optionsschein
- Quattro-Optionsschein

Der Onion-Optionsschein zeichnet sich dadurch aus, dass er zwei ineinander verschachtelte Bandbreiten mit entsprechender Knock-Out-Option hat. Falls der Kurs des Basispreises während der gesamten Laufzeit innerhalb der inneren Bandbreite bleibt, erhält der Inhaber des Optionsscheines einen bestimmten Betrag ausgezahlt. Verlässt der Kurs des Basiswertes aber die innere Bandbreite, wird er von einer äußeren Bandbreite, die breiter gefasst ist, aufgefangen. Wenn der Kurs des Basiswertes innerhalb der äußeren Bandbreite bleibt, erhält der Anleger noch einen Geldbetrag. Dieser Geldbetrag ist aber wesentlich kleiner als der für den inneren Rang. Verlässt nun der Basiswert auch die äußere Bandbreite, verfällt der Optionsschein wertlos. Zur Erläuterung des Onion-Optionsscheines sei noch gesagt, dass der Kurs des Basiswertes nur einmal unter die gegebene Grenze bzw. Bandbreite fallen muss, damit das entsprechende Ereignis ausgelöst wird.

Beispiel 23: Onion-Range-Optionsscheine

In diesem Beispiel betrachten wir einen Onion-Range-Optionsschein der Muster AG-Aktie mit einer inneren Bandbreite von 220 Euro bis 260 Euro sowie einer äußeren Bandbreite von 180 Euro bis 320 Euro. Ferner beträgt der Auszahlungsbetrag 50 Euro, wenn die Aktie während der Laufzeit des Optionsscheines innerhalb der inneren Bandbreite notiert. Dagegen beträgt der Auszahlungsbetrag 10 Euro, wenn die Aktie während der Laufzeit des Optionsscheines innerhalb der äußeren Bandbreite notiert.

Kleinster Kurs der Aktie während der Laufzeit des Optionsscheines	Auswirkungen auf den Onion-Range-Optionsschein
179 Euro	Der Optionsschein verfällt wertlos, da der Kurs der Aktie außerhalb der äußeren Bandbreite liegt.
219 Euro	Der Anleger bekommt 10 Euro, weil die Aktie innerhalb der äußeren Bandbreite liegt.
260 Euro	Der Anleger bekommt 50 Euro, weil die Aktie innerhalb der inneren Bandbreite liegt.
320 Euro	Der Anleger bekommt 10 Euro, weil die Aktie innerhalb der äußeren Bandbreite liegt.
321 Euro	Der Optionsschein verfällt wertlos, da der Kurs der Aktie außerhalb der äußeren Bandbreite liegt.

Dem Onion-Optionsschein setzt der Trinity-Double-Out-Optionsschein noch eine Stufe drauf, d.h. nun betrachtet man einen Optionsschein mit drei Bandbreiten. Aber der Trinity-Double-Out-Optionsschein hat denselben Mechanismus wie der Onion-Optionsschein.

Bei den Quattro-Optionsscheinen beziehen sich die Bandbreiten nicht auf ein und denselben Basiswert, sondern auf vier verschiedene Basiswerte. Bewegen sich bei einem Quattro-Optionsschein alle Basiswerte während der gesamten Laufzeit innerhalb ihrer Bandbreite, so erhält der Anleger den achtfachen Betrag einer vorher festgelegten Summe. Verlässt nun aber ein Basiswert seine Bandbreite, verfällt dieser Teil des Quattro-Optionsscheines[82] wertlos, aber die anderen Opti-

[82] siehe hierzu auch Beispiel 25

onsrechte bleiben hiervon unberührt. Der genaue Funktionsmechanismus ist im folgenden Beispiel erläutert.

Beispiel 24: Quattro-Optionsschein

In diesem Beispiel betrachten wir einen Quattro-Optionsschein mit den Basiswerten: Muster AG-Aktie, den Musterindex, den LIBOR und den US-Dollar zu Euro. Des Weiteren haben die Basiswerte folgende Bandbreiten: Muster AG-Aktien von 220 bis 260 Euro; Musterindex von 5.000 bis 5.9000 Punkten; LIBOR 3 bis 3,25%; US-Dollar 0,96 bis 1,00 Euro. Der Auszahlungsbetrag beträgt 50 Euro.

Kleinster Kurs der Basiswerte während der Laufzeit des Optionsscheines			Auswirkungen auf den Quattro-Optionsschein
Muster Aktie	200	Euro	Der Optionsschein verfällt wertlos, da alle Basiswerte außerhalb der Bandbreite liegen.
Musterindex	4900	Punkte	
LIBOR	2,9	%	
US-Dollar	0,95	Euro	
Muster Aktie	219	Euro	Der Inhaber des Optionsscheines bekommt 50 Euro ausgezahlt, weil der Musterindex in der Bandbreite liegt, alle anderen Optionsrechte verfallen wertlos.
Musterindex	5.000	Punkte	
LIBOR	2,95	%	
US-Dollar	0,95	Euro	
Muster Aktie	220	Euro	Der Inhaber des Optionsscheines bekommt 150 Euro ausgezahlt, weil mehrere Basiswerte in der Bandbreite liegen, alle anderen Optionsrechte verfallen wertlos.
Musterindex	5.100	Punkte	
LIBOR	2,96	%	
US-Dollar	0,96	Euro	
Muster Aktie	230	Euro	Der Inhaber des Optionsscheines bekommt 400 Euro ausgezahlt, weil alle Basiswerte in der Bandbreite liegen.
Musterindex	5.200	Punkte	
LIBOR	3,00	%	
US-Dollar	0,99	Euro	

7.9. Average-Optionsscheine

Bei den Average-Optionsscheinen[83] wird der Auszahlungsbetrag nicht durch den Kurs des Basiswertes am Verfallstag bestimmt, sondern durch einen Durchschnittskurs. Hierbei erhält der Inhaber dieser Optionsscheine bei Fälligkeit den Differenzbetrag zwischen dem über die Laufzeit gebildeten Durchschnittskurs und dem Basispreis ausgezahlt. Dies gilt allerdings nur, wenn der Durchschnittskurs über dem in den Optionsscheinbedingungen festgelegten Basispreis liegt.

Eine andere interessante Variante stellt die Average-Strike-Option dar. Bei dieser Optionsvariante wird ebenfalls aus den Kursen des Basiswertes über die Laufzeit hinweg ein Durchschnittskurs gebildet, aber dieser dient dann als Basispreis.

Weiterhin kann der Durchschnittskurs auf unterschiedliche Weise ermittelt werden:

- Die Durchschnittskurs-Ermittlung basiert auf Quartals-, Monats-, Wochen-, oder Tageskursen.
- Die Durchschnittskurs-Ermittlung erfolgt über die gesamte Optionslaufzeit oder über eine Teilperiode.
- Die Durchschnittskurs-Ermittlung erfolgt als geometrisches oder arithmetisches Mittel.

Der Auszahlbetrag wird, wie folgt, für die Average-Optionsscheine und deren Variante Average-Strike-Option, berechnet.

Average-Rate-Option	=	Max (0; Durchschnittskurs des Basiswertes – Basispreis)
Average-Strike-Option	=	Max (0; Kurs des Basiswertes am Verfallstag – Durchschnittskurs)

Der Vorteil der Average-Optionsscheine ist, dass das Risiko eines Totalverlustes durch einen möglichen Kursrutsch gegen Ende ihrer Laufzeit durch die Durchschnittskurse für den Basiswert deutlich reduziert wird. Außerdem sind die Average-Optionsscheine aufgrund der geringen Volatilität von den Durchschnitten wesentlich günstiger als Standard-Optionsscheine. Dies führt letztlich auch dazu, dass das Optionsrisiko und somit der Zeitwertverlust des Optionsscheines reduziert wird.

---

[83] Diese Optionsscheine werden auch Asiatische Optionen oder Average-Rate-Optionen bezeichnet.

7.10. Lookback-Optionsscheine

Bei den Lookback-Optionsscheinen wird der Basispreis erst am Ende der Laufzeit festgelegt und ist vom Kursverlauf des Basiswertes abhängig. Hierbei wird bei den Lookback-Calls als Basispreis der tiefste Kurs des Basiswertes während der Lookback-Periode festgelegt und bei den Lookback Put der höchste Kurs. Deshalb gibt der Lookback-Call dem Käufer das Recht, am Ende der Laufzeit den zugrunde liegenden Basiswert zum niedrigsten Kurs, der während der Laufzeit realisiert wurde, zu erwerben. Demgegenüber gibt der Lookback Put dem Käufer das Recht, am Ende der Laufzeit den zugrunde liegenden Basiswert zum höchsten Kurs, der während der Laufzeit realisiert wurde, zu verkaufen.

Insofern ergibt sich bei einem Lookback-Call der Auszahlungsbetrag aus der Differenz zwischen dem Kurs des Basiswertes am Verfallstag und dem Tiefstkurs, der während der Lookback-Periode festgestellt wurde. Dagegen ergibt sich der Auszahlungsbetrag bei einem Lookback Put aus der Differenz zwischen dem Höchstkurs, der während der Laufzeit der Lookback-Periode festgestellt wurde, und dem Kurs des Basiswertes am Fälligkeitstag.

Die Lookback-Periode kann dabei sowohl die gesamte Laufzeit des Optionsscheines betragen oder was häufiger vorkommt eine deutlich kürzer Periode als die Laufzeit des Optionsscheines haben. Deswegen muss der Investor, bevor er einen Lookback-Optionsschein erwirbt, in den Optionsbedingungen nachsehen, auf welche Zeitperiode sich die Lookback-Periode bezieht.

Beispiel 25: Put-Lookback-Optionsschein

In diesem Beispiel betrachten wir einen Put-Lookback-Optionsschein der Muster AG-Aktie mit einer Laufzeit von einem Jahr. Die Lookback-Periode beträgt die letzten 10 Tage. Die Optionsprämie beträgt 10 Euro.

Zur Ermittlung des höchsten Kurses innerhalb der Lookback-Periode gehen wir von folgenden Kursen der Muster AG-Aktie aus.

Tag der Lookback Periode	Aktienkurs	Tag der Lookback-Periode	Aktienkurs
1. Tag	210 Euro	6. Tag	250 Euro
2. Tag	230 Euro	7. Tag	220 Euro
3. Tag	210 Euro	8. Tag	240 Euro
4. Tag	245 Euro	9. Tag	215 Euro
5. Tag	240 Euro	10. Tag	235 Euro

Der höchste Kurs innerhalb der Lookback-Periode ist 250 Euro. Demzufolge ist der Basispreis des Put-Lookback-Optionsscheines 250 Euro.

Der Kurs der Aktie Muster ist am Fälligkeitstag 235 Euro. Deswegen ergibt sich folgender Auszahlungsbetrag:

Auszahlungsbetrag = (Basispreis des Optionsscheines) – (Kurs des Basiswertes am Fälligkeitstag)

= 250 Euro – 235 Euro = 15 Euro

Der Gewinn bzw. Verlust für einen Lookback-Optionsschein ergibt sich aus folgender Formel:

Gewinn/Verlust = Auszahlungsbetrag – Optionsprämie

= 15 Euro – 10 Euro = 5 Euro

Beispiel 26: Call-Lookback-Optionsschein

In diesem Beispiel betrachten wir einem Call-Lookback-Optionsschein der Muster AG-Aktie. Mit einer Laufzeit von einem Jahr. Die Lookback-Periode beträgt die letzten 10 Tage. Die Optionsprämie beträgt 10 Euro.

Zur Ermittlung des tiefsten Kurses innerhalb der Lookback-Periode gehen wir von folgenden Kursen der Muster AG-Aktie aus.

Tag der Lookback Periode	Aktienkurs	Tag der Lookback-Periode	Aktienkurs
1. Tag	210 Euro	6. Tag	250 Euro
2. Tag	230 Euro	7. Tag	220 Euro
3. Tag	210 Euro	8. Tag	240 Euro
4. Tag	245 Euro	9. Tag	215 Euro
5. Tag	240 Euro	10. Tag	235 Euro

Der tiefste Kurs innerhalb der Lookback-Periode ist 210 Euro. Demzufolge beträgt der Basispreis des Call-Lookback-Optionsscheines 210 Euro.

Der Kurs der Muster AG-Aktie ist am Fälligkeitstag 235 Euro. Deswegen ergibt sich folgender Auszahlungsbetrag:

Auszahlungsbetrag = Kurs des Basiswertes am Fälligkeitstag – Basispreis des Optionsscheines

= 235 Euro – 210 Euro = 25 Euro

Der Gewinn bzw. Verlust für einen Lookback-Optionsschein ergibt sich aus folgender Formel:

Gewinn/Verlust = Auszahlungsbetrag – Optionsprämie

= 25 Euro – 10 Euro = 15 Euro

Wie stark sind die Lookback-Optionsscheine abhängig von der Volatilität des Basiswertes? Hierzu betrachteten wir einen Call-Lookback-Optionsschein innerhalb einer Seitwärtsbewegung bzw. eines stagnierenden Marktes.

Beispiel 27: Call-Lookback-Optionsscheine bei einer Seitwärtsbewegung des Basiswertes

In diesem Beispiel betrachten wir einen Call-Lookback-Optionsschein der Muster AG-Aktie mit einer Laufzeit von einem Jahr. Die Lookback-Periode beträgt die letzten 10 Tage. Die Optionsprämie beträgt 10 Euro.

Zur Ermittlung des tiefsten Kurses innerhalb der Lookback-Periode gehen wir von folgenden Kursen der Muster AG Aktie aus.

Tag der Lookback-Periode	Aktienkurs	Tag der Lookback-Periode	Aktienkurs
1. Tag	210 Euro	6. Tag	210 Euro
2. Tag	216 Euro	7. Tag	214 Euro
3. Tag	215 Euro	8. Tag	216 Euro
4. Tag	216 Euro	9. Tag	215 Euro
5. Tag	211 Euro	10. Tag	216 Euro

Der tiefste Kurs innerhalb der Lookback-Periode ist 210 Euro. Demzufolge ist der Basispreis des Call-Lookback-Optionsscheines 210 Euro.

Der Kurs der Muster-Aktien ist am Fälligkeitstag 216 Euro. Deswegen ergibt sich folgender Auszahlungsbetrag:

Auszahlungsbetrag	=	Kurs des Basiswertes am Fälligkeitstag – Basispreis des Optionsscheines
	=	216 Euro – 210 Euro = 6 Euro

Der Gewinn bzw. Verlust für einen Lookback-Optionsschein ergibt sich aus folgender Formel:

Gewinn/Verlust	=	Auszahlungsbetrag – Optionsprämie
	=	6 Euro – 10 Euro = -4 Euro

Aus Beispiel 26 und 27 erkennt man, dass der Kauf von Lookback-Optionsscheinen sich nur rentiert, wenn extreme Kursbewegungen erwartet werden. Weiterhin ist die Optionsprämie für einen Lookback-Optionsschein immer höher als für einen vergleichbaren Standard-Optionsschein. Ferner sind Lookback-Optionsscheine wesentlich volatilitätssensitiver als vergleichbare Standard-Optionsscheine.

7.11. Ladder-Optionsscheine

Der Ladder-Optionsschein zeichnet sich dadurch aus, dass der Basispreis des Optionsscheines immer nach einem im Voraus definierten Muster an die Kursbewegung des Basiswertes angepasst wird. Dabei findet die Anpassung immer dann statt, wenn der Basiswert ein bestimmtes Kursniveau erreicht hat.

Ferner wird dem Inhaber eines Ladder-Optionsscheines ausgehend vom Basispreis in gleich großen Abständen die Differenz zwischen dem ursprünglichen Basispreis sowie dem erreichten Kursniveau gutgeschrieben, d.h. dem inneren Wert des Optionsscheines. Allerdings erfolgt das automatische Festschreiben des inneren Wertes bis zu einem im Voraus festgelegten Niveau.

Dabei bekommt der Inhaber eines Ladder Calls am Ende der Laufzeit die Differenz zwischen dem ursprünglichen Basispreis und dem höchsten Niveau das der Basiswert während der Laufzeit überschritten hat, ausgezahlt. Im Gegensatz dazu erhält der Inhaber eines Ladder Puts am Ende der Laufzeit die Differenz zwischen dem ursprünglichen Basispreis und dem niedrigsten Niveau, das der Basiswert während der Laufzeit unterschritten hat, ausbezahlt. Aber die Auszahlung ist sowohl bei dem Ladder Call als auch bei dem Ladder Put durch das einmalige Überschreiten bzw. Unterschreiten eines jeden Niveaus bestimmt und auf ein maximales Niveau begrenzt.

Beispiel 28: Call-Ladder-Optionsschein

In diesem Beispiel betrachten wir einen Call-Ladder-Optionsschein der Muster AG-Aktie mit einer Laufzeit von einem Jahr. Die Optionsprämie beträgt 10 Euro und die Aktie hat einen Wert von 190 Euro zum Kaufzeit des Ladder-Optionsscheines. Der ursprüngliche Basispreis des Ladder-Optionsscheines ist 200 Euro.

Ferner hat der Optionsschein folgende Kursniveaus

Niveau	Aktienkurs	Niveau	Aktienkurs
1. Niveau	210 Euro	4. Niveau	240 Euro
2. Niveau	220 Euro	5. Niveau	250 Euro
3. Niveau	230 Euro		

Außerdem hat die Aktie folgenden Kursverlauf innerhalb der Laufzeit des Optionsscheines

Aktienkurs	Niveau	Auszahlungsbetrag festgeschrieben
215 Euro	1. Niveau	25 Euro
222 Euro	2. Niveau	32 Euro
231 Euro	3. Niveau	41 Euro
240 Euro	4. Niveau	50 Euro
250 Euro	5. Niveau	60 Euro

220 Euro Stand der Aktie am Ende der Laufzeit

Der Anleger bekommt am Ende der Laufzeit 60 Euro ausgezahlt, obwohl die Aktie dann deutlich unterhalb des maximalen Niveaus notiert, weil bei den Ladder-Optionsscheinen der Kurs nur einmalig über dem entsprechenden Niveau sein muss, damit der Auszahlungsbetrag gutgeschrieben wird. Aber es findet keine Addition sämtlicher Auszahlungsbeträge statt, sondern es wird immer der größte Betrag ausgezahlt.

Beispiel 29: Put-Ladder-Optionsschein

In diesem Beispiel betrachten wir einen Put-Ladder-Optionsschein der Muster AG-Aktie mit einer Laufzeit von einem Jahr. Die Optionsprämie beträgt 10 Euro und zum Kaufzeit des Ladder-Optionsscheines hat die Muster Aktien einem Wert von 210 Euro. Der ursprüngliche Basispreis des Ladder-Optionsscheines ist 200 Euro.

Ferner hat der Optionsschein folgende Kursniveaus

Niveau	Aktienkurs	Niveau	Aktienkurs
1. Niveau	180 Euro	4. Niveau	150 Euro
2. Niveau	170 Euro	5. Niveau	140 Euro
3. Niveau	160 Euro		

Außerdem hat die Aktie folgenden Kursverlauf innerhalb der Laufzeit des Optionsscheines

Aktienkurs	Niveau	Auszahlungsbetrag festgeschrieben
180 Euro	1. Niveau	20 Euro
180 Euro	1. Niveau	20 Euro
160 Euro	3. Niveau	40 Euro
170 Euro	2. Niveau	30 Euro
130 Euro	5. Niveau	60 Euro

100 Euro Stand der Aktie am Ende der Laufzeit

Der Anleger bekommt am Ende der Laufzeit 60 Euro ausgezahlt, obwohl die Aktie am Ende der Laufzeit deutlich stärker gefallen ist als das maximale Niveau, weil das maximale Niveau gleichzeitig den maximalen Auszahlungsbetrag symbolisiert.

Demzufolge schreiben Ladder-Optionsscheine den Gewinn fest sowie auch die Volatilität und Zinsen. Ferner bestehen die Ladder-Optionsscheine aus einer Serie von Knock-In-Optionen. Daneben erkennt man aus dem Beispiel, dass im Gegensatz zu den Standard-Optionsscheinen der Basispreis bei Ladder-Optionsscheinen rolliert.

Dieses schützt dem Inhaber von Ladder-Optionsscheinen vor einem großen Kursverlust des Optionsscheines bei Kurseinbrüchen des Basiswertes vor allem zum Ende der Laufzeit des Optionsscheines.

Der Nachteil der Ladder-Optionsscheine ist, dass sie eine Gewinnbegrenzung haben, d.h. sie partizipierten bei einem kräftigen Kursanstieg bzw. Kursrückgang nicht im vollen Umfang an der Entwicklung.

7.12. Cliquet-Optionsscheine

Die Cliquet-Optionsscheine[84] zeichnen sich dadurch aus, dass der Basispreis zu vorab festgelegten Zeitpunkten an den aktuellen Kurs des Basiswertes angepasst wird. Hierbei erfolgt die Anpassung meist in regelmäßigen Abständen. Außerdem wird zeitgleich mit der Anpassung ein möglicher innerer Wert des Optionsscheines festgeschrieben. Dieser wird dem Anleger am Ende der Laufzeit gutgeschrieben.

Die Funktionsweise der Cliquet-Optionsscheine wird anhand des Beispiels 30 näher erläutert.

Beispiel 30: Cliquet-Optionsscheine

Der ursprüngliche Basispreis des Cliquet-Optionsscheines liegt bei 100 Euro. Ferner steigt der Kurs des Basiswertes bis zum nächsten Stichtag bis auf 130 Euro. Dies bedeutet, der Anleger bekommt den inneren Wert von 30 Euro gutgeschrieben. Dieser innere Wert wird dem Anleger dann am Ende der Laufzeit des Optionsscheines als Auszahlungsbetrag garantiert.

Fällt nun der Kurs zum folgenden Stichtag auf 80 Euro, so wird dieser als neuer Basiskurs festgelegt. Aber der zuvor festgelegte Auszahlungsbetrag von 30 Euro bleibt davon unberührt.

Steigt nun der Kurs zum folgenden Stichtag auf 130 Euro, so wird dieser als neuer Basiskurs festgelegt. Ferner erhält nun der Anleger den inneren Wert des Optionsscheines von 50 Euro als Auszahlungsbetrag garantiert. Der bisher gültige Auszahlungsbetrag verliert seine Gültigkeit und wird durch den größeren ersetzt. Dieser Vorgang findet nur statt, wenn der neue Auszahlungsbetrag größer ist als der alte Auszahlungsbetrag.

Aus Beispiel 30 erkennt man, dass Cliquet-Optionsscheine den Anleger durch das Festschreiben des an den zwischenzeitlichen Stichtagen ermittelten Auszahlungsbetrages vor enormen Kursverlusten des Optionsscheines bei Kurseinbrüchen des Basiswertes vor allem zum Ende der Laufzeit schützen. Denn häufig

[84] Cliquet-Optionsscheine werden auch als Ratchet- und Delayed-Optionsscheine bezeichnet.

beobachtet man, dass der innere Wert einer Option durch plötzliche Marktbewegungen am Ende der Laufzeit vernichtet wird.

Die Cliquet-Optionsscheine bestehen aus einer Serie von Delay-Optionen. Die Delay-Strike-Option ist eine Option, bei der der Basispreis erst zu einem späteren Zeitpunkt festgelegt, aber sofort ausbezahlt wird. Dies bedeutet, dass die Basispreise an die Marktentwicklung angepasst werden, zugleich aber auch Zins und Volatilität von vornherein für die gesamte Laufzeit feststehen.

Cliquet-Optionsscheine haben immer dann eine bessere Performance als die Standard-Optionsscheine, wenn der Basiswert sich innerhalb einer volatilen Seitwärtsbewegung befindet oder einen extrem starken Kursanstieg oder Kursrückgang durchführt. Falls sich jedoch der Basiswert innerhalb eines stetigen Trends befindet, haben die Cliquet-Optionsscheine eine schlechtere Performance als die Standard-Optionsscheine, wegen ihres deutlich höheren Preises.

7.13. Pay-Later-Optionsscheine

Bei den Pay-Later-Optionsscheinen[85] muss die Prämie für den Kauf des Optionsscheines nur dann bezahlt werden, wenn der Optionsschein am Ende der Laufzeit einen inneren Wert hat.

Falls nun der Optionsschein am Ende der Laufzeit einen inneren Wert aufweist, dann muss der Investor die vorher vereinbarte Optionsprämie zahlen. Dies gilt aber auch, wenn der innere Wert geringer sein sollte als die Prämie, d.h. in diesem Fall realisiert der Investor einen Verlust.

Wenn hingegen der Optionsschein am Ende der Laufzeit keinen inneren Wert aufweist, so muss dann der Investor die vorher vereinbarte Optionsprämie nicht zahlen.

Hieraus erkennt man, dass der Anleger nur dann eine Optionsprämie zahlen muss, sofern die erwartete Entwicklung des Basiswertes eintritt.

Allerdings ist bei Pay-Later-Optionsscheinen natürlich die Prämie entsprechend größer als bei Standard-Optionsscheinen.

Dennoch nimmt die Bedeutung dieser Optionsscheine stetig zu, weil verstärkt Investoren nach kostengünstigen Möglichkeiten zur Absicherung ihrer Aktiendepots vor Kursrückgängen suchen. Denn bei diesen Optionsscheinen fallen die Hedgingkosten erst dann an, wenn ein Kursrückgang eingetreten ist, und nicht wie bei den Standard-Optionsscheinen immer.

Die Pay-Later-Optionsscheine bestehen aus einer Kombination von Standard-Optionsscheinen mit einer All-or-Nothing-Digital-Optionsscheinen.

---

[85] Die Pay-Later-Optionsscheine werden auch als Contingent-Optionsscheine bezeichnet.

7.14. Best-of-Optionsscheine

Die Best-of-Optionsscheine beziehen sich auf zwei Basiswerte. Dabei erhält der Inhaber eines Best-of-Call-Optionsscheines am Fälligkeitstag einen inneren Wert ausgezahlt, der sich an dem Basiswert orientiert, der seit Kauf des Optionsscheines die beste Performance erzielt hat. Demgegenüber erhält der Inhaber eines Best-of-Put-Optionsscheines am Fälligkeitstag einen inneren Wert ausgezahlt, der sich an dem Basiswert orientiert, der seit Kauf des Optionsscheines am stärksten gefallen ist.

Folglich sind die Best-of-Optionsscheine wegen der zusätzlichen Chance teurer als Standard-Optionsscheine, und zwar umso teurer, je geringer die Korrelation der Basiswerte untereinander ist.

Eine Weiterentwicklung von den Best-of-Optionsscheinen stellen die Rainbow-Optionsscheine dar. Hierbei haben die Rainbow-Optionsscheine dieselben Eigenschaften wie die Best-of-Optionsscheine, aber nur für eine Vielzahl von Basiswerten.

7.15. Quanto-Option

Bei den Quanto-Optionen[86] ist das Währungsrisiko, das sich daraus ergibt, dass der Basiswert in einer anderen Währung notiert als die Option selbst, ausgeschaltet. Denn bei Quanto-Optionen wird zu Beginn der Optionslaufzeit der Wechselkurs zwischen der Währung, in welche die Option notiert, und der Währung, in der der Basiswert notiert, fixiert. Zu diesem im Voraus festgelegten Wechselkurs wird beim Settlement der innere Wert der Option umgerechnet und ausgezahlt.

Quanto-Optionen sind somit Optionen, die eine Spekulation auf einen in einer Fremdwährung notierenden Basiswert ermöglichen, aber das Fremdwährungsrisiko eliminieren.

Beispielsweise investiert ein Investor in einen Sony-Euro-Quanto-Call, der dem Euro-/Yen-Wechselkurs zum Kaufzeit des Calls festlegt. Zu diesem Wechselkurs wird dann beim Settlement der innere Wert in Euro umgerechnet. Daher profitiert der Anleger mit dem Sony-Euro-Quanto-Call am Anstieg der in Yen notierten Sony-Aktie, unabhängig von Änderungen des Wechselkurses.

Aus diesem Grund eignen sich die Quanto-Optionen für Anleger, die „bullish" für einen Aktienmarkt sind aber zugleich „bearish" für die entsprechende Währung sind. Nur in diesem Fall sollte eine Quanto-Option einem Standard-

---

[86] Quanto-Optionen werden auch als Quantity-Adjusting-Optionen bezeichnet.

Optionsschein vorgezogen werden, weil die Quanto-Optionen wesentlich teurer sind als Standard-Optionsscheine.

7.16. Compound-Option

Die Compound-Option ist eine Option auf eine weitere Option. Deswegen erwirbt der Käufer einer Compound-Call-Option das Recht, nach einer bestimmten Zeit eine vorab festgelegte Option zu einem vereinbarten Preis zu kaufen. Dagegen erwirbt der Käufer einer Compound-Put-Option das Recht, nach einer bestimmten Zeit eine vorab festgelegte Option zu einem vereinbarten Preis zu verkaufen. Ferner werden die Laufzeit, Basispreis und Typ (Call oder Put) der zugrunde liegenden Option der Compound-Option im Voraus festgelegt.

Die Compound-Option ermöglichen eine drastische Senkung der Optionsprämie im Vergleich zu Standard-Optionsscheinen. Obendrein haben Compound-Optionen einen größeren Hebel als vergleichbare Standard-Optionsscheine. Deswegen werden Compound-Optionen bevorzugt zum Hedging und zur Spekulation mit einem hohen Hebel verwendet.

Ein wesentlicher Vorteil dieser Optionsscheine ist die Wahlmöglichkeit bei einer unsicheren Einschätzung der Entwicklung der Kapitalmärkte.

So möchte beispielsweise ein Anleger sein Aktiendepot gegen vermeintliche Kursrückgänge absichern, hält aber einen entsprechenden Kursrückgang für eher unwahrscheinlich. Deswegen erwirbt der Anleger eine Compound-Call-Option auf eine Put-Option. Ferner zeichnet sich die Compound-Call-Option dadurch aus, dass der Anleger die Put-Option erst nach einem Jahr beziehen kann. Hierdurch bekommt der Investor die nötige Sicherheit, zu Beginn der einjährigen Periode über gegebenenfalls eine Absicherung zu verfügen, falls dies notwendig ist und einen geringeren Prämienverlust zu haben als bei Standard-Put-Optionsscheinen, wenn der Kursrückgang nicht eintritt.

8. Besteuerung von Optionsscheinen

In diesem Kapitel werden im Allgemeinen die steuerlichen Aspekte von einer Kapitalanlage erläutert. Außerdem sollte sich jeder Anleger vor dem Erwerb von Optionsscheinen mit einem Steuerberater in Verbindung setzen und seine individuelle steuerliche Situation erörtern. Daraufhin sollte er dann seine Anlageentscheidungen treffen. Dieses Vorgehen ist auch notwendig, weil der Gesetzgeber in regelmäßigen Abständen steuerliche Vorschriften ändert.

8.1. Einleitung

Einen besonderen Reiz entfalten Optionsscheine dadurch, wenn es gelingt, die erzielte Performance steuerfrei zu vereinnahmen. Deswegen stellen Optionsscheine in bestimmten Konstellationen ausgesprochen attraktive Anlageinvestments dar.

Zunächst einmal muss unterschieden werden zwischen den Standard-Optionsscheinen und solchen, bei denen aufgrund der Ausgestaltung eine Rückzahlung[87] des eingesetzten Kapitals zu mindestens nicht ganz unwahrscheinlich ist. Die Finanzverwaltung hat, aber für solche Optionsscheine noch nicht endgültig entschieden, wie sie steuerlich zu behandeln sind. Deswegen kann es in Einzelfällen zu einer anderen steuerlichen Behandlung kommen, als bei den Standard-Optionsscheinen.

Für die steuerliche Behandlung des Optionsscheines ist es wichtig, wie der Optionsscheininhaber mit seinem Optionsschein verfährt. Dabei unterscheidet man folgende Fälle.

- Veräußerung des Optionsscheines
- Ausübung des Optionsscheines gegen Barausgleich
- Ausübung des Optionsscheines gegen Lieferung
- Verfallen lassen des Optionsscheines.

Bei der Veräußerung des Optionsscheines ist zu beachten, dass wenn zwischen dem Kauf und Verkauf des Optionsscheines mehr als 12 Monate liegen, der Anleger keine Steuer zahlen muss. Im anderen Fall muss der Anleger die Gewinne versteuern. Dabei kann der Anleger etwaige Spekulationsverluste gegen Spekulationsgewinne innerhalb eines Kalenderjahres verrechnen. Dies verrechnen von Gewinnen und Verlusten ist nur möglich für Positionen, die innerhalb von 12 Monaten gekauft bzw. verkauft wurden.

[87] Hiermit sind die exotischen Optionsscheine gemeint.

Die Ausübung eines Optionsscheines gegen Barausgleich ist unabhängig vom Zeitraum steuerfrei. Allerdings können, aber auch keine Ausübungsverluste steuerlich berücksichtigt werden.

Falls die Ausübung des Optionsscheines gegen Lieferung des Basiswertes erfolgt, so ist dies zunächst ein steuerlich neutraler Vorgang. Erst die Veräußerung des gelieferten Basiswertes kann steuerliche Folgen haben. Dabei führt eine Veräußerung des Basiswertes innerhalb von 12 Monaten nach Lieferung zu einem steuerlichen Vorgang. Dies bedeutet eventuell entstehende Gewinne müssen versteuert werden und Verluste können gegebenenfalls angerechnet werden. Findet die Veräußerung des Basiswertes nach 12 Monaten nach Lieferung statt, so ist dieses steuerfrei zumindestens bis jetzt.

Lässt der Optionsscheininhaber seinen Optionsschein wertlos verfallen, so kann der damit verbundene Verlust in der Regel nicht steuerlich geltend gemacht werden. Deswegen ist es ratsam einem Optionsschein mit Verlust kurz vor Fälligkeit zu verkaufen, weil dann die realisierten Verluste steuerlich geltend gemacht werden können. Diese Verluste können, aber nur gegen Spekulationsgewinne aufgerechnet werden. In den nächsten Abschnitten werden diese steuerlichen Aspekte ausführlicher dargestellt.

8.2. Spekulationssteuer und Freigrenzen

Beim Kauf bzw. Verkauf von Wertpapieren kann in Deutschland eine Spekulationssteuer anfallen. Diese Steuer wird erhoben, wenn der Kauf und der Verkauf desselben Wertpapiers innerhalb eines Jahres erfolgt. Dieser Zeitraum wird als Spekulationsfrist bezeichnet. Liegt zwischen den Kauf bzw. den Verkauf mehr als 1 Jahr, dann ist der Gewinn steuerfrei. Allerdings ist im Gespräch die Spekulationsfrist abzuschaffen.

Überdies gibt es noch eine Freigrenze, falls nämlich der Überschuss aus der Summe aller Spekulationsgeschäfte eines Kalenderjahres weniger als 512 Euro beträgt, so bleiben diese Einkünfte steuerfrei. Allerdings handelt es sich hierbei um eine Freigrenze, d.h., ab einschließlich 512 Euro werden die Spekulationsgewinne vollständig berücksichtigt. Daneben steht Verheirateten diese Freigrenze beiden Partner zu, und zwar bis zur Höhe ihres jeweiligen Gesamtgewinnes. Zurzeit ist eine Übertragung eines nicht ausgeschöpften Teils der Freigrenze auf den anderen Ehepartner nicht möglich.

Falls sich aus dem Saldo aller Spekulationsgeschäfte eines Jahres ein Verlust ergibt, so ist sowohl ein Verlustvortrag als auch ein Verlustrücktrag auf das Vorjahr möglich. Aber eine Verrechnung von Spekulationsverlusten mit Gewinnen anderer Einkunftsarten ist nicht möglich. Aber es ist abzuwarten, ob diese Regelung verfassungskonform ist.

8.3. Anschaffung

Nach dem Einkommenssteuergesetz § 23 Absatz 1 setzt ein Spekulationsgeschäft immer einen Anschaffungsvorgang voraus.

Dabei versteht man als Anschaffungsvorgang den entgeltlichen Erwerb von Wertpapieren[88], d.h. den Kauf von Wertpapieren. Außerdem wird rechtlich gesehen der Kaufvorgang in einem Verpflichtungsgeschäft und ein Verfügungsgeschäft getrennt. Allerdings spielt diese Aufteilung des Kaufvorganges beim Kauf von börsennotierten Wertpapieren praktisch keine Rolle, da mit der Auftragserteilung bzw. Ordererteilung der Kaufvertrag und die dingliche Depotübertragung der Wertpapiere normalerweise zeitlich zusammenfallen.

Wenn hingegen es beim vorbörslichen Erwerb von Wertpapieren[89] zum zeitlichen Auseinanderfallen von Kaufvertragsabschluss und tatsächlicher Depoteinbuchung kommt, dann ist der Zeitpunkt des Kauf- bzw. Verkaufsvertrages für die Berechnung der Spekulationsfrist[90] maßgebend. Daneben stellt auch der Tausch von Wertpapieren einen entgeltlichen Erwerb dar.

8.4. Spekulationsgewinn bzw. Spekulationsverlust

8.4.1. Spekulationsgewinn

Der Spekulationsgewinn ergibt sich aus Differenz zwischen Verkaufserlös und Anschaffungskosten der Aktien (Kaufkurs zuzüglich Gebühren), falls zwischen Anschaffung und Veräußerung nicht mehr als ein Jahr liegt.

Wenn ein Anleger Aktien derselben Aktiengesellschaft zu unterschiedlichen Zeitpunkten gekauft hat, so gilt die Spekulationsfrist für jeden Kauf neu. Deswegen sollte der Investor bei einem Aktienverkauf überprüfen, ob es eventuell Altbestände gibt, die aus der Spekulationsfrist sind. In diesem Fall werden nämlich diese Aktien steuerlich nicht erfasst. Nur wenn gegebenenfalls die Anzahl der verkauften Aktien die Altbestände des Investors übersteigt, kann es zu einem Spekulationsgewinn kommen. Als Anschaffungskosten werden dann die Durchschnittskosten der innerhalb der Spekulationsfrist gekauften Aktien angesetzt.

---

[88] Unter Wertpapieren versteht man Aktien, Anleihen und so weiter.

[89] Dies ist zum Beispiel der Fall, wenn der Anleger nicht börsennotierte Wertpapiere erwirbt oder bei der Zeichnung von Aktien, die neu emittiert werden.

[90] Die Spekulationsfrist beträgt in Deutschland ein Jahr bis jetzt.

8.4.2. Spekulationsverlust

Ähnlich wie der Spekulationsgewinn ergibt sich der Spekulationsverlust aus der Differenz zwischen Verkaufserlös und Anschaffungskosten. Wenn ein Anleger Aktien derselben Aktiengesellschaft zu unterschiedlichen Zeitpunkten gekauft hat, so gilt die Spekulationsfrist für jeden Kauf neu. Deswegen wird der Spekulationsverlust analog ermittelt, wie der Spekulationsgewinn.

8.4.3. Verrechnung zwischen Spekulationsgewinn und Spekulationsverlust

Ein Investor darf die Spekulationsverluste gegen Spekulationsgewinne verrechnen. Dabei darf der Investor die Spekulationsverluste ein Jahr zurück oder unbegrenzt vortragen. Diese Übertragung funktioniert nur, wenn die Verluste in der so genannten Anlage KSO der Steuererklärung angegeben werden.

Aber auch Spekulationsgewinne aus dem vergangenen Jahr lassen sich mit aktuellen Spekulationsverlusten verrechnen. Allerdings ist dieser Rücktrag nur auf ein Jahr begrenzt. Um Missverständnisse vorzubeugen, muss erwähnt werden, dass nur Kursgewinne und -verluste die innerhalb der einjährigen Spekulationsfrist angefallen sind, steuerlich relevant sind.

Beispielsweise erleidet ein Investor im Jahr 1999 mit seinen Spekulationsgeschäften 2000 Euro Verlust. Diesen Verlust trägt er ins nächste Jahr hinein. Ferner kauft der Investor 01.02.00 Aktien im Wert von 10.000 Euro und verkauft die Aktien am 01.08.00 zu 15.000 Euro wieder, d.h. innerhalb der Spekulationsfrist. Deswegen muss der Anleger keine Spekulationssteuer[91] zahlen. Die Rechnung sieht, wie folgt aus.

Die Hälfte des erzielten Verkaufspreises (15.000 Euro : 2)	7.500 Euro
Minus die Hälfte der Anschaffungskosten (10.000 Euro : 2)	- 5.000 Euro
= vorläufiger steuerpflichtiger Gewinn	2.500 Euro
Minus Verlustvortrag aus dem Vorjahr, d.h. 2.000 Euro	- 2.000 Euro
= endgültiger Gewinn	500 Euro
Zu zahlender Spekulationssteuer	0 Euro

Der Investor muss keine Spekulationssteuer zahlen, weil der endgültige Gewinn unterhalb der Freigrenze von 510 Euro liegt.

[91] Nach dem aktuellen Entwurf des Steuersenkungsgesetzes 2001

8.4.4. Werbungskosten

Unter Werbungskosten fallen bei Spekulationsgeschäften alle Aufwendungen, die im Zusammenhang mit den erzielten Spekulationsgewinnen bzw. -verlusten angefallen sind, sofern sie nicht zu den Anschaffungskosten zählen. Weiterhin sind die Werbungskosten in dem Jahr zu berücksichtigen, in welchen der dazu gehörige Verkaufserlös erzielt wurde.

Zu den Werbungskosten zählen, aber nicht beim Kauf von Wertpapieren Courtagen, Provisionen und Spesen, sondern sie zählen zu den Anschaffungskosten. Dagegen zählen bei einem Verkauf von Wertpapieren Courtagen, Provisionen und Spesen streng genommen zu den Werbungskosten. Aber ein direkter Abzug der Courtage, der Provision und der Spesen vom Verkaufserlös ist auch möglich, weil dies rechnerisch zum selben Ergebnis führt.

Schuldzinsen infolge kreditfinanzierter Aktienkäufe können als Werbungskosten geltend gemacht werden, wenn die Absicht zur Realisierung von Wertsteigerungen in der Vermögenssubstanz gegenüber der Absicht zur Erzielung von Dividenden überwiegt.

Ferner kann der Investor Informationskosten, wie z.B. Abonnements von Börsenzeitschriften, als Werbungskosten absetzten. Hierbei muss man allerdings berücksichtigen, dass die Zeitschriften ausschließlich bzw. zum überwiegenden Teil aus Börsen- und Wirtschaftsinformationen bestehen müssen. So kann zum Beispiel die Zeitschrift Börse-Online abgesetzt werden, aber eine Tageszeitung, wie die Welt nicht.

Überdies sind auch Internet- und Telefonkosten die zur Aktienspekulation dienen absetzbar. Aber auch der Besuch von Fachmessen kann abgesetzt werden. Hier können sowohl die Eintrittskarten als auch die Fahrtkosten und eventuell die Verpflegungskosten steuerlich geltend gemacht werden.

Natürlich können auch Depotkosten und anderen Kosten die mit der Verwahrung der Wertpapiere anfallen abgesetzt werden.

9. STRATEGIEN FÜR OPTIONSSCHEINE

In diesem Abschnitt werden Strategien für Optionsscheine dargestellt. Diese Strategien richten sich an spekulativ orientierte Anleger. Dabei eröffnen Optionsscheine nicht nur die Möglichkeit, auf steigende oder fallende Kurse zu spekulieren, sondern auch auf steigende bzw. fallende Volatilität für einen bestimmten Zeitraum. Allerdings muss der Investor immer bedenken, dass alle Optionsscheinestrategien spekulativ sind, d.h. sie haben ein hohes Verlustrisiko, abesr auch eine hohe Gewinnchance.

9.1. Long Call und Long Put

Wenn der Investor an der Terminbörse Optionsscheine erwirbt, bezeichnet man dies als Long-Position. Bei einer Long-Position kann der Investor im Extremfall „nur" sein eingesetztes Kapital verlieren.

Übrigens kann der Investor bei Optionsscheinen, die nicht an einer Terminbörse, sondern auf dem Parkett gehandelt werden, nur als Käufer auftreten.

9.1.1. Long Call

Diese Strategie wird durch den Kauf eines Call-Optionsscheines realisiert. Dabei enthält der Inhaber des Call-Optionsscheines das Recht, die erworbene Option zu den vereinbarten Bedingungen auszuüben[92] oder verfallen zu lassen, wenn sich die Erwartungen hinsichtlich der Preisentwicklung des Basiswertes nicht erfüllen. Außerdem können die Optionsscheine vor dem Verfall natürlich verkauft werden.

Mit der Long-Call-Strategie setzt der Investor auf steigende Kurse des Basiswertes. Hierbei bleibt das Verlustrisiko auf die gezahlte Optionsprämie bis zum Totalverlust des Einsatzes begrenzt, jedoch sind die Gewinnmöglichkeiten theoretisch unbegrenzt. Dies zeigt Abbildung 41.

Außerdem zeigt Abbildung 41, dass die Gewinnschwelle bei einer Long-Call-Strategie nicht identisch ist mit dem Basiskurs des Optionsscheines, sondern immer deutlich über diesem liegt[93].

---

[92] Hiermit ist der Kauf des Basiswertes, zum Beispiel einer Aktie oder Barausgleich gemeint.

[93] Dies liegt an dem Break-even des Optionsscheines.

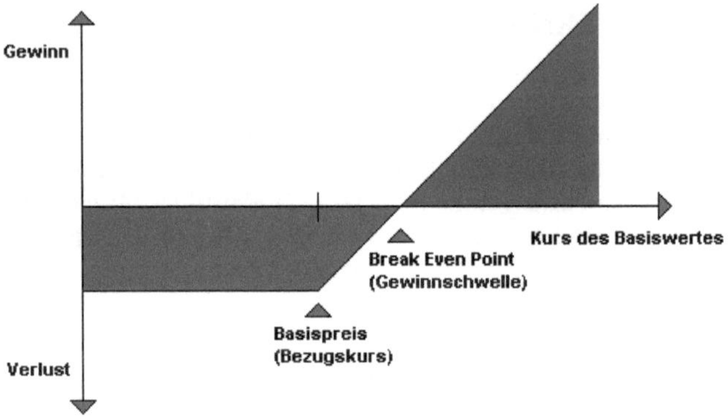

* Der Preis eines Optionsscheines vor Verfall wird durch die Optionspreisbildungsfaktoren bestimmt, sodass die jeweilige Gewinn- und Verlustchance während der Laufzeit des Optionsscheines drastisch von der in den Grafiken dargestellten Situation abweichen kann. Denn die Grafik gibt die Situation am Verfallstag wieder.

Abbildung 41: Gewinnchance und Verlustrisiken eines Long-Call-Optionsscheines am Verfallstag.

Beispiel 31 zeigt, dass ein Investor mit einer Long-Call-Strategie nur Gewinn erzielt, wenn der Kurs des Basiswertes ansteigt.

Beispiel 31: Long-Call-Strategie

Der Investor kauft für 10.000 Euro Call-Optionsscheine von einer Aktie. Der Basiswert des Optionsscheines liegt bei 100 Euro. Während der Laufzeit des Optionsscheines steigt die Aktie auf 120 Euro. Dies bedeutet, dass der Optionspreis für alle Call-Optionsscheine auf 16.000 Euro steigt. Durch einen Verkauf der Optionen kann der Investor 6.000 Euro verdienen.

9.1.2. Long Put

Im Gegensatz zu der Long-Call-Strategie wird diese Strategie durch Kauf eines Put-Optionsscheines realisiert. Dabei hat der Inhaber des Put-Optionsscheines das Recht, die erworbene Option zu den vereinbarten Konditionen auszuüben[94] oder verfallen zu lassen.

---

[94] Mit Ausüben eines Put-Optionsscheines ist gemeint der Verkauf der Basiswerte oder ein Barausgleich.

Ein Variante der Long-Put-Strategie ist die „protective" Put-Strategie. Hierbei hat der Investor die der Option zugrunde liegenden Basiswerte in seinem Bestand und muss sich deshalb nicht eindecken, um liefern zu können.

Erwirbt dagegen der Investor einen Put-Optionsschein, ohne die zugrunde liegenden Basiswerte in seinem Bestand zu halten, hat er die Erwartungen an fallende bis stark fallende Kurse. Denn nur in diesem Fall kann er mit dem Put-Optionsschein Gewinne erwirtschaften. Zudem erkennt man aus Abbildung 42, dass die Gewinnschwelle eines Long-Put-Optionsscheines erst erreicht wird, wenn der Basiswert deutlich im Kurs fällt. Hierbei erkennt man auch das Risiko eines Long-Put-Optionsscheines, nämlich dass die Option erst dann einen Profit für den Anleger abwirft, wenn der Kurs des Basiswertes deutlich gefallen ist. Das Gleiche gilt für einen Long Call-Optionsschein, nur umkehrt. Deshalb ist ein Erwerb von Optionsscheinen nur dann sinnvoll, wenn der Investor davon ausgeht, dass der zugrunde liegende Basiswert eine deutliche Reaktion nach oben bzw. nach unten macht.

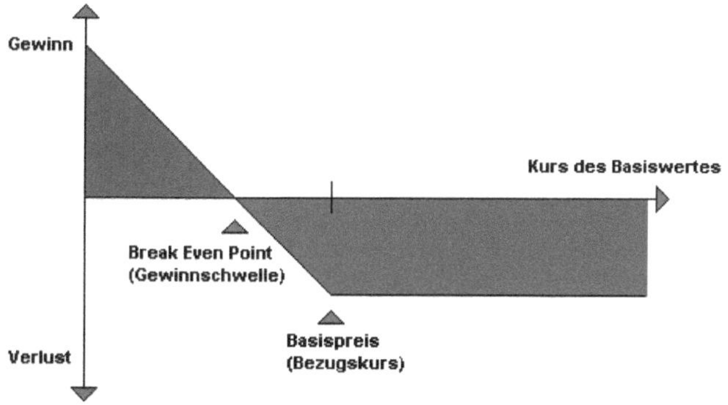

* Der Preis eines Optionsscheines vor Verfall wird durch die Optionspreisbildungsfaktoren bestimmt, sodass die jeweilige Gewinn- und Verlustchance während der Laufzeit des Optionsscheines drastisch von der in den Grafiken dargestellten Situation abweichen kann. Denn die Grafik gibt die Situation am Verfallstag wieder.

Abbildung 42: Gewinnchance und Verlustrisiken eines Long-Put-Optionsscheines

Auch bei der Long-Put-Strategie ist das Verlustrisiko auf den Kapitaleinsatz für die Optionsprämie begrenzt, aber die Gewinnmöglichkeiten theoretisch unbegrenzt.

Beispiel 32: Long-Put-Strategie

Der Kurs der dem Optionsschein zugrunde liegenden Aktie liegt bei 200 Euro. Der Investor kauft für 6.000 Euro Put-Optionsscheine (200 Stück) mit einem Basispreis von 220 Euro. Während der Optionslaufzeit fällt nun der Kurs der Aktie auf 160 Euro.

Am Verfallstag des Optionsscheines übt der Investor sein Optionsrecht aus und verkauft die Aktien für insgesamt 44.000 Euro, d.h. 200 Aktien zum vereinbarten Preis von 220 Euro pro Aktie. Allerdings muss sich der Investor vorher mit den Aktien eindecken, d.h. er muss 200 Aktien zu 160 Euro kaufen. Dies entspricht einem Kapitalaufwand von ca. 32.000 Euro. Deshalb beträgt der Brutto-Erlös ca. 44.000 Euro – 32.000 Euro = 12.000 Euro. Von diesem Brutto-Erlös muss der Investor noch die gezahlte Optionsprämie von 6.000 Euro abziehen, d.h. als Gewinn verbleiben dem Investor netto 6.000 Euro.

9.2. Was ist ein Straddle?

Bei der Straddle-Strategie handelt es sich um eine Kombinationsstrategie, bei der ein gleichzeitiger Kauf oder Verkauf der gleichen Anzahl von Call-Optionsscheinen und Put-Optionsscheinen mit identischen Basiswerten und Basispreisen sowie denselben Fälligkeitsterminen und gleichen Kontraktspezifikationen stattfindet. Bei dieser Strategie erwartet der Investor, dass die Volatilität des zugrunde liegenden Basiswertes steigen wird. Dagegen geht der Verkäufer einer Straddle-Strategie davon aus, dass die Volatilität abnimmt. Hierbei rechnet der Verkäufer der Option also damit, dass die verkauften Optionen im Wert sinken und zu einem niedrigeren Preis glattgestellt werden bzw. wertlos verfallen.

Bei der Long-Straddle-Strategie werden zum gleichen Zeitpunkt ein Call-Optionsschein und ein Put-Optionsschein gekauft. Des Weiteren haben diese Optionsscheine denselben Basiswert, zum Beispiel eine Aktie mit identischem Basispreis und gleichem Verfallsdatum.

Eine Long-Straddle-Strategie wird angewendet, wenn eine starke Kursbewegung des Basiswertes erwartet wird, gleichzeitig aber unklar bleibt, in welche Richtung diese Kursbewegung stattfinden wird.

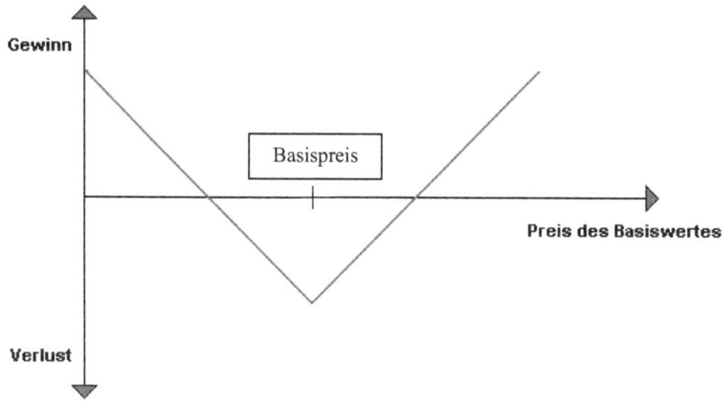

Abbildung 43: Long-Straddle-Strategie

Aus Abbildung 43 entnimmt man, dass mit dieser Strategie sowohl bei fallenden oder steigenden Preisen des Basiswertes Gewinne erzielt werden können. Aber die Gewinnwelle ist im Vergleich zu der Long-Call- bzw. Long-Put-Strategie größer, d.h. der Basiswert muss kräftiger steigen oder fallen.

9.3. Strangle, Strip und Strap

Bei der Long-Strangle-Strategie kauft man gleichzeitig einen Call-Optionsschein und einen Put-Optionsschein auf denselben Basiswert bei gleichem Verfallsdatum, aber unterschiedlichem Basispreis.

Die Strip-Strategie ist eine kombinierte Optionsstrategie, die der Straddle-Strategie ähnelt. Im Unterschied zu der Straddle-Strategie wird aber bei einer Strip-Strategie ein Call-Optionsschein mit zwei Put-Optionsscheinen verbunden.

Bei der Long-Strip-Strategie erfolgt ein gleichzeitiger Kauf eines Call-Optionsscheines und zweier Put-Optionsscheine auf denselben Basiswert, zum Beispiel eine Aktie, bei gleichem Verfallsdatum und identischem Basispreis.

Im Gegensatz zur Strip-Strategie werden bei der Strap-Strategie im Regelfall zwei Call-Optionsscheine mit einem Put-Optionsschein kombiniert.

Dabei erfolgt bei der Long-Strap-Strategie ein gleichzeitiger Kauf zweier Call-Optionsscheine und einem Put-Optionsschein auf denselben Basiswert bei gleichem Verfallsdatum und identischem Basispreis.

9.4. Arbitrage

Unter Arbitrage versteht man das risikolose Ausnutzen von Fehlbewertungen bzw. das Ausnutzen von Preisunterschieden an verschiedenen Märkten.

Bei der Cash und Carry Arbitrage nutzen die Investoren die Ungleichgewichte bei der Bewertung des zugrunde liegenden Basiswertes und des korrespondierenden Optionsscheines aus, d.h. der Investor kauft unterbewertete Optionsscheine. Als Kaufkriterium gilt dabei, dass der Inhaber des Optionsscheines durch die sofortige Ausübung des Optionsrechtes sowie anschließendem Verkauf der Aktie einen risikolosen Gewinn realisieren kann, d.h. der Optionsschein muss mit einem Abgeld notieren.

9.4.1. Beispiel einer Arbitrage-Strategie

Als Beispiel wird die Muster-Aktie verwendet. Ferner ist in Tabelle 13 die Ausgangssituation beschrieben.

Tabelle 13: Ausgangssituation für die Muster Aktien und deren Optionsschein

Optionsscheinkurs	:	33,00 Euro
Kurs des Basiswertes	:	140,00 Euro
Basispreis	:	110 Euro
Fälligkeit	:	15.06.2000
Optionsverhältnis	:	1,10
Dividende	:	1,50 Euro
Optionsscheinkurs bei Optionsverhältnis 1 : 1	:	29,55 Euro
Restlaufzeit	:	3,5 Jahre
Risikoloser Zins	:	4,12 %

Nun verkauft der Investor die Muster-AG Aktien zu 140,00 Euro und kauft zeitgleich den oben beschriebenen Optionsschein zu 29,55 Euro. Die Differenz aus diesem Geschäft wird als Cashflow bezeichnet, d.h. der Cashflow beträgt 110,45 Euro. Ferner kann die Differenz zwischen dem Verkaufskurs der Aktie und dem Kaufkurs des Optionsscheines von 110,45 Euro über die Restlaufzeit von 3,5 Jahren zum risikolosen Zinssatz von 4,12% angelegt werden. Dies bedeutet, dass der Anleger 15,93 Euro Zinsen bekommt. Weiterhin fallen während der 3,5 Jahre vier Dividendenzahlungen von 1,5 Euro an, d.h. insgesamt 6,00. Zudem muss man noch die Steuergutschrift von 2,57 Euro berücksichtigen. Zieht man dies von den erhaltenen Zinsen ab, erhält man den Netto-Finanzierungsgewinn von 7,36 Euro.

Zur Fälligkeit des Optionsscheines wird das Optionsrecht ausgeübt. Dies bedeutet, der Investor kann die Muster-Aktie zu 110,00 Euro zurückkaufen. Der Investor hat aber vorher einen Cashflow von 110,45 Euro sowie einen Netto-Finanzierungsgewinn von 7,36 Euro erhalten, d.h. zusammen 117,81 Euro. Zieht man von den 117,81 Euro die 110,00 Euro (für den Wiederbezug der Aktie) ab, so erhält man den Arbitragegewinn von 7,81 Euro.

Betrachtet man nun noch den Fall, dass die Aktie im Kurs fallen bzw. steigen kann, so ergeben sich die in Tabelle 14 dargestellten Szenerien.

Tabelle 14: Arbitrage-Strategie bei fallenden bzw. steigenden Kursen

Betrachtung bei Fälligkeit	13.06.2000	13.06.2000
Annahme die Muster-Aktie steht um 40 Euro höher bzw. niedriger am Fälligkeitstag des Optionsscheines :	180,00 Euro	100,00 Euro
Verkauf der Aktie heute :	138,00 Euro	138,00 Euro
Ausübung der Option :	Ja	Nein
Kauf der Aktie zum Basispreis :	- 110,00 Euro	
Aktienkurs am 13.06.2000 :	180,00 Euro	100,00 Euro
Gewinn durch Verkauf der Aktie :	70,00 Euro	40,00 Euro
Finanzierungskosten :	7,36 Euro	7,36 Euro
Kosten des Optionsscheines :	- 29,55 Euro	- 29,55 Euro
Gewinn :	47,81 Euro	17,81 Euro

9.5. Modellrechnung für einige Strategien

9.5.1. Absicherung gegen Kursverluste

Börsentermingeschäfte beziehen sich grundsätzlich immer auf die zukünftige Entwicklung an den Börsen. Daher ist für die jeweilige Strategie neben einem Blick in das Depot auch die Einschätzung der zukünftigen Entwicklung an der Börse entscheidend.

Nimmt man nun beispielsweise an, dass der Investor in seinem Depot ausschließlich die Aktie der Muster AG hält, und mit ihr schon erhebliche Kursgewinne realisieren konnte. Weiterhin geht der Investor von einer stärkeren Konsolidierung des Kurses der Muster AG aus. Deshalb möchte er seine Kursgewinne absichern.

Deswegen entscheidet sich der Investor zum Kauf eines Long-Put-Optionsscheines. Für diesen Optionsschein muss der Investor dem Stillhalter des Optionsscheines eine Prämie zahlen. Mit diesem Optionsschein erwirbt der Investor das Recht, seine Aktien zu einem bestimmten Kurs zu verkaufen, aber ohne dabei die auf die Chance auf weitere Kurssteigerungen zu verzichten.

Tabelle 15: Annahmen für die Modellrechnung Absicherung gegen Kursverluste

Depotbestand	:	1000 Aktien der Muster AG
Aktueller Kurs	:	100 Euro
Absicherungszeitraum	:	6 Wochen
1. Alternative	:	Kauf eines Verkaufsoptionsscheines für 1.000 Aktien der Muster AG zum Kurs von 95 Euro zum Prämienaufwand von 1.000 Euro.
2. Alternative	:	Kauf eines Verkaufsoptionsscheines für 1.000 Aktien der Muster AG zum Kurs von 100 Euro zum Prämienaufwand von 3.000 Euro.

Tabelle 16: Ergebnisse für die Modellrechnung – Absicherung gegen Kursverluste

	Depotwert* bei Endfälligkeit der Option nach 6 Wochen [Euro]						
Angenommen Kursänderung der Muster AG	- 15%	- 10%	- 5%	0%	5%	10%	15%
Muster AG ohne Absicherung	85.000	90.000	95.000	100.000	105.000	110.000	115.000
Muster AG + Option nach der 1. Alternative	94.000	94.000	94.000	99.000	104.000	109.000	114.000
Muster AG + Option nach der 2. Alternative	97.000	97.000	97.000	97.000	102.000	107.000	112.000

* Die Ergebnisse stellen zur besseren Anschaulichkeit lediglich abstrakte Größen dar, die keinerlei Rückschlüsse auf konkrete Marktpreise und Geschäftsabwicklungskosten zulassen. Allerdings sind die Ergebnisse von den Größenverhältnissen richtig.

Aus Tabelle 16 erkennt man, dass die Absicherungsstrategie mit der Alternative 2 bei Kursrückgängen die besten Ergebnisse liefert. Ferner entnimmt man Tabelle 16, dass die Absicherungsstrategie nach der Alternative 1 bei steigenden Kurse nur geringe Performanceverluste mit sich bringt.

9.5.2. Mit geringem Kapitaleinsatz an einem Trend teilhaben

Bei dieser Strategie geht man davon aus, dass der Investor bevorzugt in verzinsliche Anleihen investiert hat und grundsätzlich an diesen Positionen festhalten möchte. Ferner erwartet der Investor Kurssteigerungen am Aktienmarkt, an denen er teilhaben möchte, ohne seinen Kapitalstock anzugreifen.

Deshalb erwägt der Investor den Kauf eines Kaufoptionsscheines. Mit einem Kaufoptionsschein erwirbt er das Recht, innerhalb einer festgelegten Laufzeit Aktien zum vorher festbestimmten Kurs erwerben zu können. Dafür muss der Investor eine Prämie zahlen, die er aus den Zinseinkünften bestreiten kann.

Innerhalb der Optionsfrist partizipiert der Investor unbegrenzt am Kursgewinn der Aktie. Demgegenüber verliert der Investor bei fallenden Kursen der Aktie seine Optionsprämie, aber seine Rentenanlagen bleiben erhalten. Dies bedeutet, der Investor verliert im Extremfall also nur die Zinsen seines Rentendepots, aber sein Kapital bleibt erhalten.

Tabelle 17: Annahmen für die Modellrechnung „am Trend teilhaben mit geringem Kapitaleinsatz“

Depot 1	:	500.000 Euro Renten Nach der Zinszahlung von 30.000 Euro erwirbt der Investor für 20.000 Euro einen Kaufoptionsschein auf einen Index mit einer Laufzeit von 12 Monaten. Aktueller Preis der Option ist 510 Euro.
Depot 2	:	500.000 Euro Renten Nach der Zinszahlung von 30.000 Euro erwirbt der Investor für 30.000 Euro einen Kaufoptionsschein auf einen Index mit einer Laufzeit von 12 Monaten. Aktueller Preis der Option ist 510 Euro.
Depot 3	:	250.000 Euro in Renten und 250.000 Euro in Aktien
Annahmen	:	Rentenrendite 6%
		Dividendenrendite 2%
		Halten der Option bis Endfälligkeit
		Rentenkurse unverändert nach einem Jahr

Tabelle 18: Ergebnisse für die Modellrechnung „mit geringem Kapitaleinsatz an einem Trend teilhaben“

	Depotwert bei einer angenommenen Kursänderung des Aktienmarktes, d.h. des Indexes, nach 12 Monaten [in Euro]						
	-30%	- 20%	- 10%	0	+ 10%	+ 20%	+ 30%
Depot 1:							
Renten + Zinsen	510.000	510.000	510.000	510.000	510.000	510.000	510.000
Wert der Option	0	0	0	0	28.000	52.000	72.000
Summe	510.000	510.000	510.000	510.000	538.000	562.000	587.000
Depot 2:							
Renten	500.000	500.000	500.000	500.000	500.000	500.000	500.000
Wert der Option	0	0	0	0	37.000	69.000	96.000
Summe	500.000	500.000	500.000	500.000	537.000	569.000	596.000
Depot 3:							
Renten + Zinsen	265.000	265.000	265.000	265.000	265.000	265.000	265.000
Aktien + Dividenden	180.000	205.000	230.000	255.000	280.000	305.000	330.000
Summe	445.000	470.000	495.000	520.000	545.000	570.000	595.000

Tabelle 18 zeigt, dass die Rendite eines Rentendepots schlechter ist als die eines Depots wo je zur Hälfte Aktien und Renten enthalten sind.

Weiterhin geht aus Tabelle 18 hervor, dass die Strategie, nur 2/3 der Zinsen in Optionsscheinen (Depot 1) zu investieren, dem Investor eine relative gute Performance bringt. Allerdings hat diese Strategie ihre Schwächen bei einem starken Anstieg des betrachtenden Indexes. Ferner erkennt man aus Tabelle 18, dass die Performance des Depots 1 nur bei einer Performance des Indexes um 30% gravierend schlechter ist als die Strategie, die gesamten Zinsen in Optionsscheine zu investieren (Depot 2). Zusätzlich hat die Strategie des Depots 1 den Vorteil, dass der Investor unabhängig von der Entwicklung des Indexes durch die Zinsen eine Performance realisiert. Dieses ist besonders von Vorteil, wenn der Index nicht steigt bzw. stagniert, weil durch die Zinsen noch Einnahmen für den Investor generiert werden.

Deswegen eignet sich die Strategie des Depots 1 für einen konservativen Investor, weil er in jedem Fall eine positive Performance erzielt.

Dagegen eignet sich die Strategie des Depots 2 für einen spekulativen Investor, dem bewusst ist, dass er möglicherweise bei fallender oder stagnierender Indexentwicklung keine Performance erzielt, weil die Optionsscheine wertlos verfallen, aber immerhin ihm noch sein ursprüngliches Kapital erhalten bleibt.

10. Unterschied zwischen Optionen und Optionsscheinen

Optionsscheine werden von Banken bzw. anderen Emissionshäusern, wie z.B. Broker, ausgegeben. Dagegen sind Optionen Produkte, die an Terminbörsen wie der Deutschen Terminbörse bzw. EUREX gehandelt werden. Eine Gemeinsamkeit zwischen Optionen und Optionsscheinen ist, dass beide dem Käufer verbriefte Rechte zubilligen, die zeitlich beschränkt sind und verfallen können. Dabei haben Optionsscheine individuelle Laufzeiten, die von den Emittenten festgelegt werden. Bei Optionen sind die Laufzeiten an den Terminbörsen standardisiert. Die Kontrakte laufen alle an einem bestimmten Tag ab, es gibt zum Beispiel die März-, die Juni-, die September- oder die Dezember-Kontrakte.

Ferner können Optionsscheine grundsätzlich nicht geshortet werden. Unter „Shorten" versteht man den Verkauf einer Call- bzw. Put-Option von einem Investor an einen anderen. In diesem Fall wird der verkaufende Investor selbst zum Stillhalter und geht gegenüber dem Käufer bestimmte Lieferverpflichtungen ein. Weiterhin sind bei Optionen sowohl Long[95]- als auch Short[96]- Positionen möglich. Durch eine solche Möglichkeit eröffnet sich für den Investor als Spekulant eine enorme Gewinnchance, aber auch unüberschaubare Risiken. Deswegen ist nicht nur ein Totalverlust des eingesetzten Kapitals wie bei Optionsscheinen möglich, sondern auch weitere Verluste, die das ganze Vermögen des Investors erfassen können, d.h. bei Optionsgeschäften können die Verluste unbegrenzt sein.

Allerdings ergibt sich für den Investor der Vorteil, dass Optionen an der Terminbörse gehandelt[97] werden. An den Terminbörsen werden u.a. Optionen auf die gängigen Indizes sowie Aktienoptionen gehandelt. Insofern ist die Feststellung eines fairen Preises der Option möglich. Dies ist zum Teil wegen des vollkommen elektronischen Handels an den Terminbörsen bedingt.

Dagegen hängt die Preisfeststellung bei Optionsscheinen vom ausführenden Makler ab, wobei viele Emittenten eine Marktpflege betreiben und als Market Maker agieren, indem sie die Kurse stellen.

Außer den genannten Unterschieden unterliegen die Optionsscheine sowie die Optionen den Grundregeln in Bezug auf solchen Faktoren wie Hebel, Delta, Volatilität etc. Infolgedessen haben Optionsscheine und Optionen auch Gemeinsamkeiten. Diese werden im nächsten Abschnitt näher erläutert.

---

[95] Eine Kaufposition wird als Long-Position bezeichnet.

[96] Eine Verkaufsposition wird als Short-Position bezeichnet.

[97] z.B. EUREX

10.1. Gemeinsamkeiten zwischen Optionen und Optionsscheinen

10.1.1. Innerer Wert, Zeitwert, Hebel und Deltafaktor

Der Optionspreis ergibt sich aus zwei Faktoren, nämlich dem inneren Wert und dem Zeitwert:

Optionspreis = innerer Wert + Zeitwert (Gleichung: 35)

Weiterhin spielen bei der Preisbildung auch der Hebel und der so genannte Deltafaktor eine wichtige Rolle. Im Abschnitt 3 sind weitere Informationen zu den Preisbildungsfaktoren angegeben. Daher wird in diesem Abschnitt nur auf die Besonderheiten von Optionen eingegangen.

10.1.2. Innerer Wert

Der innere Wert einer Option errechnet sich analog zu dem der Optionsscheine aus der Differenz von Basispreis[98] und dem aktuellen Kurs des Basiswertes. Er ergibt sich bei einer Call-Option aus der positiven Differenz zwischen dem aktuellen Kurs des Basiswertes und dem Basispreis und bei einer Put-Option aus der positiven Differenz zwischen Basispreis und dem aktuellen Kurs des Basiswertes, d.h. der innere Wert einer Option entspricht der Höhe des Kapitals, die aus einer sofortigen Ausübung des Optionsrechts seitens des Optionskäufers resultiert. Zudem unterscheidet man drei Grundsituationen für den inneren Wert:

- im Geld bzw. in the money
- am Geld bzw. at the money
- aus dem Geld bzw. out of the money

Falls der Ausübungspreis der Option bei einer Call-Option über bzw. bei einer Put-Option unter dem aktuellen Kurs des Basiswertes liegt, so spricht man von einer Option „im Geld“. In einem solchen Fall lohnt sich die Ausübung des Optionsrechtes.

Im Gegensatz dazu bezeichnet man eine Option „am Geld“, wenn der Ausübungspreis der Option dem Kurs des Basiswertes entspricht. Dies hat zur Folge, dass der innere Wert der Option gleich null ist und die Ausübung des Optionsrechts sich nicht lohnt.

Von einer Option „aus dem Geld“ spricht man, wenn der Ausübungspreis der Option im Falle einer Call-Option unter und bei einer Put-Option über dem aktu-

[98] Der Basiswert wird auch als Bezugspreis oder Bezugskurs bezeichnet.

ellen Kurs des Basiswertes liegt. Dann ist der innere Wert der Option gleich null. Ferner lohnt sich die Ausübung des Optionsrechts auf keinen Fall.

10.1.3. Zeitwert

Durch den Zeitwert haben Optionen „aus dem Geld“ bzw. „am Geld“ auch einen Wert, obwohl die Ausübung des Optionsrechts keinen Erlös abwerfen würde. Der Zeitwert ergibt sich nach der bis zum Verfallstag verbleibenden Laufzeit, in der die Option durch Steigen des Kurses des Basiswertes bei einer Call-Option bzw. Fallen des Kurses des Basiswertes bei einer Put-Option noch „ins Geld“ kommen könnte. Hierbei gilt, dass je länger die Restlaufzeit ist, umso höher ist der Zeitwert und damit auch der Preis der Option. Allerdings ist am Verfallstag der Zeitwert der Option gleich Null, d.h. der Wert der Option wird nur noch durch den inneren Wert der Option ermittelt.

Dabei vermindert sich der Zeitwert nicht gleichmäßig über die Laufzeit. Im Allgemeinen verringert sich der Zeitwert einer Option bis kurz nach Emission der Option bis etwa zu Beginn des letzten Monats der Laufzeit geringfügig und fällt kurz vor dem Ende der Laufzeit sehr schnell ab.

Bei der Bestimmung des Zeitwertes spielen viele Faktoren eine Rolle, aber der wichtigste Faktor ist die Volatilität. Denn je volatiler der Basiswert ist, desto höher ist auch der Optionspreis. Nimmt hingegen die Volatilität ab, so verringert sich auch der Optionspreis und damit der Zeitwert der Option.

Im Hinblick auf die Volatilität unterscheidet man implizite und historische Volatilität. Die implizite Volatilität entspricht der im Augenblick der Festsetzung der Optionspreis vom Markt vorausgesetzten Schwankungsbreite des Basiswertes. Dagegen basiert die historische Volatilität auf Daten aus der Vergangenheit und wird mit Hilfe der statistischen Standardabweichung auf einen bestimmten Zeitraum berechnet. In der Regel ist dieser Zeitraum ein Jahr.

10.1.4. Hebel

Der Hebel einer Option kennzeichnet das Verhältnis von demjenigen Kapitalbetrag, der zum Kauf des entsprechenden Basiswertes aufgewendet werden müsste, zu dem für den Kauf der Option notwendigen Kapital. Dabei bildet die Größe des Hebels einen Anhaltspunkt dafür, in welchem Maß eine Option an einer Kursveränderung des Basiswertes positiv oder negativ partizipiert.

Die Auswirkungen des Hebels können nur durch eine dynamische Betrachtung genauer quantifiziert werden. Bei einer Preisbewegung des zugrunde liegenden Wertes verändert sich auch der Optionspreis überproportional hinsichtlich des eingesetzten Kapitals, jedoch in einem dynamischen Verhältnis. Dies Verhältnis ist insbesondere von dem inneren Wert der Option, d.h. von der damit verbundenen Wahrscheinlichkeit einer Ausübung des Optionsrechts abhängig. Zudem beobachtet man, dass je weiter sich die Option ins Geld bewegt, desto stärker ist ihre Wertveränderung im Vergleich zum Basiswert. Im gekehrten Fall, d.h. die Option bewegt sich aus dem Geld, verliert sie langsamer an Wert.

Nach folgender Formel wird der Hebel einer Option berechnet:

$$\text{Hebel} = \frac{\text{akt. Kurs des Basiswertes} \cdot \text{Optionsverhältnis}}{\text{Optionspreis}} \qquad \text{(Gleichung: 36)}$$

Allerdings gibt der Hebel immer nur den theoretisch maximalen Wert an, um wie viel die Option eine Bewegung des Basiswertes mitmacht.

10.1.5. Deltafaktor

Der Deltafaktor bezeichnet die Veränderung des Optionspreises im Verhältnis zur Veränderung des Basiswertpreises. Sie kann bei einer Call-Option zwischen 0 und 1 und bei einer Put-Option zwischen 0 und -1 liegen.

Optionen, die weit aus dem Geld liegen, werden von Veränderungen des Basiswertpreises verhältnismäßig gering berührt und haben daher ein Delta in der Nähe von 0. Dagegen bewegt sich eine Option, die tief im Geld ist, quasi im Gleichschritt mit dem Preis des Basiswertes und hat daher ein Delta in der Nähe von 1 bzw. -1.

Hieraus erkennt man, dass es möglich ist, dass wenn sich der Kurs des Basiswertes stark verändert, der Optionspreis jedoch nur unterproportional oder sogar überhaupt nicht darauf reagiert. In letzterem Fall verändert die Basispreisbewegung nur das Aufgeld.

Aus diesem Grund sollte der Anleger immer auch auf das Delta beim Kauf von Optionen achten, denn dies kann womöglich über seinen Gewinn bzw. Verlust entscheiden.

10.2. Strategien mit Optionen

In diesem Abschnitt werden Strategien für Optionen dargestellt. Allerdings werden hier nur diejenigen Optionsstrategien dargestellt, die mit Optionsscheinen nicht möglich sind. Dies sind nämlich die Short-Strategien, die darauf beruhen, dass der Investor selbst als Stillhalter von Optionen auftritt, d.h. die Optionen selbst verkauft. Dies ist bei Optionsscheinen nicht möglich, weil in Deutschland nur Banken und Emissionshäuser Optionsscheine emittieren dürfen. Aber mit der Entwicklung der exotischen Optionsscheine wurde diese Lücke zum Teil geschlossen. Denn viele exotische Optionsscheine stellen eine Kombination aus Short- und Long-Positionen dar. Es gibt aber auch exotische Optionsscheine, die genau eine Short-Optionsstrategie nachbilden. Dies sind z.B. die Capped Optionsscheine[99] die eine Bull-Spread-Strategie nachahmen. Deswegen werden in diesem Abschnitt die wichtigsten Short-Strategien näher erläutert.

10.2.1. Short Call und Short Put

10.2.1.1. Short Call

Im Allgemeinen ist der Aufbau von Short-Positionen im Gegensatz zu Long-Positionen deutlich riskanter, besonders im Falle eines Short Calls.

Die Short-Call-Strategie wird durch den Leerverkauf einer Call-Option realisiert. Dies bedeutet, dass der Investor beim Verkauf einer Call-Option ein Stillhaltergeschäft eingeht. Demzufolge hat der Investor die Pflicht, zu den vereinbarten Bedingungen auf Verlangen des Optionskäufers zu liefern.

So weit der Investor, die der Option zugrunde liegenden Basiswerte im seinen Bestand hat, spricht man von einer gedeckten Option[100]. Durch die Ausgabe von Call-Optionen versucht man in der Regel bei Stagnationserwartungen bzw. geringfügigem Kurspotential des Basiswertes, durch die Prämieneinnahmen die Gesamtperformance des Depots zu verbessern. Manchmal kommt es auch vor, dass durch Stillhaltergeschäfte andere Geschäfte finanziert werden.

Dagegen spricht man von einer ungedeckten Option[101], wenn sich die Basiswerte nicht im Bestand des Stillhalters befinden. In einem solchen Fall muss er sich eindecken, wenn der Optionskäufer die Stücke bei Ausübung seines Optionsrechtes verlangt.

Die Short-Call-Strategie ist nur geeignet, wenn die Kurse der Basiswerte der Option fallen oder stagnieren. In diesem Fall kann der Investor mit dieser Strategie Gewinne erzielen. Wenn hingegen die Kurse der Basiswerte gestiegen sind, kann dies für ihn sehr teuer werden und sein Verlust unkalkulierbar werden. Allerdings muss man hier zwischen den gedeckten und ungedeckten Optionen unterscheiden. Denn bei den gedeckten Optionen besteht der Verlust „nur“ darin, dass der Investor im Extremfall die Basiswerte verliert. Demgegenüber ist bei den ungedeckten Optionen der Verlust unkalkulierbar, weil der Investor den Basiswert für die Option selbst kaufen muss. Dies zeigt besonders gut Abbildung 44.

---

[99] siehe Kapitel 6.2.

[100] Eine gedeckte Option wird auch als covered Option bezeichnet.

[101] Ungedeckte Optionen werden auch als naked option bezeichnet.

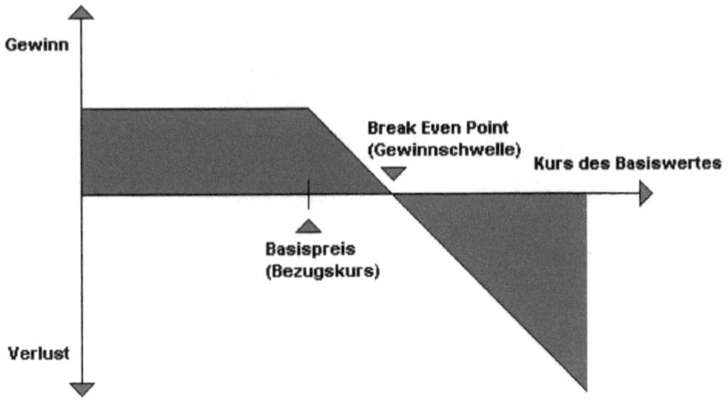

* Der Preis einer Option vor Verfall wird durch die Optionspreisbildungsfaktoren bestimmt, sodass die jeweilige Gewinn- und Verlustchance während der Laufzeit einer Option drastisch von der in den Grafiken dargestellten Situation abweichen kann. Denn die Grafik gibt die Situation am Verfallstag wieder.

Abbildung 44: Gewinnchance und Verlustrisiko einer Short-Call-Option

Aus Abbildung 44 erkennt man auch, dass die Gewinne bei einer Short-Call-Strategie begrenzt sind. Diese Begrenzung liegt darin begründet, dass der Gewinn ausschließlich durch die eingenommene Optionsprämie[102] realisiert werden kann.

Beispiel 33: Short-Call-Strategie bei leicht steigenden Kursen

Der Investor verkauft 200 Call-Optionen und nimmt eine Optionsprämie von 10.000 Euro ein. Die Optionen haben einen Basispreis von 220 Euro und der Kurs der zugrunde liegenden Aktie liegt bei 200 Euro, d.h. zum Zeitpunkt der Ausgabe der Optionen sind sie aus dem Geld.

Nun steigt aber die Aktie auf 230 Euro, d.h. die Option ist im Geld. Deswegen will der Optionskäufer sein Optionsrecht ausüben. Deshalb muss der Stillhalter sich mit 200 Aktien zu 230 Euro eindecken, d.h. er muss dafür 46.000 Euro aufwenden. Anschließend muss er die Aktie zu 44.000 Euro (200 Aktien · 220 Euro) liefern. Dadurch erzielt der Stillhalter einen Brutto-Verlust von 2.000 Euro. Da aber der Stillhalter 10.000 Euro Optionsprämie bekommen hat, erzielt er noch einen Gewinn von 8.000 Euro.

[102] Hiermit ist das Geld gemeint, das der Verkäufer von Optionen von dem Käufer bekommt.

Beispiel 34: Short-Call-Strategie bei extrem stark steigenden Kursen

Der Investor verkauft 300 Call-Optionen und nimmt eine Optionsprämie von 10.000 Euro ein. Die Optionen haben einen Basispreis von 120 Euro und der Kurs der zugrunde liegenden Aktie liegt bei 100 Euro, d.h. zum Zeitpunkt der Ausgabe der Optionen sind sie aus dem Geld.

Nun steigt aber die Aktie auf 200 Euro, d.h. die Option ist im Geld. Deswegen will der Optionskäufer sein Optionsrecht ausüben. Deshalb muss der Stillhalter sich mit 300 Aktien zu 200 Euro eindecken, d.h. er muss dafür 60.000 Euro aufwenden. Anschließend muss er die Aktien zu 36.000 Euro (300 Aktien · 120 Euro) liefern, wegen des vereinbarten Basispreises von 120 Euro. Dadurch erzielt der Stillhalter einen Brutto-Verlust von 24.000 Euro. Da aber der Stillhalter 10.000 Euro Optionsprämie bekommen hat, reduziert sich sein Verlust auf 14.000 Euro.

10.2.1.2. Short Put

Bei einer Short-Put-Strategie gibt der Investor Put-Optionen aus. Deswegen muss der Investor die der Option zugrunde liegenden Basiswerte auf Verlangen des Optionskäufers zu den vereinbarten Konditionen abnehmen.

Die Short-Put-Strategie wird angewendet, wenn der Investor die Erwartung hat, dass die Kurse des Basiswertes stagnieren oder geringfügig steigen. Wie auch bei der Short-Call-Strategie versucht der Investor dann, durch die Optionsprämien die Performance seines Depots zu verbessern. Hierbei ist das Gewinnpotential auf die Prämieneinnahmen beschränkt. Dagegen bewirken sinkende Kurse des Basiswertes ein Abgleiten der Short-Put-Position in den Verlustbereich, wobei das Verlustpotential insofern begrenzt ist, als der Kurs des Basiswertes nicht unter null fallen kann. Deshalb ist die Short-Put-Strategie auch nicht so riskant wie die Short-Call-Strategie, wo das Verlustrisiko theoretisch unbegrenzt ist. Abbildung 45 zeigt die Gewinn- und Verlustchance der Short-Put-Strategie.

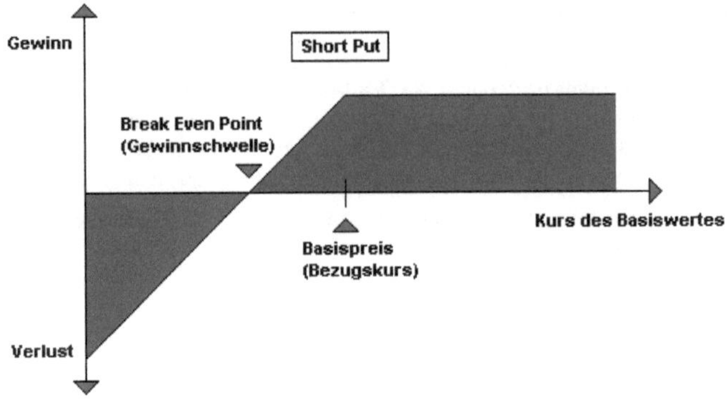

* Der Preis einer Option vor Verfall wird durch die Optionspreisbildungsfaktoren bestimmt, sodass die jeweilige Gewinn- und Verlustchance während der Laufzeit einer Option drastisch von der in den Grafiken dargestellten Situation abweichen kann. Denn die Grafik gibt die Situation am Verfallstag wieder.

Abbildung 45: Gewinnchance und Verlustrisiko einer Short-Put-Option

Beispiel 35: Short-Put-Strategie bei leicht fallenden Kursen

Der Investor verkauft Put-Optionen mit einem Basispreis von 90 Euro und realisiert damit eine Optionsprämie von 15.000 Euro. Der Kurs der der Option zugrunde liegenden Aktie liegt bei 100 Euro. Während der Optionslaufzeit fällt die Aktie auf 90 Euro, d.h. die Option ist am Geld, aber hat keinen inneren Wert. Deshalb ist die Ausübung der Option sinnlos, und der Käufer der Option realisiert einen Totalverlust.

Dagegen erhält der Stillhalter als Gewinn die 15.000 Euro der eingenommen Optionsprämie.

Beispiel 36: Short-Put-Strategie bei extrem fallenden Kursen

Der Investor verkauft 300 Put-Optionen mit einem Basispreis von 90 Euro und realisiert damit eine Optionsprämie von 15.000 Euro. Der Kurs der der Option zugrunde liegenden Aktie liegt bei 100 Euro.

Während der Optionslaufzeit fällt die Aktie auf 60 Euro, d.h. die Option ist im Geld. Deshalb übt der Käufer der Option sein Optionsrecht aus. Deswegen muss der Investor 300 Aktien zu 60 Euro annehmen. Dafür benötigt er einen Kapitaleinsatz von 18.000 Euro.

Dies führt bei dem Stillhalter zu einem Netto-Verlust von 3.000 Euro. Dieser ergibt sich aus Kosten für den Erwerb der Aktien minus Einnahme durch die Optionsprämie, d.h. 18.000 Euro – 15.000 = 3.000 Euro.

10.2.2. Short Straddle

Als Short-Straddle-Strategie bezeichnet man den gleichzeitigen Verkauf einer Call- und einer Put-Option[103]. Ferner haben diese Optionen denselben Basiswert mit identischem Basispreis sowie gleichem Verfallsdatum.

Bei dieser Strategie geht der Verkäufer des Straddle von einer Seitwärtsbewegung des Basiswertes aus, sodass die Optionsprämien sowohl für die Call-Option als auch für die Put-Option im Laufe der Zeit geringer werden. In diesem Fall kann der Straddle zu einem niedrigeren Preis glattgestellt und damit ein Gewinn realisiert werden.

Zudem ist die Short-Straddle-Strategie wesentlich riskanter als die Long-Straddle-Strategie, weil bei der Long-Straddle-Strategie der Investor nur im Extremfall sein eingesetztes Kapital verlieren kann. Dagegen hat der Investor bei der Short-Straddle-Strategie ein unbegrenztes Risiko.

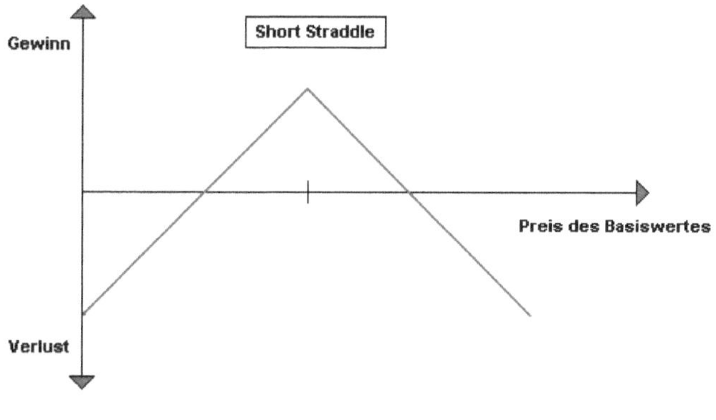

Abbildung 46: Short-Straddle-Strategie

Aus Abbildung 46 erkennt man, dass sich mit dieser Strategie nur dann Gewinne realisieren lassen, wenn der Kurs des Basiswertes nicht so stark schwankt. Ferner hat die Short-Straddle-Strategie das umgekehrte Risikoprofil wie die Long-Straddle-Strategie.

---

[103] In Kapitel 8.2. ist im Vergleich dazu die Long-Straddle-Strategie angegeben.

10.2.3. Spread

Bei der Spread-Strategie werden zum gleichen Zeitpunkt der Kauf und Verkauf von Optionen identischen Typs, d.h. entweder eine Call- bzw. Put-Option, mit unterschiedlichen oder identischen Basispreisen oder Verfallsdatum zum Zweck von Begrenzung von Gewinn- und Verlustmöglichkeiten vorgenommen.

Weiterhin unterscheidet man bei der Spread-Strategie aufgrund verschiedener Gestaltungsmöglichkeiten hinsichtlich des Basispreises und des Verfallsmonates zwischen folgenden Arten von Spread:

- Diagonal Spread
- Horizontal Spread
- Vertical Spread
- Bull Call Spread
- Bull Put Spread

Bei einer Diagonal-Spread-Strategie kauft oder verkauft der Investor Optionen identischen Typs, wobei Basispreis und Verfallsmonat jeweils voneinander unterschiedlich sind.

Dagegen handelt es sich bei der Horizontal Spread um eine Kombinationsstrategie, die im Kauf und Verkauf von Optionen der gleichen Optionsklasse mit gleichen Basispreisen, aber unterschiedlichen Fälligkeitsterminen besteht.

Die Vertical-Spread-Strategie zeichnet sich durch den gleichzeitigen Kauf und Verkauf von Optionen der gleichen Optionsklasse mit unterschiedlichen Basispreisen, aber gleichem Verfallsmonat aus.

Beim Bull Call Spread kauft der Investor eine Call-Option mit tieferem und verkauft eine Call-Option mit einem höheren Basispreis. Hierdurch wird sichergestellt, dass, bei steigenden Kursen des Basiswertes, der Verlust bei der verkaufen Option in etwa durch den Gewinn bei der gekauften Option ausgeglichen wird. Allerdings wird durch diese Strategie natürlich der Gewinn bei stagnierenden bzw. fallenden Kursen des Basiswertes geschmälert. Der Vorteil dieser Strategie ist es aber, dass der Verlust nicht wie bei den anderen Short-Strategien unbegrenzt ist, sondern begrenzt. Dies zeigt Abbildung 47.

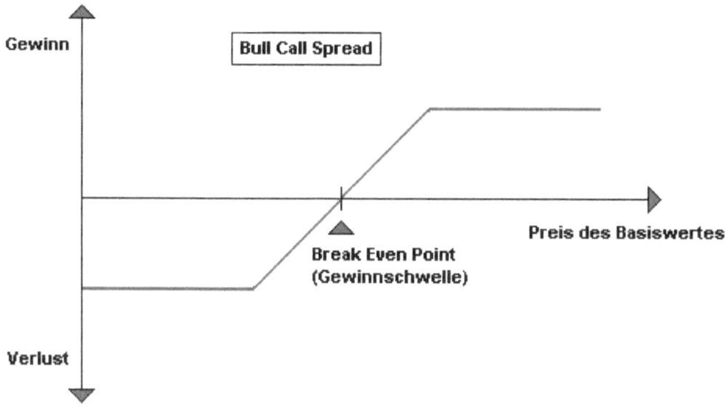

Abbildung 47: Bull-Call-Spread-Risikoprofil

Die gleiche Strategie ist auch bei Put-Optionen möglich. Sie wird Bear Put Spread genannt. Bei dieser Strategie kauft der Investor eine Put-Option mit einem Basispreis, der nahe dem aktuellen Niveau des Basiswertes liegt, und verkauft eine Option, die aus dem Geld liegt.

10.2.4. Strangle, Strip und Strap

Bei der Long-Strangle-Strategie kauft man gleichzeitig eine Call-Option und eine Put-Option auf denselben Basiswert bei gleichem Verfallsdatum, aber unterschiedlichem Basispreis.

Dagegen wird bei der Short-Strangle-Strategie zum selben Zeitpunkt eine Call-Option und eine Put-Option auf denselben Basiswert bei gleichem Verfallsdatum, aber unterschiedlichem Basispreis verkauft.

Die Strip-Strategie ist eine kombinierte Optionsstrategie, die der Straddle-Strategie ähnelt. Im Unterschied zu der Straddle-Strategie wird aber bei einer Strip-Strategie eine Call-Option mit zwei Put-Optionen verbunden.

Bei der Long-Strip-Strategie erfolgt der gleichzeitige Kauf einer Call-Option und zweier Put-Optionen auf denselben Basiswert, zum Beispiel eine Aktie, bei gleichem Verfallsdatum und identischem Basispreis.

Im Vergleich dazu werden bei der Short-Strip-Strategie gleichzeitig eine Call-Option und zwei Put-Optionen auf denselben Basiswert bei gleichem Verfallsdatum und identischem Basispreis verkauft.

Im Gegensatz zur Strip-Strategie werden bei der Strap-Strategie im Regelfall zwei Call-Optionen mit einer Put-Option kombiniert.

Dabei erfolgt bei der Long-Strap-Strategie ein gleichzeitiger Kauf zweier Call-Optionen und einer Put-Option auf denselben Basiswert bei gleichem Verfallsdatum und identischem Basispreis.

Dagegen werden bei der Short-Strap-Strategie zeitgleich zwei Call-Optionen und eine Put-Option auf denselben Basiswert bei gleichem Verfallsdatum und gleichem Basispreis verkauft.

10.3. Glattstellung und Ausübung der Option

Besonders wichtig bei Short-Positionen ist, dass eine Option glattgestellt werden kann, indem der Investor während der Optionslaufzeit eine gegenläufige Position kauft oder am Verfallstag die Option ausübt. Hierdurch kann der Investor, falls der Markt gegen ihm läuft, seine Verpflichtungen aus dem Optionsgeschäft entledigen. Dies bedeutet, der Investor kann gegebenenfalls aktiv eine Verlustbegrenzung vornehmen. Aus diesem Grund haben Short-Positionen, wenn der Investor aktiv seine ausgegebenen Optionen managt, auch nicht mehr ein unbegrenztes, sondern nur noch ein begrenztes Verlustrisiko.

10.3.1. Glattstellung

Bei der Glattstellung einer Option wird diese Position neutralisiert. Hierdurch kann sich der Verkäufer einer Option seinen Verpflichtungen aus dem Geschäft, wie z.B. Lieferung des Basiswertes, entledigen.

Dabei entscheidet die Differenz zwischen der erhaltenen Optionsprämie für die verkaufte Option und dem Kapitaleinsatz für die Glattstellung über Gewinn bzw. Verlust, der aus dem Geschäft resultiert. Um eine Option glattzustellen, wird die gegenläufige Position erworben. Dabei gibt es vier Möglichkeiten, eine Option glattzustellen:

- Eine Long-Call-Option wird durch eine Short-Call-Option glattgestellt.
- Eine Long-Put-Option wird durch eine Short-Put-Option glattgestellt.
- Eine Short-Call-Option wird durch eine Long-Call-Option glattgestellt.
- Eine Short-Put-Option wird durch eine Long-Put-Option glattgestellt.

In der Regel werden die meisten Optionen rechtzeitig vor ihrem Verfall glattgestellt, weil der Aufwand und die Transaktionskosten bei der Ausübung des Optionsrechts höher sind als bei einer Glattstellung der Position.

10.3.2. Ausübung

Der Stillhalter einer Option muss die sich aus dem Geschäft ergebenden Verpflichtungen erfüllen, wenn der Optionskäufer sein Optionsrecht ausübt. Dies kann natürlich für den Stillhalter unter Umständen, und zwar immer dann, wenn er sich zu hohen Kursen eindecken muss, sehr teuer werden.

Darüber hinaus unterscheidet man zwischen zwei Typen von Optionen bei der Ausübung:

- Der amerikanische Typ, der die Ausübung des Optionsrechtes während der Laufzeit der Option jederzeit gestattet.
- Der europäische Typ, der die Ausübung des Optionsrechtes nur am Ende der Laufzeit und zwar am Verfallstag erlaubt.

11. SPEZIELLE RISIKEN VON OPTIONSSCHEINEN UND OPTIONEN

Falls man beabsichtigt, Optionsscheine als Instrument der Vermögensanlage zu verwenden, so muss man genaue Kenntnis über ihrer Funktionsweise und der mit ihnen verbundenen typorientierten Risiken haben. Ansonsten droht mit hoher Wahrscheinlichkeit die Gefahr von Verlusten oder sogar eines Totalverlustes des eingesetzten Kapitals. Im Gegensatz zu Aktien kann man bei Optionsscheinen Kursverluste nicht aussitzen, weil diese eine begrenzte Laufzeit haben.

11.1. Allgemeines Kursrisiko

Optionsscheine werden als selbständige Wertpapiere an der Börse gehandelt. Deshalb unterliegen sie wie Aktien den Gesetzen von Angebot und Nachfrage. Deswegen sollte der Investor immer darauf achten, dass für den gewünschten Optionsschein ein hinreichend liquider Markt besteht. Dies erkennt man an den „bezahlt"-Kursen im Gegensatz zu vielen „Geld"-, „Brief-" oder „Tax"-Kursen in einem engen Markt. Außerdem sollten Kauf- und Verkaufsaufträge limitiert werden, um nicht Gefahr zu laufen, zu einem marktfernen Preis bedient zu werden.

Eine wichtige Rolle bei der Kursbildung von Optionsscheinen spielt natürlich die tatsächliche wie auch die von den Marktteilnehmern erwartete zukünftige Kursentwicklung des jeweiligen Basiswertes. So verliert ein Call-Optionsschein regelmäßig dann an Wert, wenn der Kurs des Basiswertes zurückgeht. Entgegengesetzt steigt ein Put-Optionsschein im Wert an, wenn der Basiswert zurückgeht.

In der letzen Zeit ist es üblich geworden, dass Optionsschein-Emittenten Kurspflege betreiben, d.h. sie stellen verbindliche Geld- und Briefkurse für die emittierten Optionsscheine. Hierdurch soll verhindert werden, dass Käufer und Verkäufer zu marktfernen Preisen bedient werden. Der Emittent verspricht sich hiervon, eine bessere Handelbarkeit seiner Optionsscheine und hofft, dass Anleger aus diesem Grund bevorzugt seine Scheine kaufen. Ferner veröffentlichen diese Emittenten meistens die Kurse von Optionsscheinen im Internet oder sogar Videotext, sodass der Investor leicht prüfen kann, zu welchem Kurs er seinen Optionsschein kaufen bzw. verkaufen könnte. Dies sollte von den Investoren benutzt werden zur Orientierungshilfe für die Limitierung von Aufträge.

Des Weiteren muss der Investor sich bewusst sein, dass die einzige Ertragschance, die ein Optionsschein dem Anleger bietet, in einer Kurssteigerung liegt. Dies bedeutet natürlich, dass mögliche Kursverluste des Optionsscheines nicht durch andere Erträge kompensiert werden können, d.h. der Optionsschein verbrieft weder einen Anspruch auf Zinszahlung noch auf Dividendenzahlung und wirft daher keine laufenden Erträge ab.

Daneben muss der Investor auch berücksichtigen, dass Optionsscheine auch Kosten verursachen, wie z.B. Depotgebühren, die nicht, wie bei Aktien üblich, aus laufenden Erträgen, wie z.B. Dividenden gezahlt werden können. Deswegen muss der Investor immer einen Teil seines Kapitals zurückhalten, um diese Kosten decken zu können.

11.2. Risiko der Hebelwirkung

Ein Optionsschein reagiert grundsätzlich überproportional auf Kursveränderungen des Basiswertes und bietet damit während seiner Laufzeit höhere Chancen bei gleichzeitig hohen Verlustrisiken. Dies wird als Hebelwirkung auf das eingesetzte Kapital verstanden. Das Problem bei dem Hebel ist, dass er in beiden Richtungen, also nicht nur aufwärts in günstigen, sondern auch abwärts in ungünstigen Kursphasen wirkt. Insofern ist ein Kauf eines Optionsscheines umso riskanter, je größer der Hebel ist. Überdies entfaltet sich die Hebelwirkung besonders bei Optionsscheinen mit sehr kurzen Restlaufzeiten.

11.3. Risiko der Veränderung des Zeitwertes

Der Kurs eines Optionsscheines wird nicht nur von den Kursveränderungen des Basiswertes bestimmt, sondern zusätzlich von einer Reihe weiterer Faktoren, zum Beispiel von der Laufzeit des Optionsscheines oder der Häufigkeit und Intensität der Kursschwankungen des Basiswertes. Aus diesem Grund kann eine Wertminderung des Optionsscheines auch dann eintreten, wenn der Kurs des Basiswertes sich nicht ändert.

In der Regel beobachtet man, dass je nach Erwartungen hinsichtlich der künftigen Entwicklung des Basiswertes die Marktteilnehmer bereit sind, einen unterschiedlich hohen Betrag für den Optionsschein zu zahlen, der von dessen inneren Wert mehr oder weniger stark abweicht. Infolgedessen ändert sich der Zeitwert eines Optionsscheines täglich. Hierbei gilt, dass ein hoher Zeitwert die Gewinnerwartungen schmälern bzw. das Verlustrisiko erhöhen kann, weil gegen Ende der Laufzeit des Optionsscheines der Zeitwert des Optionsscheines tendenziell gegen Null strebt. Diese Entwicklung geht soweit, dass der Zeitwert am Verfallstag Null ist. Dabei vollzieht sich der Wertverlust des Zeitwertes umso schneller, je näher der Verfallstag rückt. Deshalb sind Käufe von Optionsscheinen, die kurz vor dem Verfall noch über einen relativ hohen Zeitwert verfügen, mit besonderem Risiko verbunden.

Falls der Optionsschein einen negativen Zeitwert aufweist, kann der Anleger nicht darauf vertrauen, dass sich dieser verflüchtigt oder sich sogar in einen positiven Zeitwert verwandelt. Insofern kann der Investor nicht erwarten, mit dem Kauf eines solchen Optionsscheines ein risikoloseres Geschäft bzw. einen sicheren Gewinn zu erzielen.

11.4. Risiko der Wertminderung und des Totalverlustes

Die Rechte von Optionsscheinen können an Wert verlieren oder verfallen, weil Optionsscheine diese Rechte nur für eine bestimmte Zeit verbriefen. Im Normalfall gilt, je kürzer die Restlaufzeit ist, desto größer kann das Risiko eines Wertverlustes sein.

Tritt die von dem Investor erwartete Kursentwicklung des Optionsscheines während der Laufzeit nicht ein, so besteht die Gefahr eines Verlustes bzw. Totalverlustes beim Verkauf des Optionsscheines. Wegen der begrenzten Laufzeit des Optionsscheines kann man nämlich darauf nicht vertrauen, dass sich der Preis des Optionsscheines rechtzeitig vor Laufzeitende wieder erholen wird. Denn mit kürzer werdender Laufzeit arbeitet gegen den Investor auch der Effekt, dass der Zeitwert des Optionsscheines gegen Ende der Laufzeit überproportional schnell abnimmt. In diesen Fall muss nämlich der Gewinn hauptsächlich durch den inneren Wert des Optionsscheines kommen.

Obendrein kann der Kauf von Optionsscheinen unabhängig von der finanziellen Leistungsfähigkeit des Emittenten allein aufgrund ungünstiger Marktentwicklungen und Ablaufs der Laufzeit zu einem Totalverlust des eingesetzten Kapitals führen.

In diesem Fall hat der Investor dann seinen gesamten Optionseinsatz, den Kaufpreis zuzüglich der entstandenen Kosten, verloren. Deswegen muss der Investor permanent den Optionsschein bzw. die Kursentwicklung überwachen, um die Möglichkeit eines wertlosen Verfalls zu verhindern.

11.4.1. Strategie zur Vermeidung von Totalverlusten mit

11.4.2. Optionsscheinen

Zur Vermeidung von Totalverlusten sollte der Investor, bevor er Optionsscheine kauft, genau festlegen, welchen möglichen Kursverlust er bereit ist zu tragen. Dies ist üblicherweise 20% bis 30%. Falls nun der Optionsschein diesem Wert erreicht, sollte der Investor ohne zu zögern verkaufen. Dazu sollte er gleich beim Kauf des Optionsscheines eine Stop-Loss-Order[104] mitgeben.

Beispiel 37: Optionsschein mit Stopp-Loss-Order

> Der Investor kauft zu 10 Euro einen Optionsschein. Ferner ist er bereit, einen Kurverlust von maximal 20% zu tragen. Deswegen gibt er eine Stopp-Loss-Order zu 8 Euro auf, d.h. falls der Kurs des Optionsscheines unter 8 Euro fällt, wird der Optionsschein sofort verkauft.

Eine andere Möglichkeit, um einen Totalverlust zu vermeiden, besteht darin, nur solche Optionsscheine zu kaufen, die eine Lieferung des Basiswertes vorsehen. Optionsscheine, bei denen ein Barausgleich vorgesehen ist, laufen Gefahr, dass falls der Kurs des Basiswertes unterhalb des Basiswertes des Optionsscheines bei einem Call-Optionsschein am Fälligkeitstag liegt, dass der Investor kein Geld bekommt und der Schein wertlos verfällt. Umgekehrtes gilt für Put-Optionsscheine.

Falls nun der Investor am Fälligkeitstag sein Optionsrecht ausübt, auch wenn die Ausübung nur mit Verlust möglich ist, bekommt er z.B. bei Aktienoptionsscheinen die Aktien ausgeliefert. In diesem Fall kann dann der Investor die Kursverluste, die er mit dem Optionsschein erlitten hat, durch die Aktien aussitzen.

Diese Strategie eignet sich besonders gut für Aktien-Optionsscheine. Zudem muss der Investor bei dieser Strategie immer über den entsprechenden Kapitaleinsatz verfügen, der notwendig ist, um die Aktien zu beziehen. Diesen Kapitaleinsatz kann er während der Laufzeit des Optionsscheines verzinslich anlegen.

Eine weitere Strategie zur Vermeidung des Totalverlustes besteht darin, dass der Investor dem Optionsschein immer nach 3/4 der Laufzeit verkauft, um so noch den Zeitwert des Optionsscheines zu realisieren. Im Allgemeinen beginnt zu diesem Zeitpunkt der überproportionale Wertverlust des Optionsscheines.

11.5. Währungsrisiko

Falls der Investor einen Optionsschein kauft, der in einer fremden Währung notiert wird, ist er zusätzlich dem typischen Währungsrisiko ausgesetzt. Weiterhin kann ein Währungsrisiko auch dann bestehen, wenn im Falle der Ausübung des Optionsrechts fällig werdende Leistungen in einer Fremdwährung erbracht werden.

---

[104] Stop-Loss-Orders sind Verkaufsaufträge, die bestens ausgeführt werden, wenn ein bestimmter Kurs unterschritten wird.

11.5.1. Einfluss von Nebenkosten auf die Gewinnchance

Bei Optionsscheinen können Mindestprovisionen oder feste Provisionen pro Transaktion kombiniert mit einem niedrigen Auftragswert[105] zu hohen Kostenbelastungen führen, die im Extremfall den Wert der Optionsscheine um ein Vielfaches überschreiten. Des Weiteren entstehen im Falle der Ausübung des Optionsscheines weitere Kosten.

Aus diesem Grund muss der Investor, bevor er Optionsscheine kauft, sich über alle eventuell anfallenden Kosten informieren. Nur in diesem Fall kann der Investor die Kursveränderung errechnen, die beim zugrunde liegenden Basiswert bzw. beim Optionsscheinpreis eintreten muss, damit seine Position die Gewinnzone erreicht. In der Regel gilt, je höher die Kosten sind, desto später wird die Gewinnschwelle beim Eintreten der erwarteten Kursentwicklung erreicht. Dagegen erhöhen die Nebenkosten den entstehenden Verlust, wenn die erwartete Kursentwicklung nicht eintritt.

[105] Unter Auftragswert versteht man den Kurs des Optionsscheines multipliziert mit der Stückzahl. Kauft z.B. der Investor 10 Optionsscheine zu einem Kurs von 10 Euro, so beträgt der Auftragswert 100 Euro.

12. ANLEGERPROFIL

Da nun der Leser dieses Buches über alle Chancen und Risiken von Optionsscheinen in Kenntnis gesetzt wurde, muss er sich noch folgende Frage stellen.

- Passt ein Investment in Optionsscheinen zu meinen Anlageerwartungen bzw. -zielen?

Insofern sollte der Investor, bevor er eine Anlageentscheidung für bzw. gegen Optionsscheine fällt, sich über das eigene Anlageverhalten sowie über seine Investitionserwartungen und -ziele Klarheit verschaffen. Hierbei muss man berücksichtigen, dass es verschiedene objektive Maßstäbe und Kriterien zur Beurteilung der verschiedenen Anlageformen gibt. Aber über deren Gewichtung, Vorteilhaftigkeit und Nutzen entscheiden prinzipiell die persönlichen Vorstellungen und Ziele des Anlegers.

12.1. Anlagekriterien

Zunächst einmal lässt sich jede Vermögensanlage anhand dreier Anlagekriterien beurteilen:

- Sicherheit
- Liquidität
- und Rentabilität

Allerdings wird häufig als viertes Kriterium noch die Wertbeständigkeit im Sinne von Inflationsschutz angeführt.

Wie diese konkurrierenden Zielkriterien letztlich zu gewichten und in welche Reihenfolge sie zu bringen sind, ist eine Frage der persönlichen Präferenzen des Anlegers.

Im Allgemeinen ist jeder Anleger bestrebt, in jeder Kategorie ein optimales Ergebnis zu erzielen. Dies bedeutet, hohe Zinssätze, attraktive Gewinnausschüttungen und Kapitalzuwächse bei einer hohen Sicherheit und einer jederzeitigen Verfügbarkeit des angelegten Kapitals[106].

12.1.1. Die Anlagekriterien im Einzelnen

12.1.1.1. Die Sicherheit

Unter dem Anlagekriterium Sicherheit versteht man im Allgemeinen:

- Die Erhaltung des angelegten Vermögens.

---

[106] Dieses Profil einer Vermögensanlage bezeichnet man als ideale Vermögensanlage.

Dabei hängt die Sicherheit einer Kapitalanlage von unterschiedlichen Risiken ab. Hierzu zählen verschiedene Aspekte, wie zum Beispiel bei Aktien das Kursrisiko oder bei Anleihen die Bonität des Schuldners. Außerdem kommt bei Auslandsanlagen als Risiko die politische Stabilität des Anlagelandes und das Währungsrisiko hinzu. Um die Sicherheit des angelegten Kapitals zu erhöhen, ist es notwendig eine ausgewogene Aufteilung des Vermögens[107] vorzunehmen.

Eine solche Diversifikation erfolgt im Normalfall unter Berücksichtigung unterschiedlicher Kriterien, wie zum Beispiel unterschiedliche Wertpapierformen, die in die Vermögensanlage eingezogen werden sowie Vermögensanlagen in verschiedenen Branchen, Ländern und Währungen.

12.1.1.2. Die Liquidität

Unter Liquidität einer Vermögensanlage versteht man Folgendes:

- Die Liquidität einer Kapitalanlage wird dadurch bestimmt, wie schnell der Anlagebetrag, der in einer bestimmten Form investiert wurde, realisiert bzw. wieder zu Bankguthaben oder Bargeld umgewandelt werden kann.

Bei der Definition der Liquidität spielt es aber keine Rolle, ob zu einem Zeitpunkt an dem die Umwandlung erfolgt, die Kapitalanlage im Verlust oder Gewinn steht. Deshalb sollte dieses Kriterium immer auch im Zusammenhang gesehen werden mit der Rentabilität bzw. Sicherheit einer Anlageform.

Denn nach Götte [Lit. 14] gilt folgende allgemeine Regel:

- Mit zunehmendem Risiko einer Kapitalanlage nimmt auch die Rendite der Anlage im Normalfall zu.

Aus dieser Regel leitete Götte eine allgemeine Regel für den Zusammenhang von Liquidität und Gewinn/Verlust-Risiko der Anlageform ab.

- Im Allgemeinen gilt, dass eine Anlageform mit hoher Liquidität auch ein hohes Gewinn/Verlust-Risiko in sich birgt.

Dies gilt allerdings nur für Anlageformen mit hoher Rentabilität, wie z.B. Aktien. Denn z.B. ein Sparbuch mit dreimonatiger Kündigungsfrist hat eine hohe Liquidität, aber eine geringe Rentabilität[108].

12.1.1.3. Die Rentabilität

Unter Rentabilität einer Wertpapieranlage versteht man den Ertrag einer Wertpapieranlage.

---

[107] Dies bezeichnet man auch als Diversifikation.

[108] Im Dezember 1999 betrug die Rendite auf einem Sparbuch ca. 2%.

Zu den Erträgen einer Wertpapieranlage gehören Zinsen, Dividendenzahlungen und sonstige Ausschüttungen sowie Wertsteigungen der Anlage durch Kursveränderungen[109]. Hierbei muss man zudem beachten, dass solche Erträge je nach Art der Vermögensanlage regelmäßig zufließen oder nicht ausgeschüttet werden, sondern angesammelt werden. Ebenso können die Erträge einer Wertpapieranlage in einem Zeitraum gleich bleiben[110] oder schwanken[111].

Zudem haben natürlich unterschiedliche Anlageformen auch unterschiedliche Arten von Erträgen. Um dennoch die Rentabilitäten verschiedener Anlageformen unabhängig von unterschiedlichen Ertragsarten vergleichen zu können, wurde die Kennzahl Rendite eingeführt.

- Unter der Kennzahl Rendite versteht man das Verhältnis des jährlichen Ertrages bezogen auf den Kapitaleinsatz.

Zudem gibt es für den privaten Anleger auch die Kennzahl „Rendite nach Steuern", denn Kapitaleinkünfte sind im Normalfall einkommensteuerpflichtig.

- Unter der Kennzahl „Rendite nach Steuern" versteht man die Kennzahl „Rendite abzüglich der fälligen Steuern".

12.1.1.4. Wertbeständigkeit der Anlageform

Unter Wertbeständigkeit einer Anlageform versteht man den Schutz vor Inflation, d.h. der Geldentwertung.

- Unter Inflation versteht man die Geldentwertung. Sie entsteht, wenn die Geldmenge stärker anwächst als der Geldbedarf, der seinerseits mit der Vermehrung der Warenerzeugung steigt, d.h. es liegt ein Überschuss der effektiven Gesamtnachfrage über das Gesamtangebot an Waren und Dienstleistungen vor.

Durch die Inflation kann es vorkommen, dass die gesamte Rendite einer Anlageform aufgefressen wird. Dies führt dazu, dass der Investor effektiv gesehen keinen Gewinn mit der Anlage erzielt. Zudem kann es in Zeiten von großen Inflationsraten vorkommen, dass der Anleger mit seiner Wertpapieranlage Verlust nach Abzug der Inflationsrate hat, obwohl er Erträge aus der Kapitalanlage bekommen hat. Deshalb steht die Wertbeständigkeit einer Anlageform in einem besonderen Spannungsfeld zwischen der

Rentabilität einer Anlage. Dies Spannungsfeld sieht wie folgt aus:

---

[109] Diese können bei Aktien einen Großteil des Ertrages ausmachen.

[110] Dies ist z.B. bei Anleihen der Fall.

[111] Dies ist z.B. bei Aktien der Fall.

Rentabilität ——— Wertbeständigkeit

Abbildung 48: Spannungsfeld zwischen Wertbeständigkeit und Rentabilität

Deshalb muss die Rentabilität einer Kapitalanlage immer im Zusammenhang gesehen werden mit der Inflation. In der Regel wird durch die Inflation die Rentabilität einer Kapitalanlage schlechter.

12.1.1.5. Zusammenspiel der Anlagekriterien Sicherheit, Rentabilität und Liquidität

Das Wechselspiel zwischen den Anlagekriterien Sicherheit, Rentabilität und Liquidität bezeichnet man auch als das magische Dreieck der Vermögensanlage.

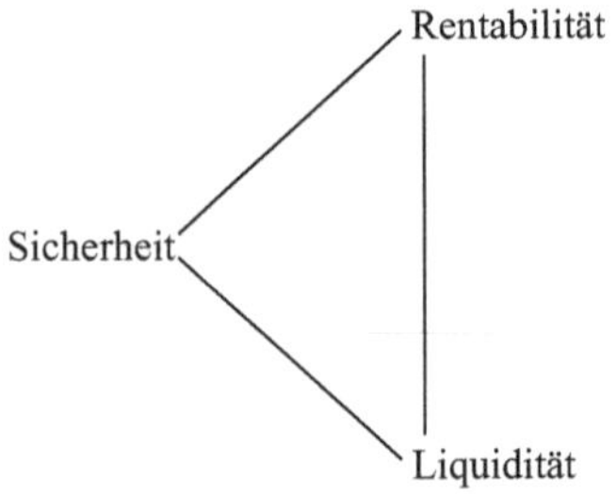

Abbildung 49: Das magische Dreieck der Vermögensanlage

Aus dem magischen Dreieck der Vermögensanlage wird deutlich, dass man die Kriterien Sicherheit, Liquidität und Rentabilität nicht ohne Kompromisse miteinander vereinbaren kann.

Zum einen besteht ein Spannungsverhältnis zwischen Sicherheit und Rendite. Zur Erzielung eines möglichst hohen Grades an Sicherheit muss man tendenziell eine niedrigere Rendite in Kauf nehmen. Möchte man dagegen eine überdurchschnittliche Rendite erzielen, geht dies nur mit einem erhöhten Risiko.

Zum anderen besteht ein Konflikt zwischen Liquidität und Rentabilität, da liquide Anlagen oftmals mit Renditenachteilen verbunden sind. Zudem erkennt man aus dem magischen Dreieck der Vermögensanlage, dass man als Anleger maximal nur zwei der drei Kriterien optimal erfüllen kann.

Zum Beispiel geht eine hohe Liquidität und Sicherheit zu Lasten der Rentabilität. Dagegen geht eine hohe Rentabilität zu Lasten von der Sicherheit und Liquidität.

Aus dem in diesem Kapitel dargestellten Gründen muss der Anleger innerhalb des magischen Dreieckes Präferenzen setzen, d.h. er muss entscheiden welche, individuellen Anlageziele er verfolgt. Dies bedeutet, er muss bestimmen, welches Anlagekriterium bzw. Anlagekriterien er bevorzugt.

Noch komplizierter werden die Verhältnisse, wenn man das vierte Anlagekriterium Wertbeständigkeit der Anlage in dem magischen Dreieck mit berücksichtigt. Dann kommt man zum magischen Viereck der Vermögensanlage.

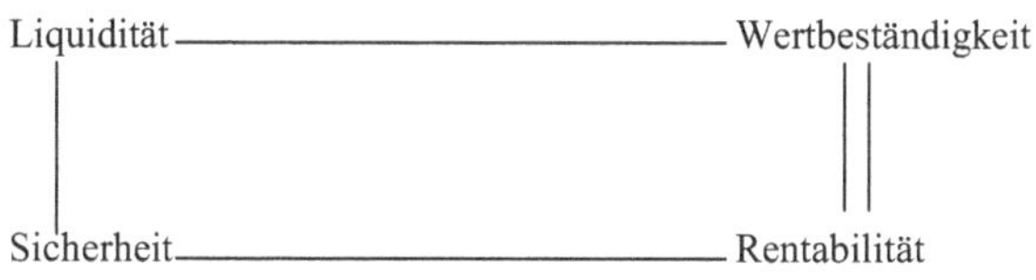

Abbildung 50: Das magische Viereck der Vermögensanlage

Aus dem magischen Viereck der Vermögensanlage erkennt man, dass nun die Rentabilität und Wertbeständigkeit in einem besonderen Spannungskonflikt stehen. Dies ergibt sich daraus, dass durch die Inflation die Rendite einer Anlage besonders stark reduziert werden kann. Nach Götte [Lit. 14] konnte man in dem Zeitraum von 1948 bis 1998 mit Aktien eine durchschnittliche jährliche Rendite von 14,1 Prozent erzielen und mit verzinslichen Wertpapieren eine jährliche Rendite von 6,7 Prozent. Berücksichtigt man nun die durchschnittliche Inflation innerhalb dieses Zeitraumes, so kommt man für Aktien auf eine jährliche Rendite von ca. 9,5 Prozent und für festverzinsliche Wertpapiere von ca. 1,4 Prozent. Hieraus erkennt man deutlich den negativen Trend der Inflation auf die Rentabilität. Es kann aber auch vorkommen, dass durch die Inflation die gesamte Rendite einer Anlage aufgefressen wird. Dies kann also dazu führen, dass der Anleger effektiv gesehen Geld verliert.

Deshalb steht die Inflation bzw. Wertbeständigkeit einer Anlage auch im besonderen Spannungsverhältnis mit dem Anlagekriterium Sicherheit.

12.2. Sind Sie ein Anlegertyp für ein Investment in Optionsscheinen?

Nach dem vorherigen Abschnitt muss nun der Investor entscheiden, ob seine Investitionserwartungen und –ziele sich mit einem Investment in Optionsscheinen vereinbaren lassen. Deshalb wird nun skizziert, wie ein Profil eines Anlegers aussehen muss, damit sich ein Optionsschein als Investment für ihm anbietet.

Zunächst einmal muss der Anleger aktiv sein Depot managen. Ferner muss der Anleger nicht nur risikobewusst sein, sondern vielmehr risikofähig. Zusätzlich muss der Anleger bereit sein, mit einem geringen Kapitaleinsatz und einem bekannten Verlustrisiko überdurchschnittliche Erträge zu erzielen. Daneben muss der Investor in der Lage sein, einen Totalverlust seines eingesetzten Kapitals zu verkraften. Dies bedeutet natürlich auch, dass er Schwankungen am Kapitalmarkt nicht ängstlich gegenübersteht, sondern vielmehr als Chance für mögliche Gewinne ansieht. Zudem muss der Anleger ein Investment in Optionsscheinen in den Bewusstsein tätigen, dass das Verlustrisiko größer ist als die Gewinnmöglichkeit, weil in 67% der Fälle der Anleger mit Optionsscheinen einen Verlust realisiert. Infolgedessen muss der Anleger auch bereit sein gegebenenfalls die Optionsscheine mit einem Teilverlust zu verkaufen, um einem Totalverlust zu vermeiden. Ferner muss der Anleger in der Lage sein, seine Optionsschein-Position permanent zu überwachen. Dies Anlegerprofil gilt für einen Anleger der beabsichtigt, Optionsscheine aus der Motivation der Spekulation zu kaufen.

Falls hingegen ein Investor Optionsscheine kaufen möchte zum Zwecke der Absicherung seines Aktiendepots gegenüber Kursschwankungen, gilt ein anderes Profil.

Hierbei muss der Investor berücksichtigen, dass er eventuell einen Totalverlust mit den Optionsscheinen erleidet, wenn der erwartete Kursrückgang nicht kommt.

In diesem Fall muss der Investor sein Engagement in Optionsscheinen vergleichen mit der Prämie von einer Versicherung, zum Beispiel einer Hausratversicherung. Hier zahlt der Investor ja auch Geld (Versicherungsprämien), um im Schadensfall von der Versicherung seinen Schaden bezahlt zu bekommen. Falls nun der Schadensfall nicht eintritt, ist dieses Geld ja auch weg. Der Investor zahlt also diese Prämie, um eine Sicherheit vor der Möglichkeit des Eintrittes eines Schadensfalles zu haben. Ähnlich verhält es sich bei einem Optionsscheingeschäft zum Zwecke der Absicherung des Depots. In einem solchen Fall zahlt nämlich der Anleger die Optionsscheinprämie, um die Sicherheit zu haben, vor Kursrückgängen der Aktien geschützt zu sein.

13. LITERATURVERZEICHNIS

Lit. 1 : Bauer, Ch.: "Volatilitäten und Betafaktoren – geeignete Risikomaße?" Die Bank issue 3 (1991) Seite 172–175

Lit. 2 : Baumol, William J.: "An Excepted Gain – Confidence Limit Criterion for Portfolio Selection" Management Science vol. 10, no. 1 (1963) Seite 174–182

Lit. 3 : Beer, Robert: C't special Geld online (1998) 82–86

Lit. 4 : Buffet, Warren Investment Strategie siehe WEB-Seite: http:\\www.aktienanalyse-online.de/buffet.htm

Lit. 5 : Deutsches Aktieninstitut e.V.: Aktien richtig einschätzen, Frankfurt 1998

Lit. 6 : Deutsches Aktieninstitut e.V.: Alles über Aktien, Frankfurt 1998

Lit. 7 : Dimson, Elroy: Stock market Theories and Evidence, Richard D. Irwin Inc. Homeward Illinois 1973

Lit. 8 : Education and Training Index(due for Great Britain): http:\\www.capitalstrategies.co.uk/press/060299.htm

Lit. 9 : Elton, E.J. and Guber, M. J.: Modern Portfolio Theory and Investment Analysis, New York 1991 4. Aufl.

Lit. 10 : Employee Ownership Index(due for Great Britain): http:\\www.capitalstrategies.co.uk/rewards/ukindex.htm

Lit. 11 : Finanzen 8 (1999) 91

Lit. 12 : Gießelbach, Axel und Kosiolek, Frank: C't special Geld online (1998) 74–80

Lit. 13 : Gosenheimer, Stefan: investor 11 (1999) 114

Lit. 14 : Götte, Rüdiger: Cycle of money A compare of some share strategy, Tectum Verlag 2000

Lit. 15 : Graham, Benjamin Investment Strategie siehe WEB-Seite: http:\\www.aktienanalyse-online.de/graham.htm

Lit. 16 : Gralka, Andreas: Finanzen 8 (1999) 78–79

Lit. 17 : Gralka, Andreas: Finanzen 9 (1999) 78–79

Lit. 18 : Hamilton Mary T. and Lorie James H.: The Stock Market Theories and Evidence, Richard D. Irwin Inc. Homewood 1973

Lit. 19 : Huber, Maier, Stehle: "Rückberechnung des Dax für die Jahre 1995 bis 1987" Kredit und Kapital (1996) Seite 277–304

Lit. 20 : Jensen Micheal C: "Risk, the Pricing of Capital Assets, and the Evaluation of Investment Portfolios" Journal of Business vol. 42, no. 2 (1969) Seite 167–247

Lit. 21 : Kalman Cohen J. and Jerry A. Poague: "An Empirical Evaluation of Alternative Portfolio Selection Models" Journal of Business, vol. 40, no. 2 (1967) Seite 169–193

Lit. 22 : Keane Simon M.: Stock Market Efficient Theory, Evidence and Implications, Philip Allan Publishers Limited Oxford 1983

Lit. 23 : Lang, Jörg: "Jeder Wurf ein Treffer Die Strategien der Super-Investoren" Finanzen vol. 9 (1999) Seite 36–40

Lit. 24 : Leven, Franz-Josef and Schlienkamp: Erfolgreiches Depotmanagement Wie Ihnen die moderne Portfoliotheorie hilft, Betriebswirtschaftlicher Verlag Dr. Th. Gaber GmbH Wiesbaden 1998

Lit. 25 : Lindmayer, Karl H.: C't special Geld online (1998) 66–73

Lit. 26 : Markowitz, Harry M.: "Portfolio Selection" Journal of Finance vol. 7 no. 1 (1952) Seite 77–91

Lit. 27 : Markowitz, Harry M.: Portfolio Selection, Efficient Diversification of Investments, John Wiley & Sons New York 1959

Lit. 28 : O'Shaughnessy Funds Special Services: O'Shaughnessy Investment Strategies – Cornerstone Growth:
http://www.osfunds.com/special/strageties/csg_strat.html:Stand 10.08.99

Lit. 29 : O'Shaughnessy Funds Special Services: O'Shaughnessy Investment Strategies – Cornerstone Value:
http://www.osfunds.com/special/strageties/csv_strat.html:Stand 10.08.99

Lit. 30 : O'Shaughnessy Funds Special Services: O'Shaughnessy Investment Strategies – dogs of the market:
http://www.osfunds.com/special/strageties/dogs_strat.html:Stand 10.08.99

Lit. 31 : O'Shaughnessy Funds Special Services: O'Shaughnessy Investment Strategies – aggressive growth:
http://www.osfunds.com/special/strageties/agg_strat.html:Stand 10.08.99

Lit. 32 : O'Shaughnessy Funds Special Services: O'Shaughnessy Investment Strategies – core value:
http://www.osfunds.com/special/strageties/coreval_strat.html:Stand 10.08.99

Lit. 33 : O'Shaughnessy Funds Special Services: O'Shaughnessy Investment Strategies – utility strategy:
http://www.osfunds.com/special/strageties/utiltiy_strat.html:Stand 10.08.99

Lit. 34 : Peter, Lynch Investment Strategie siehe WEB-Seite:
http:\\www.aktienanalyse-online.de/lynch.htm

Lit. 35 : Rogers, Jim Investment Strategie siehe WEB-Seite:
http:\\www.aktienanalyse-online.de/rogers.htm

Lit. 36 : Ross, S. A.: "The arbitrage theory of capital asset pricing" Journal of Economic Theory 13 (1976) Seite 341–360

Lit. 37 : Ross, S.A.: "THE CAPM, short sale restrictions and related issue" The Journal of Finance 32 (1972) Seite 177–183

Lit. 38 : Schmidt, Reinhard H.: Aktienkursprognose Aspekte positiver Theorien über Aktienkursänderungen, Betriebswirtschaftlicher Verlag Dr. Th. Gabler Wiesbaden 1976

Lit. 39 : Sharpe William F.: "Capital Asset Prices: A Theory of Market Equilibrium under Conditions of Risk" Journal of Finance, vol. 19, no. 3 (1964) Seite 425 442

Lit. 40 : Sharpe William F.: "Risk Aversion in the Stock Market: Some Empirical Evidence" Journal of Finance, vol. 20, no. 3 (1965) Seite 416–422

Lit. 41 : Sharpe William F: "A Simplified Model for Portfolio Analysis" Management Science vol. 9 no 2. (1963) Seite 277 –293

Lit. 42 : Sharpe, William F.: Portfolio Theory and Capital Markets, Mc Graw-Hill Book Co. New York 1970

Lit. 43 : Soros, George Investment Strategie siehe WEB-Seite: http:\\www.aktienanalyse-online.de/soros.htm

Lit. 44 : Standard & Poors (publisher): "S&P500 1995 Directory" New York 1995

Lit. 45 : Steinhardt, Michael Investment Strategie siehe WEB-Seite: http:\\www.aktienanalyse-online.de/steinh.htm

Lit. 46 : Tobian, Thomas: "Liquidity Preference as Behavior Towards Risk" Review of Economic Studies vol. 6, no. 1 (1958) Seite 65–86

Lit. 47 : Tolo: Finanzen 9 (1999) 84–87

Lit. 48 : Tolo: Finanzen 9 (1999) 88–90

Lit. 49 : Bonauer, Adriaan: investormagazin 2 (2000) 44–46

Lit. 50 : Götte, Rüdiger: Aktien, Anleihen, Futures, Optionen... Risiken und Strategien Tectum Verlag 2000

Lit. 51 : Klotz, Antonie: börse online 25 (1997) 126

Lit. 52 : Götte, Rüdiger: Aktienanleihen, Discount-Zertifikate, Fonds, Genussscheine Risiken und Strategien Tectum Verlag Marburg 2001

Lit. 53 : Warburg Dillion Read: Chancen nutzen mit innovativen Devisenprodukten

Lit. 54 : Deuticke, Marko und Zwirner, Thomas: Leitfaden für die Optionsscheine, Trinkaus & Burkhardt Frankfurt 2. Aufl. 1998

GLOSSAR

Abwertung einer Währung	:	Eine Abwertung einer Währung liegt vor, wenn sich ihr Außenwert verschlechtert.
Agio	:	Aufgeld bei Wertpapieren. Dies ist der Betrag, um den der Ausgabepreis bei der Neuausgabe von Wertpapieren deren Nennwert übersteigt.
Aktie	:	Teilhaberpapier, das dem Eigentümer ein Anteilsrecht an einer Aktiengesellschaft verbrieft.
Aktienanalyse	:	Die Aktienanalyse hat die Bewertung von Aktien zum Ziel, sie dient als Informationsgrundlage für die Kaufs- bzw. Verkaufsentscheidungen von Aktien. Die wichtigsten Analysemethoden sind die traditionelle Fundamentalanalyse und die technische Analyse.
Aktiengesellschaft	:	Unternehmen, dessen Grundkapital aus Aktien besteht. Bei dieser Rechtsform haften die Aktionäre nur mit ihrer Einlage, dem Nennwert ihrer Aktie.
Aktiv gemanagtes Depot	:	Beim aktiv gemanagten Depot wird versucht, ein Depot so zusammenzustellen, dass eine bessere Performance als ein adäquater Vergleichsmaßstab (Index) erzielt wird.
Am Geld	:	Der Ausübungspreis eines Optionsscheines entspricht dem Kurs des Basiswertes.
Amerikanische Option	:	Option, die jederzeit während der Laufzeit ausgeübt werden kann.
Anleihe	:	Als Anleihe werden verzinsliche Wertpapiere bezeichnet.
At-the-money	:	Eine Option ist at-the-money, wenn der Basiswert der Option dem aktuellen Kurs des Basiswertes entspricht.
Aufgeld	:	siehe Prämie
Aufwertung einer Währung	:	Eine Aufwertung einer Währung liegt vor, wenn sich ihr Außenwert verbessert hat.
Aus dem Geld	:	Der Ausübungspreis des Optionsscheines bzw. der Option liegt im Falle eines Calls über, beim Put unter dem Kurs des Basiswertes
Außerbörslicher Handel	:	Direkte Abwicklung eines Wertpapiergeschäftes zwischen zwei Vertragsparteien ohne Einschaltung einer Börse. Häufig findet dies bei dem Optionsscheinhandel statt.

Ausübung	:	Wahrnehmung des im Optionsschein verbrieften Rechtes durch den Inhaber des Optionsscheines.
Ausübungsfrist	:	Zeitspanne, innerhalb der das Optionsrecht ausgeübt werden kann.
Ausübungspreis	:	Dies ist der Preis, der bei der Ausübung des Optionsscheines für die Berechnung des Barausgleiches verwendet wird. Bei effektiver Lieferung handelt es sich um den Preis, zu dem der Basiswert bezogen (Call) bzw. verkauft (Put) werden kann. Der Ausübungspreis wird alternativ auch als Basiskurs, Basispreis, Bezugspreis, Exercise oder Strike Price bezeichnet.
Automatische Ausübung	:	Der Optionsscheininhaber erhält (falls dies in den Optionsscheinbedingungen des jeweiligen Emittenten vorgesehen ist) ohne eigenes Zutun vom Emittenten am Fälligkeitsdatum den inneren Wert des Optionsscheines gutgeschrieben.
Baisse	:	Längere Zeit anhaltende, starke Kursrückgänge an der Börse
Bandbreiten-Optionsschein	:	Optionsschein, bei dem der Besitzer für jeden Stichtag, an dem sich der aktuelle Kurs des Basiswertes innerhalb einer bestimmten Bandbreite befindet, einen fest definierten Betrag gutgeschriebenen bekommt.
Barausgleich	:	Der Basiswert wird nicht effektiv an den Optionsscheininhaber geliefert, sondern er erhält die Differenz zwischen dem Ausübungspreis und dem maßgeblichen Kurs für das Basisinstrument.
Basispreis	:	Der fixierte Preis, der bei der Ausübung des Optionsrechtes für den gelieferten Basiswertes zu zahlen ist. Außerdem bestimmt der Basiswert einem Teil des Wertes der Option
Basiswert	:	Gegenstand eines Terminkontraktes, d.h. ein dem Terminkontrakt zugrunde liegendes Gut, von dessen Preisveränderung der Preis des Terminkontraktes wesentlich bestimmt wird.
Bestens/Billigst	:	Unlimitierter Verkaufs- bzw. Kaufauftrag der umgehend zu dem sich gerade ergebenden Preis ausgeführt werden soll.
Beta	:	Der Beta-Faktor gibt die prozentuale Veränderung eines Wertpapiers oder eines Portfolios in Bezug auf das Marktportfolio, also auf Realisationen des systematischen Risikos, an.

Bezugspreis	:	siehe Ausübungspreis
Bezugsverhältnis	:	Menge des Basiswertes, auf den sich ein Optionsschein bezieht. Das Bezugsverhältnis ist je nach Basiswert unterschiedlich.
Black Scholes Modell	:	Mathematisches Rechenmodell zur Ermittlung des Optionsscheinpreises.
Blue Chip	:	Aktien von substanz- und ertragsstarken Unternehmen mit einer besonders hohen Börsenkapitalisierung und einem entsprechenden Marktgewicht.
Bonds	:	Angelsächsischer Begriff für festverzinsliche Wertpapiere bzw. Schuldverschreibungen.
Bonität	:	Maßstab für die Zahlungsfähigkeit und -willigkeit eines Schuldners.
Börse	:	Die Börse ist der Handelsplatz für vertretbare Güter. Je nach Handelsobjekt werden Wertpapierbörsen (Handel mit Aktien und festverzinslichen Wertpapieren), Devisenbörsen (Handel mit Devisen) und Warenterminbörsen unterschieden.
Börsencrash	:	Plötzlicher Börseneinbruch, der sich in drastischen Kursrückgängen auf breiter Front an den betroffenen Börsen ausdrückt.
Börsenkapitalisierung	:	Börsenwert einer Aktiengesellschaft, d.h. Aktienkurs multipliziert mit der Anzahl der emittierten Aktien.
Branchenanalyse	:	Bei der Branchenanalyse findet eine Begutachtung der wirtschaftlichen Perspektive einer bestimmten Wirtschaftsbranche statt, wie z.B. Auto, Chemie. Wichtige Elemente der Branchenanalyse sind die Bestimmung der Stabilität der Branche, ihre Stellung im Konjunkturzyklus, Konkurrenzdruck, Abhängigkeit von anderen Ländern, technologische und strukturelle Veränderungen.
Break-even	:	siehe Gewinnschwelle
Briefkurs	:	Preis, zu dem der Emittent bzw. Börsenmakler bereit ist, einen Optionsschein zu verkaufen.
Brokerhaus	:	Berufsmäßige Bezeichnung für Wertpapierhändler bzw. -makler im angelsächs. Bereich und in Japan.
Call	:	Kaufoption

Cap	:	Ein Cap gibt die Obergrenze an, bis zu der ein Optionsscheininhaber an der Differenz zwischen Ausübungspreis und aktuellem Kurs für den Basiswert partizipiert.
Cashflow	:	Der Cashflow (Kassenzufluss) ist der Nettozufluss an liquiden Mitteln, d.h. bare Erträge minus bare Aufwendungen.
Cash-Settlement	:	siehe Barausgleich
Charts	:	Grafiken, die vergangene Kursverläufe und Umsatzentwicklungen von Wertpapieren abbilden oder aus diesen abgeleitet werden.
Clearing	:	Clearing umfasst die Erfassung, Abwicklung, Besicherung sowie die geld- und stückemäßige Regulierung der abgeschlossenen Termingeschäfte.
Clearing-Stelle	:	Die Clearing-Stelle tritt als Vertragspartner zwischen den Kontrahenten eines Termingeschäftes auf. Weiterhin ermittelt die Clearing-Stelle börsentäglich Sicherheitsleistungen und sorgt damit für eine Abdeckung der bestehenden Preisänderungsrisiken
Covered Warrant	:	Optionsscheine auf Aktien, die zumeist nicht von der jeweiligen Aktiengesellschaft selbst, sondern von einem Emissionshaus begeben werden. Der Emittent sichert sich dadurch ab, dass er entweder ein Recht auf Lieferung der Aktien oder aber die Aktien selbst erworben hat.
Delta	:	Das Delta gibt an, um welchem Wert sich der Wert eines Optionsscheines verändert, wenn sich der Kurs des Basiswertes um eine Einheit verändert und alle anderen Einflussfaktoren unverändert bleiben.
Depot	:	Bankkonto, auf dem Käufe und Verkäufe von Wertpapieren durchgeführt werden. Der Depotauszug gibt Auskunft über den Wert aller Anlagen eines Depots. Für die Verwaltung werden von den Banken jährlich Depotgebühren erhoben.
Differenzausgleich	:	siehe Barausgleich
Disagio	:	Abgeld bei Wertpapieren. Dies ist der Betrag, um den der Ausgabepreis bei der Neuausgabe von Wertpapieren unter dem des Nennwertes liegt.
Diversifikation	:	Diversifikation beschreibt die Streuung des Vermögens auf verschiedene Anlagegattungen bzw. -werte.

Dividende	:	Die Dividende stellt den Gewinnanteil dar, der pro Aktie in Deutschland in der Regel einmal jährlich ausgeschüttet wird.
DTB	:	Abk. für Deutsche Terminbörse. Voll elektronisches Handelssystem für Optionen und Futures.
Duration	:	Die Duration gibt die mittlere Restlaufzeit eines Wertpapiers an und stellt damit eine Kennzahl für die durchschnittliche Bindungsdauer eines festverzinslichen Wertpapiers dar. Dabei ist die Duration das gewogene arithmetische Mittel aller auf den heutigen Zeitpunkt abdiskontierten künftigen Zahlungen, d.h. die Duration ist ein Indikator für die Zinssensitivität eines Wertpapiers. Dabei gilt: Je höher die Duration, desto stärker reagiert der Kurs des festverzinslichen Wertpapiers auf Zinsveränderungen.
Elastizität	:	Der Hebel wird mit dem Delta multipliziert. Hierdurch ergibt sich die Kennzahl für die prozentuale Veränderung des Optionsscheinkurses bei einer prozentualen Veränderung des Basiswertes.
Emission	:	Ausgabe neuer Wertpapiere
Eurex	:	Deutsche Terminbörse (EUREX gilt ab Juni 1998 als offizielle Bezeichnung).
Europäische Option	:	Option, die nur am Verfallsdatum ausgeübt werden kann.
Exercise Price	:	siehe Ausübungspreis
Exotische Optionsscheine	:	Optionsscheine, die durch nicht standardisierte Ausstattungsmerkmale gekennzeichnet sind.
Expiration	:	Siehe Verfall
Fair Value	:	Siehe Fairer Preis
Fairer Preis	:	Mit Hilfe von Optionsscheinpreismodellen lässt sich der theoretische Preis von Optionsscheinen ermitteln. Der faire Preis wird häufig in Fachzeitschriften als wichtiges Kaufentscheidungskriterium verwendet. Liegt der Preis eines Optionsscheines unter seinem fairen Preis, so gilt der Schein als unterbewertet, liegt er darüber, ist der Schein überbewertet.
Festverzinsliche Wertpapiere	:	Sie gewährleisten eine feststehende gleich bleibende Verzinsung.

Floating Rate Note	:	Variabel verzinsliche Anleihen mit zumeist langfristiger Laufzeit, deren Verzinsung periodisch der Entwicklung eines Referenzzinssatzes angepasst wird.
Fundamentalanalyse	:	Die Fundamentalanalyse zur Aktienwertbeurteilung basiert auf der Annahme, dass der Aktienkurs langfristig durch interne und externe Unternehmensdaten bestimmt wird, und daher der Aktienkurs um den inneren Wert der Aktie schwankt. Der innere Wert bestimmt sich dabei aus den aus der Aktie fließenden auf den gegenwärtigen Zeitpunkt abgezinsten Zahlungsströmen. Da diese nicht direkt prognostizierbar sind, werden zur Bestimmung des inneren Wertes zum einen unternehmensspezifische Hilfsgrößen, wie Dividendenzahlungen, Jahresüberschuss, usw. herangezogen. Zum anderen werden auch gesamtwirtschaftliche Einflüsse wie Zins- und Geldmengenentwicklung, usw. berücksichtigt.
Future	:	Ein Future ist eine für beide Parteien verbindliche Vereinbarung, zu einem festgelegten Zeitpunkt eine bestimmte Menge eines Basiswertes zu einem vereinbarten Preis zu verkaufen oder zu kaufen.
Gamma	:	Das Gamma misst die Veränderung des Deltas in Abhängigkeit von Veränderungen des Kurses des Basiswertes um eine Einheit. Mathematisch gesehen stellt das Gamma die zweite Ableitung des Optionsscheinkurses in Abhängigkeit von Preisveränderungen beim Basiswert.
Gedeckter Call	:	Dies ist ein verkaufter Call, bei dem der Positionsinhaber den Basiswert in seinem Depot hat.
Geldkurs	:	Preis, zu dem der Emittent bzw. Börsenmakler bereit ist, einen Optionsschein zu kaufen.
Gewinnschwelle	:	Preis, den der Basiswert mindestens erreichen muss, damit der Käufer eines Optionsscheines keinen Verlust erleidet. Bezogen auf den Verfallstermin eines Optionsscheines entspricht die Gewinnschwelle beim Call dem Ausübungspreis zuzüglich dem Optionsscheinpreis. Im Falle eines Puts wird vom Ausübungspreis der Preis des Optionsscheines abgezogen
Glattstellung	:	Dies ist ein Geschäft durch welches eine bestehende Terminmarkt-Position geschlossen wird.
Hausse	:	Längere Zeit anhaltende, starke Kursgewinne an der Börse.
Hebelwirkung	:	Optionen und Futures benötigen einen im Vergleich zum Direkterwerb des Basiswertes geringeren Kapitaleinsatz.

Diese hat zur Folge, dass die prozentualen Änderungen des Options- oder Futurepreises meistens höher ausfallen als die prozentualen Änderungen des Basiswertes, d.h. der Inhaber einer Terminmarkt-Position partizipiert überproportional an den Kursgewinnen bzw. -verlusten des Basiswertes.

Hedging : Hedging ist eine Strategie zur Verminderung von Risiken, die durch ungünstige Zins- oder Kursentwicklungen entstehen können.

Historische Volatilität : Die historische Volatilität wird aufgrund von Preisen des Basiswertes in der Vergangenheit berechnet.

Im Geld : Der Ausübungspreis des Optionsscheines liegt bei einem Call unter bzw. bei einem Put über dem aktuellen Kurs des Basiswertes.

Implizierte Volatilität : Die implizite Volatilität entspricht der derzeitigen vom Markt erwarteten Volatilität.

In-the-money : Eine Option ist in the money, wenn bei einer Call-Option der aktuelle Basiswert über und bei einer Put-Option unter dem Basiswertes der Option liegt. Außerdem hat die Option dann einen inneren Wert.

In the money : siehe „Im Geld“

Index : Der Index ist eine Zahlengröße, die aus einem nach bestimmten Kriterien festgelegten Bestand von Aktien oder Anleihen errechnet wird und deren Veränderungen die Kursbewegungen dieser Wertpapiere widerspiegeln.

Inflation : Prozess anhaltender Preisniveausteigerungen, der zu einer Abnahme der Kaufkraft des Geldes bzw. des Geldwertes führt. Zur Beurteilung der Kaufkraftveränderung wird die Preisentwicklung des jeweils relevanten Warenkorbes herangezogen. Für Aussagen über die allgemeine Inflation in Deutschland wird vor allem die Veränderung des "Preisindex für die Lebenshaltung eines städtischen 4-Personen-Arbeitnehmer-Haushalts" herangezogen.

Innerer Wert : Der innere Wert einer Option ist definiert als Mittelzufluss, den ein Optionskäufer aus der sofortigen Ausübung seines Optionsrechtes erzielen würde.

Eine Option hat nur dann einen inneren Wert, wenn bei einer Call-Option der Basispreis über und bei einer Put-Option der Basispreis unter dem aktuellen Kurs liegt.

Insolvenzrisiko : Gefahr der Zahlungsunfähigkeit eines Schuldners.

Kapitalmarkt	:	Markt für langfristige Kredite und Beteiligungskapital. Hierzu zählen die Aktien- und Rentenmärkte.
Kassamarkt	:	Bei Geschäften am Kassamarkt erfolgt die Erfüllung (Lieferung und Abnahme der Wertpapiere) und Bezahlung in der Regel sofort.
Kontrakt	:	Dies sind an den Terminmärkten standardisierte Produkte für ein Options- oder Futuresgeschäft. In den Kontrakten werden die Laufzeit, Menge und Qualität des Basiswertes festgeschrieben. Außerdem bei Optionen der Optionstyp.
Korrelation	:	Die Korrelation ist ein Maß für die gleichgerichtete Veränderung zweier Größen, wie z. B. der Wertpapierkurse. Sie entspricht der auf Werte zwischen -1 und +1 normierten Kovarianz der betrachteten Größen. Ein Wert von +1 bedeutet einen völligen Gleichlauf, ein Wert von -1 einen völlig entgegengesetzten Verlauf und ein Wert von 0 einen unabhängigen Verlauf zweier Größen.
Korrelationsmatrix	:	Die Korrelationsmatrix gibt die Korrelationen zwischen den in ihr aufgeführten Variablen an.
Kovarianz	:	Die Kovarianz ist ein statistisches Maß für den Zusammenhang bzw. den Gleichlauf zwischen zwei Größen. Da die Kovarianz ein nicht normiertes absolutes Maß darstellt, wird meist die Korrelation zur Beurteilung des Zusammenhanges von Wertpapierkursen herangezogen.
Kurs-Gewinn-Verhältnis	:	Das Kurs-Gewinn-Verhältnis (KGV) errechnet sich aus dem Quotienten von aktuellem Kurs und dem Gewinn je Aktie. Dabei gibt, das KGV gibt an, wie viele Jahre lang das momentane Ergebnis je Aktie erzielt werden muss, um den Börsenkurs zu erzielen.
Kurs-Cashflow-Verhältnis	:	Das Kurs-Cashflow-Verhältnis (je niedriger, desto besser) ist eine der bevorzugten Kennzahlen zur Beurteilung von Unternehmen im Zeitablauf oder beim Vergleich von Unternehmen einer Branche.
Kursrisiko	:	Preisschwankungen an den Börsen, die mit der Gefahr einhergehen, Wertpapiere unter dem erwarteten Kurs veräußern zu müssen.
Länderrating	:	Eingruppierung von Ländern nach wirtschaftlichen und politischen Verhältnissen.
Laufzeit	:	Zeitspanne, in der das Optionsrecht einer Option besteht.
Leverage-Effekt	:	Optionen und Futures benötigen einen im Vergleich zum Direkterwerb des Basiswertes geringeren Kapitaleinsatz. Diese hat zur Folge, dass die prozentualen Änderungen

des Options- oder Futurepreises meistens höher ausfallen als die prozentualen Änderungen des Basiswertes, d.h. der Inhaber einer Terminmarkt-Position partizipiert überproportional an den Kursgewinnen bzw. -verlusten des Basiswertes.

Liquidität : Die Möglichkeit, mehr oder weniger schnell und mit mehr oder weniger hohen Transaktionskosten oder Werteinbußen ein Wertpapier in Bargeld bzw. Bankguthaben umzuwandeln.

Long-Position : Position, die durch den Kauf einer Option bzw. Futures entsteht.

Market Marker : Sind Handelsteilnehmer, die sich verpflichten, für einzelne oder mehrere Basiswerte auf Anfrage verbindliche Angebots- und Nachfragepreise zu stellen.

Market Order : Unlimitierter Verkaufs- bzw. Kaufauftrag, der umgehend zu dem sich gerade ergebenden Preis ausgeführt werden soll.

Markt-to-market : Dies bezeichnet die börsentägliche Verrechnung der aus Terminmarktkontrakten resultierenden Gewinne bzw. Verluste.

Optionen : Eine Option ist eine Vereinbarung zwischen zwei Parteien, die für den Käufer das Recht, aber für den Verkäufer die Pflicht enthält, eine bestimmte Menge eines Basiswertes zu einem fixierten Preis bis zu einem oder an einem festgelegten Zeitpunkt zu kaufen oder zu verkaufen.

Optionen amerikanischen Typs : Das Optionsrecht kann jederzeit während der Laufzeit der Option ausgeübt werden.

Optionen europäischen Typs : Das Optionsrecht kann nur zu einem bestimmten Zeitpunkt ausgeübt werden.

Optionsgeschäft : Bedingtes Termingeschäft. Beim Optionsgeschäft hat der Käufer einer Option hat das Recht, aber nicht die Pflicht, einen Gegenstand innerhalb einer bestimmten Frist bzw. zu einem bestimmten zukünftigen Zeitpunkt vom Verkäufer der Option zum vereinbarten Basispreis zu kaufen (Kaufoption) oder zu verkaufen (Verkaufsoption). Für dieses Recht muss der Optionskäufer dem Optionsverkäufer den Optionspreis bezahlen.

Optionskontrakte : Optionskontrakte sind standardisierte Produkte und werden an Börsen gehandelt.

Optionspreis	:	Für das Recht, eine Kauf- oder Verkaufsoption ausüben zu können, zahlt der Käufer an den Verkäufer der Option einen Optionspreis.
Optionstypen	:	Es gibt eine Kaufoption und eine Verkaufsoption
Out-of-the money	:	Eine Call-Option ist out of the money, wenn der aktuelle Kurs des Basiswertes unter dem Basiswert der Option liegt. Eine Put-Option ist out of the money, wenn der aktuelle Kurs des Basiswertes über dem Basiswert der Option liegt. Diese Optionen besitzen keinen inneren Wert.
Performance	:	Wertentwicklung eines Wertpapiers. Sie wird meist auf eine bestimmte Referenzperiode bezogen und in Prozent ausgedrückt.
Portfolio	:	Gesamtheit einer Vermögensanlage in Wertpapieren bzw. Vermögensgegenständen.
Prämie	:	Der Begriff Prämie (siehe auch Optionspreis) wird auch für den Prozentsatz verwendet, um den der indirekte Erwerb des Basiswertes durch Kauf und Ausübung des Optionsscheines teurer ist als der unmittelbare Erwerb des Basiswertes.
Premium Margin	:	Sie dient zur Abdeckung der Kosten, die bei potentieller Glattstellung der Optionspositionen zum Tagesendwert anfallen würden.
Put	:	Verkaufsoption
Range Warrants	:	siehe Bandbreiten – Optionsschein
Rating	:	Eingruppierung der Emittenten von Wertpapieren entsprechend ihren wirtschaftlichen Verhältnissen.
Rentabilität	:	Prozentuales Verhältnis des Gewinnes zu dem eingesetzten Kapital in einem bestimmten Zeitraum.
Renten	:	Wertpapiere, auf die der Emittent einen fest vereinbarten Zins zahlt und deren Laufzeit in der Regel begrenzt ist. Der Zins kann dabei fest (festverzinsliches Wertpapier) oder variabel (Floating Rate Notes bzw. Floater) sein.
REX	:	Deutscher Rentenindex
Risk-Based-Margin	:	Sicherheitssystem welches neben der Variation Margin zur Abdeckung des Futures und Option Preisänderungsrisiko verwendet wird.
Schlusskurs	:	Letzter an einem Handelstag an einer Börse offiziell festgestellter Kurs für ein dort notiertes Wertpapier.

Short-Position	:	Dies ist eine Position, die durch den Verkauf einer Option oder Futures entsteht.
Spread	:	Gleichzeitiger Kauf und Verkauf der Optionen des gleichen Typs, die sich im Basispreis und/oder Verfalldatum unterscheiden.
Standardwerte	:	Umsatzstarke Aktien großer Unternehmen, auch als so genannte Blue Chips bezeichnet.
Stillhalter	:	Verkauft Optionen oder Futures.
Stopp-Order	:	Stopp-Aufträge werden mit einem Preislimit versehen. Sobald dieses über- oder unterschritten ist, wandelt es sich um in einen unlimitierten Auftrag.
Straddle	:	Gleichzeitiger Kauf oder Verkauf der gleichen Anzahl von Calls und Puts mit identischen Basispreisen und gleichen Kontraktspezifikationen.
Strangle	:	Gleichzeitiger Kauf oder Verkauf der gleichen Anzahl von Calls und Puts mit unterschiedlichen Basispreisen, aber gleichen Kontraktspezifikationen.
Technische Analyse	:	Die technische Analyse versucht durch die Beobachtung von vergangenen Einzelkursverläufen von Wertpapieren oder Indexverläufen (in Aktiencharts), eventuell in Verbindung mit den Börsenumsätzen, Trendverläufe, bestimmte wiederkehrende Formationen sowie Umkehrpunkte frühzeitig zu erkennen und daraus Kursprognosen abzuleiten.
Terminmarkt	:	Bei Geschäften am Terminmarkt sind Abschluss und Erfüllung zeitlich voneinander getrennt.
Theta	:	Misst die Veränderung des Optionsscheinpreises bei Verringerung der Restlaufzeit.
Undeckter Call	:	Verkaufter Call bei denen der Verkäufer den Basiswert nicht in seinem Bestand hat.
Underlying	:	siehe Basiswert
Underlying asset	:	Gegenstand eines Terminkontraktes, d.h. dem Terminkontrakt zugrunde liegendem Gut, von dessen Preisveränderung der Preis des Terminkontraktes wesentlich bestimmt wird.
Usancenbedingte Erfüllungsfrist	:	Frist, in der der Verkäufer die Wertpapiere zur Verfügung zu stellen hat und der Käufer die Bezahlung zu leisten hat.

Valuta	: Termin, zu dem ein Optionsgeschäft wertstellungsmäßig abgewickelt wird.
Variation Margin	: Dient zur börsentäglichen Verrechnung von Preisänderungen bei Futures und Optionen auf Futures.
Vega	: Maßeinheit für die Veränderung des Optionsscheinpreises bei einer Verringerung der Volatilität.
Verfall	: Datum, an dem der Optionsschein verfällt. Falls der Optionsschein einen inneren Wert aufweist, muss das Optionsrecht spätestens bis zu diesem Termin ausgeübt werden, ansonsten verfällt der Optionsschein wertlos.
Volatilität	: Maß für die Häufigkeit und Intensität der Preisschwankungen eines Basiswertes.
Währungsrisiko	: Risiko einer Anlage, das durch mögliche Wechselkursveränderungen verursacht wird.
Warrant	: siehe Optionsschein
Zeitwert	: Der Zeitwert einer Option entspricht den Optionspreis abzüglich des inneren Wertes.
Zerobonds	: Schuldverschreibung, bei der bis zu ihrer Fälligkeit keine Zinszahlung erfolgt. Die Zinsen werden in den Rückzahlungskurs eingerechnet.
Zins	: Der Zins ist der Preis für die Überlassung von Geldmitteln auf eine bestimmte Zeit.

Register

B

L

P

Q

R

FSC
www.fsc.org
MIX
Papier | Fördert gute Waldnutzung
FSC® C083411

Kolibri 360 GmbH
Ferdinand-Jühlke-Straße 7
99095 Erfurt, Deutschland
produktsicherheit@kolibri360.de